谨以此书纪念
中国人民抗日战争暨世界反法西斯战争胜利
七十周年

◎ 八省健儿汇成一道抗日的铁流

铁军纵横战江淮

——新四军军部大本营征战纪实

苏克勤 **著**

图书在版编目(CIP)数据

铁军纵横战江淮:新四军军部大本营征战纪实/苏
克勤著.—郑州:郑州大学出版社,2015.9
　ISBN 978-7-5645-2175-2

　Ⅰ.①铁…　Ⅱ.①苏…　Ⅲ.①新四军-史料
Ⅳ.①E297.3

中国版本图书馆 CIP 数据核字 (2015) 第 219525 号

郑州大学出版社出版发行
郑州市大学路 40 号　　　　　　　邮政编码:450052
出版人:张功员　　　　　　　　　发行部电话:0371-66966070
全国新华书店经销
郑州龙洋印务有限公司印制
开本:710 mm×1 010 mm　1/16
印张:19
字数:295 千字　　　　　　　　　彩页:2
版次:2015 年 9 月第 1 版　　　　 印次:2015 年 9 月第 1 次印刷

书号:ISBN 978-7-5645-2175-2　　定价:48.00 元
本书如有印装质量问题,由本社负责调换

《铁军纵横战江淮》编辑委员会名单

序　言

李剑锋

　　正值抗战胜利70周年即将来到之际,我有幸先睹为快地读到了苏克勤撰写的《铁军纵横战江淮——新四军军部大本营征战纪实》初稿。

　　今年四月的一天,我与作家、新四军研究专家苏克勤等一起到黄花塘新四军军部旧址和盱眙电视台拍摄节目。路上,他告诉我说他新写了一本反映新四军军部征战历程的书——《铁军纵横战江淮》。回南京后,他将《铁军纵横战江淮》初稿打印出来,虚心地要我先看看,并希望我能提些意见。

　　说实在的,我是带着重温历史的心情来阅读这本书的。作为抗日战争、解放战争的亲历者和一名新四军老兵,我对新四军浴血抗日的这段历史有着深切的体会。离休以前,无论工作多么繁忙,我总会抽出时间阅读反映新四军的文章;离休以后,除积极参加各种社会活动外,我还以自己的亲身经历,坚持不懈地撰写反映新四军将士奋勇杀敌的回忆文章。70年来,林林总总,居然写出了近200篇反映新四军战斗生活的诗文,并于去年结集为《一路踏歌》付梓。

　　在阅读《铁军纵横战江淮》初稿期间,我觉得看稿同时,自己对我军的历史、特别是新四军的历史,也多了一次重温机会。作者苏克勤是个勤勉的中年学者,来自于传奇名将彭雪枫将军的故乡,也是从我的原部队中走出来的一名学者型作家,对军史、书画艺术、博览文化和南京本土文化等都有一定的研究,先后出版了《彭雪枫全传》《院士世家:钱穆、钱伟长、钱易》《南洋劝业会研究》《南京清凉山》等20余本著作。此次,他在撰写《铁军纵横战江淮》期间,为了更好地完成撰写工作,放弃了许多挣钱的机会,除阅读大量的新四军文献史料外,又结合最新研究成果,并沿着新四军军部的征战历程一路走来,到新四军战斗过的地方进行实地调查,细心采访,如专程到黄花塘新四军军部旧址就有8次,到淮北根据地暨新四军第四师旧址半城竟达28次,从而积累了大量的可感的珍贵史料,为写好《铁军纵横战江淮》打下了坚实的基础。

读完《铁军纵横战江淮》,我觉得作者在写这本书时是下了相当工夫的,并有一定的独到之处。其表现在以下几点:

第一,观点明朗,史料翔实。在写作过程中,作者本着实事求是的原则,参考了大量的新四军文献资料,采用和吸收史学界的最新研究成果,他还沿着新四军军部历次转移的路线,并重点到新四军军部驻扎的十三个驻地考察,力求历史地、准确地、公正地、集中地反映新四军将士在抗日民族统一战线的旗帜之下,遵照中共中央的指示精神,执行东进北上的战略决策,浴血奋战,前赴后继,痛歼日寇的历史事实,同时还兼顾了新四军在反顽、打匪斗争中所取得的一系列战绩,新四军建军后所发起的主要战役、战斗的起止时间、战斗地点、参战部队、歼敌人数、缴获物资等,从而概括出铁军新四军在八年的艰苦抗战中奋起抗击日本侵略者的辉煌历程和英雄业绩。

第二,厘清本源,梳理补漏。作者在写作过程中,根据现有各种资料,以及实地采访调查,厘清了新四军军部进驻的十三个地方的详细时间、具体地点和进驻原因,以及其间所发生的重大事件和重要战役等,澄清了网上以及其他文章所说的"十个""十二个"等众多不同的名目。尤为可贵的是,作者在实地调查采访中,还考证出了新四军军部在淮阴时期的军部驻地的具体地点。新四军军部共进驻过十三个地方,其他十二个地方都有明确的文献记载,唯独新四军军部在淮阴的详细驻地不见于史。当年,新四军进驻淮阴仅一个来月,也可能是时间较短的缘故,致使军部进驻淮阴的具体地点不见于史,故许多研究专家都对新四军军部进驻淮阴这段历史总有模糊之感。但苏克勤在淮阴实地采访时,找到了苏皖边区政府纪念馆首任馆长顾树青老人,终于查找到了新四军军部当年进驻的确切位置,这对新四军的军史研究可以说是一大发现。

第三,精神可贵,相得益彰。新四军是一支有着优良革命传统的铁军,在艰苦卓绝的抗战岁月中,在人民群众的支持下,从小到大,由弱到强,从建军初期的10300人发展到30余万人。新四军发展壮大的历史充分证明了这样一个真理:人民军队爱人民,人民军队人民爱。作者苏克勤也曾在军营这所大学校生活过,对人民军队的优良传统也备为熟知,铁军的传统也激励着他并从他身上表现出来。所以,在撰写《铁军纵横战江淮》过程中,他都是坚持只身前往,自费采访,无论生活多么艰苦,他从未叫过苦累,直到书稿完竣之时，他才会对人说起，直到成果出版才会松口气。我想，这不正是铁军精神在他身上的体现吗！

《铁军纵横战江淮》真实地反映了新四军在日伪顽的夹缝中斗争发展壮大的历史。新四军与八路军一样，是共产党领导下的一支最重要的武装队伍。《铁军纵横战江淮》一书主要以新四军的组建、发展和壮大为脉络，讲述了新四军建军后，在抗战期间奋起抗日的辉煌征程，表现了新四军健儿奔赴抗日前线，在人民群众的支持下，坚持以华东地区为中心，顽强战斗，浴血奋战，英勇抗击日本侵略者，沉重打击日伪顽匪，创建抗日民主根据地的历史，以及为抗日战争的胜利和中华民族的解放所建下的丰功伟绩。

抗战胜利 70 周年纪念日就要到来了，通过阅读《铁军纵横战江淮》，我觉得今天的幸福美好生活是多么来之不易！这本书既可以使我们重温过去的历史，又可以使我们牢记历史的教训，更可以使我们增添热爱党、热爱祖国、热爱人民、热爱人民军队的高尚情怀！所以，我认为《铁军纵横战江淮》是本难得的好书。

是为序！

2015 年 8 月于南京

新四军臂章(1938年)

新四军臂章(1941年)

新 四 军 军 歌

1=C 4/4

集体作词 陈 毅执笔

何士德 曲

庄严、雄壮

1. 光荣北伐武昌城下,血染着我们的姓名;
2. 扬子江头淮河之滨,任我们纵横的驰骋;

孤军奋斗罗霄山上,继承了先烈的殊勋。
深入敌后百战百胜,汹涌着杀敌的呼声。

千百次抗争,风雪饥寒;
要英勇冲锋,歼灭敌寇;

千万里转战,穷山野营。获
要大声呐喊,唤起人民。发

得丰富的斗争经验,锻炼艰苦的牺牲精神,为了
扬革命的优良传统,创造现代的革命新军,为了

社会幸福,为了民族生存,一贯坚持我们的斗
社会幸福,为了民族生存,巩固团结坚决的斗

争!八省健儿汇成一道抗日的铁流,八省健儿汇成一道
争!抗战建国高举独立自由的旗帜,抗战建国高举独立

抗日的铁流。东进,东进!我们是铁的新四军!东进,东进!我们是
自由的旗帜。东进,前进!我们是铁的新四军!东进,前进!我们是

铁的新四军!东进,东进!我们是铁的新四军!
铁的新四军!东进,东进!我们是铁的新四军!

注:1939年5月写于皖南新四军政治部文化队。

新四军军部驻地迁移路线图
（1937.12—1947.1）

南方红军游击队集中和军部迁移路线要图
1938 年 2 月—4 月

第 一 章

江淮河汉今谁属

　　泱泱神州,以其五千年的悠久历史而铭刻世界文明发展史册;

　　巍巍华夏,以其辉煌灿烂的文化艺术而屹立于世界民族之林。

　　创造才会进步。从人类的诞生,到步入近代文明,中华民族以自己的聪明才智一直走在世界的前列,并为人类创造了巨大的物质文明和精神文明。

　　落后就要挨打。就在人类步入近代文明之后,中国却在故步自封、闭关自守之下而落后于西方国家,从而导致了在后来漫长的岁月里遭受帝国主义侵略者的奴役和压迫。

　　从1840年的第一次鸦片战争,到1937年日本帝国主义所发动的全面侵华战争,中华民族不但遭受了无数的痛苦与折磨,而且完整的主权领土也遭受了帝国主义国家的分割和侵占。

　　问苍茫大地,谁主沉浮?

　　江淮河汉今谁属?

　　面对帝国主义国家的侵略与奴役,无数优秀的中华儿女发出了愤懑的怒吼和慷慨的呐喊!

　　从1840年的第一次鸦片战争,到1949年10月新中国成立,在中国这一百余年的近代史中,既写满了中华民族的屈辱,也铭刻着中华儿女的抗争。特别是1937年的"卢沟桥事变"后,英雄的中华儿女共御敌寇、共赴国难,不甘屈辱,英勇战斗,在长达八年的抗战中,浴血奋战,前赴后继,终于打败了日本侵略者,取得了抗战的最后胜利。这次伟大的胜利,既是近代史上中国所取得的第一次胜利,也为中华民族发展史谱写了一曲辉煌的乐章。

第一节　陕北红军改编为八路军

日本自明治维新开始,积极学习西方的先进科学技术,迅速崛起并成为远东地区的军事强国。特别是在 1894 年(清光绪二十年)的"甲午战争"中,日本帝国主义一举击败了"天朝大国"的大清王朝,赢得了战争的胜利,强迫清政府签订了《马关条约》,之后更是目空一切,骄纵猖獗,并企图早日以武力吞并整个中国。

一、"九一八事变"

1931 年 9 月 18 日夜,蓄谋已久的驻中国东北关东军,自行炸毁沈阳北郊柳条湖附近的南满铁路,却反诬是中国军队所为,突然袭击驻守于沈阳的东北军北大营驻地。阴谋得逞后,日军又炮轰沈阳城,并于翌日占领了沈阳,制造了震惊中外的"九一八事变"。三个月后,日军相继又占领了东北和热河、察东、冀东等广大地区。

日本帝国主义占领东北后,狼子野心更是日益膨胀,多次制造事端,意欲早日吞并中华全部领土。可以说,"九一八事变"是日本帝国主义为实现侵吞中国的第一步。

二、"卢沟桥事变"

1937 年 6 月,侵华日军在北平西南的宛平县卢沟桥中国兵营龙王庙附近连续举行挑衅性"军事演习"。7 月 7 日夜,日军驻屯军河边旅团一部,诡称一名士兵失踪,无理要求进入中国军队驻地宛平城搜查,在其要求遭到拒绝后,即向中国驻军发起攻击,包围并炮轰宛平县城。面对侵华日军蓄意制造摩擦、挑起战端的行径,驻守于卢沟桥附近的中国第 29 军第 37 师第 111 旅第 219 团爱国官兵,义愤填膺,同仇敌忾,在旅长何基沣和抗日名将吉鸿昌之侄、第 29 军第 37 师第 219 团团长吉星文的指挥下,奋起抵抗,拉开了中华民族全面抗战的序幕,史称"卢沟桥事变"。"卢沟桥事变"因爆发于1937年7月7日,故又史称"七七事变"。"卢沟桥事变"标志着中国人民伟大的抗日民族解放战争的开端,从此,全中国人民开始了英勇斗争的八年抗日战争。

"卢沟桥事变"爆发后,侵华日军于7月下旬不断增派大批军队向北平、天津等地发动疯狂进攻,第29军同敌军展开了英勇的搏战,在重创日军的情况下,所部也付出了牺牲5000余人的惨重代价,副军长佟麟阁、师长赵登禹等也都先后壮烈牺牲,以身殉国。7月30日,侵华日军攻占了古都北平。接着,30余万侵华日军沿着平汉、津浦铁路南下,向我华北、华中广大地区的纵深地带推进。

1937年7月29日,侵华日军攻占北平;8月1日,日军举行进城仪式。图为日军进入北平前门时的情形。

日本帝国主义蓄意制造的"卢沟桥事变",是发动灭亡中国的大规模侵略战争的开端。"卢沟桥事变"爆发后,日本侵略者的铁蹄肆意践踏着中华大地,中华民族也面临着生死存亡的危急关头。

日军帝国主义的入侵,引起了中华儿女的无比愤慨;日本侵略者的肆意践踏,也引起了中华儿女的同仇敌忾!

泱泱华夏数千年,岂容敌寇来觊觎?

江淮河汉今谁属?九州意气起风雷!

"卢沟桥事变",是日本帝国主义妄图侵吞中国的第二步;卢沟桥畔的枪声,也拉开了中华民族全面抗战的序幕!

三、"淞沪抗战"

"卢沟桥事变"后,引起了全国人民的愤慨,一再忍让的南京政府,在全国军民一致要求抗战的形势下,预料战争无可避免,遂开始采取备战措施。

延至7月29日,日军参谋部制定的《中央统帅部对华作战计划》提出:必要时应该将中国的青岛和上海等地辟为新的战场,企图扩大战火。半月后的8月13日上午,集结于上海虹口、杨树浦一带的侵华日军,向驻守于闸北及八字桥附近的中国保安部队发起了进攻,淞沪战争从此揭开了序幕。

侵华日军将战火烧到了远东地区最大的城市——上海。此后,日军经常派遣大批飞机向上海的繁华市区投掷炸弹,并叫嚣着要在"三个月内灭亡中国",企图速战速决、灭亡中国,使中华民族面临着更加空前的严重危机。

侵华日军进攻上海,这是日本帝国主义妄图侵吞中国的第三步。日本帝国主义军队武装侵略上海,将战火燃烧到了中国华东和纵深地区,直接威胁到了国民政府的政治、经济、交通和军事中心,国民政府外交部被迫于第二天发表"自卫"声明。日本侵略者进攻上海,史称"八一三事变",而中国军队在上海的奋起自卫,则称为"淞沪抗战"。日军此次猖狂进攻上海,以松井石根大将为总司令,先后投入海军、空军和陆军及特种兵共30万人,国民党军以冯玉祥为司令,后由蒋介石亲自兼任司令,顾祝同任副司令,分左、中、右三翼,先后投入70个师、70万人。

从"九一八事变"到"卢沟桥事变",再到"八一三事变",日本帝国主义欲壑难填,得寸进尺,一步一步地扩大战争规模,企图早日实现全面吞并整个中国的狼子野心。面对日本帝国主义侵略者的无耻行径,四万万中华儿女义愤填膺,同仇敌忾,毅然走向战场奋起抵抗,浴血奋战,与来犯的日本侵略者展开殊死的搏斗。

四、抗日民族统一战线形成

早在"九一八事变"爆发后,面对国家民族危亡的紧要关头,中共中央及时制定了建立抗日民族统一战线的政策,并提出了"逼蒋抗日"的战略方针。红军长征到达陕北后,中共中央即于1936年8月25日致中国国民党中央委员会并转全体国民党的信,提议在抗日防侮这一总体目标之下,国共两党实行第二次合作;信中还充分肯定了蒋介石在国民党五届二中全会讲话所说的"对于外交所抱的最低限度,就是保持领土主权的完整","假如有人强迫我们签订承认伪国等损害领土主权的时候,就是我们不能容忍的时候,就是我们最后牺牲的时候"。接着,毛泽东、周恩来又分别致书宋庆龄、蔡元培、邵力子、李济深、李宗仁、白崇禧、蒋光鼐、蔡廷锴和陈立夫、陈果夫、蒋介石、胡宗南、陈诚、汤恩伯等高层人物,陈述"大敌在前,亟应团结御侮",望蒋介石等"从过去之误国政策抽身而出,进入于重新合作共同抗日之域"。国民党内爱国进步人士如宋庆龄、何香凝等,也向国民党领导人提议召开国民党五届三中全会讨论国共合作问题,并表示赞同中共中央所提出的停止内战、一致抗日的主张。时至9月1日,中国共产党向党内发出《关于逼蒋抗日问题的指示》,指出在日寇大举侵华的形势面前,蒋介石及国民党的全部或大部分有参加抗日的可能,我们的总方针应是"逼蒋抗日"。

1936年12月12日,国民党西北"剿总"副总司令张学良和第17路军总指挥杨虎城在西安扣押了督战的蒋介石,要求蒋介石停止内战,一致抗日。中共中央从中华民族的大局利益出发,分析了国内外紧张复杂的形势,经反复研究,确定了和平解决"西安事变"的基本方针。翌年2月10日,为促进国共两党合作的早日实现,中共中央又发表了《致国民党三中全会电》,向国民党提出了五项要求:停止内战,集中国力,一致对外;保障言论、集会、结社的自由,释放一切政治犯;召开各党派各界各军的代表会议,集中全国人才,共同救国;迅速完成对日作战的一切准备;改善人民生活。与此同时,中共中央又诚恳地表示,如果国民党政府愿意将中共中央提出的"五项要求"作为基本国策,中共中央愿意做出以下四项保证:实行停止武力推翻国民党政府的方针;工农政府改名为中华民国特区政府,红军改名为国民革命军;特区实行彻底的民主制度;停止没收地方土地的政策,坚决执行抗日统一战线的共同纲领。中共中央还派周恩来、叶剑英、林伯渠等为代表,与国民党代表顾祝同、贺衷寒、张冲和蒋介石、宋子文等,在西安、杭州、庐山举行了多次的晤商。

卢沟桥的枪声促使了中华儿女的觉醒，卢沟桥畔的抗战也促使了中国内部政治形势发生着重大的转变，并使中国各阶级、各阶层、各政党之间的相互关系也发生了急剧的变化，从而也促进了国共两党第二次合作和共赴国难的决心及其实现。

"卢沟桥事变"的爆发，预示着中华民族已经到了生死存亡的最危急关头。事变爆发的翌日，中共中央即以抗日大局为重，发布了《中国共产党为日军进攻卢沟桥通电》。声明指出：

全中国的同胞们！平津危急！华北危急！中华民族危急！只有全民族实行抗战，才是我们的出路！……全中国同胞、政府，与军队，团结起来，筑成民族统一战线的坚固长城，抵抗日寇的侵掠！国共两党亲密合作抵抗日寇的新进攻！驱逐日寇出中国！①

面对强敌入侵，中共中央审时度势，呼吁"只有全民族实行抗战，才是我们的出路"，并以捍卫中国领土主权完整和挽救中华民族大局出发，主动捐弃前嫌，希望与国民党政府进一步商榷洽谈，争取早日实现第二次合作，结成广泛的抗日民族统一战线，改编红军，奔赴战场，奋勇杀敌。

面对强敌入侵，共产党人大声疾呼，要求积极抗战，共赴国难，共御外侮，充分显示了中国共产党人的宽广胸怀和抗战决心！同时，中国共产党人还号召全国军民团结起来，筑起抗日民族统一战线的坚固堡垒，抵抗日本侵略者的新的进攻，将日寇驱除中国，为捍卫中华民族的神圣领土而奋起抗争，乃至流尽最后一滴血！

7月9日，毛泽东、朱德、周恩来、彭德怀等共产党领袖通电全国，请缨杀敌。迫于压力，蒋介石在万般无奈之下，只得邀请中国共产党代表上庐山座谈。7月13日，中共中央派周恩来、林伯渠、秦邦宪、叶剑英等前往庐山参加座谈。7月15日，中共中央为了表明共赴国难、共御外侮的诚心和决心，中

---

① 《六大以来》（上册），人民出版社1981年版，第843页。

共中央代表周恩来、林伯渠、秦邦宪、叶剑英等将《中国共产党为公布国共合作宣言》提交给国民党当局。宣言指出：

> 当此国难极端严重民族生命存亡绝续之时，我们为着挽救祖国的危亡，在和平统一团结御侮的基础上，已经与中国国民党获得谅解，而共赴国难了。①

就在中共中央公布"国共合作宣言"的同时，中国共产党领导人毛泽东也于 7 月 13 日在延安发表讲话，号召"每一个共产党员与抗日的革命者，应该沉着地完成一切必需的准备，随时出动，到抗日前线去!"而时在延安的朱德、彭德怀、贺龙、刘伯承、林彪、徐向前、叶剑英等红军高级将领，也联名致电蒋介石，表示愿意将红军改编为国民革命军，请授命为抗日前驱，与日寇决一死战。抗战爆发，抗战军兴，中国共产党人以团结抗日、实行民主政治为宗旨，提出了取消一切推翻国民党政权的暴力政策，取消苏维埃政府，取消红军的番号，改编为国民革命军等具体建议，充分显示了中国共产党人以中华民族的利益和中国领土主权完整的大局为重的胸襟及诚意。

中共中央公布"国共合作宣言"的第三天，蒋介石与中共中央代表在庐山商谈后，即于是日发表准备抗战的谈话，并称："万一真到了无可避免的最后关头，我们当然只有牺牲，只有抗战"，"如果战端一开，那就地无分南北，人无分老幼，无论何人，皆有守土抗战之责任，皆应抱定牺牲一切之决心"。②

在中国共产党人共御外侮、共赴国难的诚意的感召下，国民党当局邀请中共中央代表周恩来、朱德、叶剑英等赴南京参加国防会议，并继续同国民党当局进行谈判。

蒋介石于"八一三淞沪抗战"爆发的翌日，即表示同意将西北的红军主力改编为国民革命军第八路军。8 月 19 日，国共两党就红军改编问题达成协议。8 月 22 日，国民政府军事委员会同意并宣布将西北红军改编为国民革命军第八路军，并任命朱德、彭德怀为正、副总指挥。8 月 22 日至 25 日，

---

① 《六大以来》(上册)，人民出版社 1981 年版，第 844 页。
② 《中央日报》(南京)，1937 年 7 月 20 日。

中共中央政治局在陕北洛川召开扩大会议,通过了著名的《目前形势与党的任务的决定》和《抗日救国十大纲领》。《纲领》指出:必须坚持抗日民族统一战线的领导权,必须放手发动敌后抗日游击战争和独立自主地建立敌后抗日根据地等战略方针。9月22日,国民党中央通讯社发表了《中国共产党为公布国共合作宣言》一文。翌日,蒋介石在报端发表公开谈话,承认中国共产党的合法地位。至此,国共两党第二次合作得以实现,抗日民族统一战线正式形成。

五、陕北主力红军改编为八路军

"卢沟桥事变"爆发后,国内外形势相应也发生了急剧的变化。围绕为挽救中华民族而共同抗战这一根本大局,国共两党经过多次商榷,并在此基础上实现了第二次合作,抗日民族统一战线也得以正式形成。在此大背景之下,中国共产党领导下的陕北中国工农红军改编为八路军并奉命奔赴抗日前线。

1937年8月25日,中共中央军委即发布命令,同意将陕北的中国工农红军改编为国民革命军第八路军,简称八路军①,朱德任总指挥,彭德怀任副总指挥,叶剑英任参谋长,左权任副参谋长,任弼时任政治部主任,邓小平任副主任,彭雪枫任参谋处处长,下辖第115师、120师、129师和部直属特务团。115师:林彪任师长,聂荣臻任副师长,周昆任参谋长,罗荣桓任政训处主任,萧华任政训处副主任;120师:贺龙任师长,萧克任副师长,周士第任参谋长,关向应任政训处主任,甘泗淇任政训处副主任;129师:刘伯承任师长,徐向前任副师长,倪志亮任参谋长,张浩任政训处主任,宋任穷任政训处副主任。全军共有4.6万人。

8月下旬,八路军的3个师陆续开赴华北抗日前线。是年9月,国民政府军事委员会又将第八路军番号改称为第18集团军,陕甘宁边区革命根据地也改称为陕甘宁辖区政府,辖23县,150万余人,边区首府为延安,中共中央驻地也设在这里。

---

① 9月11日按全国统一的战斗序列,八路军改称第18集团军,朱德、彭德怀改称为正、副司令。

第二节　南方红军改编为新四军

全面抗战爆发,国共两党第二次合作的实现和抗日民族统一战线的正式形成,受到了全国人民的拥护和欢迎,有力地推动了中华民族的抗战进展,正如毛泽东所说:"这将给予中国革命以广大的深刻的影响,将对于打倒日本帝国主义发生决定的作用。"[①]

陕北红军改编成为国民革命军第 18 集团军后,中国共产党仍继续与国民党当局谈判,并适时向蒋介石提出了将中央红军长征时留守于南方游击区的红军游击队,集中整编后开赴华中敌后抗日战场的建议。

但是,中央红军在长征后不久,即与南方游击区的红军游击队失去了联系,时间竟长达 3 年之久。如今,抗战军兴,中国共产党已将陕北红军改编为八路军并开赴前线,尽早与南方游击区领导人取得联系,也被列入中共中央及其领导人的议事日程。在此情况下,中共中央特别指示南京八路军办事处负责人叶剑英、秦邦宪、李克农等人,让他们务必想方设法,尽量早点与南方游击区领导人取得联系,为南方游击区的红军游击队改编找到突破口。

早在 1934 年 10 月,中央红军的 10 万将士告别中央苏区,走上了漫长的长征之路;经过整整一年的转战,最后才在陕北落下脚来并建立了陕甘宁根据地。中央红军长征后,所留守下来的中央红军部分主力和游击队,还有 4 万余众,并由苏区中央分局书记、中央军区司令兼政委项英总负责,其他重要领导人还有瞿秋白、陈毅、陈潭秋、贺昌、何叔衡、谭震林、阮啸仙、刘伯坚等人。这些部队在艰苦卓绝的三年武装斗争中,大部分都牺牲于战场,许多领导人如瞿秋白、贺昌、刘伯坚、何叔衡等先后也都壮烈牺牲。全面抗战爆发后,南方 8 省 14 区的红军游击队则只剩下 3000 余人。

由于全民抗战的需要,南方游击区的红军游击队也需要冲破牢笼,脱出

---

① 《毛泽东选集》第 2 卷,人民出版社 1991 年 6 月第 2 版,第 364 页。

困境,得到新生。在此形势之下,新四军的组建与成立也便成了一种可能。

一、南方游击区领导人的对策

其实,坚持南方游击战的 8 省、14 区红军游击队,在"卢沟桥事变"爆发以后,如项英、陈毅等各区的领导人,也都以政治敏感和前瞻思想,开始寻找新的发展突破口,并利用各种方式,在争取与中共中央和中央红军取得联系的同时,也以不同的斗争形式,与各地国民党政府进行谈判,借以摆脱困境,争取新的发展机遇,奔赴抗日的最前线。

但是,如前文所言,自从中央红军长征后,在长达三年的时间中,南方红军游击队即与中共中央和中央红军断绝了联系,所以,即使南方红军游击队领导人仍在不停地寻找新的发展机遇,但仍有许多实际困难成了他们前进路上的绊脚石,这些数说不清的障碍也还需要他们艰难地去跨越。

1937 年 7 月底,南方游击区的红军游击队领导人项英、陈毅等人从一本香港出版的《新学识》杂志上看到一篇介绍中国各党派的文章,其中谈到中国共产党曾在 1937 年 2 月 10 日致电国民党五届三中全会,提出五项要求和四项保证,文中还引述了毛泽东 1937 年 5 月 3 日在中国共产党全国代表会议上所作的报告《中国共产党在抗日时期的任务》,其中对"四项保证"作了表述和解释,即对国民党政府实行"有原则有条件的让步"。项英、陈毅经过认真研究后,根据这个报告的精神内容,立即着手下山与国民党政府谈判,并以项英的名义写信给各游击区,解释中共中央的路线转变,要求他们在同国民党政府的谈判中严格遵守党中央指示中所提出的条件,即:在红军中保持我党的领导权,在统一战线中保持我党的独立性和批评的自由,争取抗日战争的领导权。

为了动员民众团结抗日,项英、陈毅于 1937 年 8 月 8 日以中共赣粤边特委和红军游击队的名义,发表了《停止内战,联合抗日》联合宣言,重点宣告赣粤边共产党和红军游击队为争取民族解放,挽救中国的危亡,愿意放弃一切敌对行动,停止游击战争,与国民党政府和全国各界人士精诚合作,一致抗日,并要求国民党军政当局立即停止对红军游击队的"清剿"行为,同时还提出了"停止内战,一致对外""停止对游击队的进攻,允许游击队开赴抗日前线"等政治口号。通过广泛的政治宣传,共产党的抗日主张也得到广大人民群众的理解和拥护,国民党军第46师及江西大余等县政府,也表示"欢迎游击队下山谈判,共商北上抗日事宜"。是年9月8日,陈毅代表中共赣粤边特委和红军游击队,到大余池江与国民党大余县政府的代表举行正式谈判。

在与国民党的谈判中,国民党方面表示同意由中共中央分局项英、陈毅负责,召集湘、鄂、豫、皖、闽、浙、赣、粤的红军游击队下山改编,并答应提供协助。与此同时,项英还以南方红军、游击区最高负责人的身份,赴南昌与国民党江西省政府代表进行谈判商榷,陈毅随后前往南昌协助。两人到南昌之后,方才从报纸上看到《中共中央为公布国共合作宣言》一文。项、陈等经过对照研究,进一步明确了谈判的方向和方法,并使谈判取得了成功,使南方红军游击队的改编取得了实质性的进展。他们在南昌期间,还从报纸上看到了秦邦宪、叶剑英等人在南京与国民党政府谈判的情况。在掌握这些情况的基础上,项英、陈毅遂于9月29日在南昌以中央分局名义发表了《告南方游击队的公开信》一文,向南方游击区所辖的红军游击队传达中共中央精神,以及中共中央关于将红军游击队改编为抗日救国武装的指示,并决定一面立即派人分头联络各地的红军游击队,一面以最快的速度与中共中央取得联系,进一步听取党中央的指示。

张鼎丞、邓子恢、谭震林等领导的闽西南游击队从报纸上得知中共中央提出的"国共合作、一致抗日"的建议后,曾派方方等人前往延安汇报情况和请示工作,同时还到漳州与国民党军第157师进行合作抗日谈判,并坚持自主的原则,使谈判取得了成功。

在鄂豫皖坚持游击战的高敬亭、何耀榜等人,在全国抗战爆发后也与中共中央取得了联系,并与国民党豫鄂皖辖区督办公署进行艰苦的谈判,他们在谈判中坚持军队独立自主的原则,达成了停战抗日的协议。

湘鄂赣边区游击队的傅秋涛、钟期光、谭启龙等,也曾派张藩到武汉向董必武等汇报与国民党谈判的情况,并接受董必武的指导,防止国民党派人插手改编军队。

闽浙边区游击队的刘英、陈铁君、粟裕等;闽北游击区的黄道、曾镜冰等;鄂豫边的周骏鸣、刘子厚、王国华等;皖浙赣游击区的李步新、江天辉等;闽赣边区游击区的彭胜标、陈丕显等;湘南边区游击区的杨尚奎、游世雄等;闽东边区游击区的叶飞、阮英平、范式人等,先后也都与国民党军、政当局谈判并达成停战抗日协议。所有这些,都为新四军后来的组建与成立打下了基础。

尽管南方红军游击队在与国民党军政当局谈判中采取了军队独立自主的方针,但仍有一些游击队领导人在部队集中时丧失了警惕,掉以轻心,致使对方钻了空子,遭到了对方的算计。如闽粤边游击队负责人何鸣,在带领队伍到漳浦集中时,就遭到了国民党军第157师预先设伏于此的暗算,致使部队被对方解除了武装,人员也遭到了扣押,酿成了震惊全国的"漳浦事件"。

二、历史选择了北伐名将叶挺

1937年7月下旬,在江西庐山参加国民政府军事会议的中共中央领导人周恩来会后前往上海,一个偶然的机会,在上海中共地下党领导人潘汉年的引介下,见到前来临时寓所拜访的叶挺将军。

叶挺将军字希夷,清光绪十二年(1896年)生于广东省惠阳县(今惠州市惠阳区)水楼乡周田村,是一位家喻户晓、妇孺皆知的北伐名将。他早年先后毕业于广东陆军小学堂、武昌陆军第二预备学校和保定陆军军官学校,1919年毕业后追随孙中山先生参加革命,同年加入国民党。在粤军第1支队担任副官、参谋、工兵营营副、元帅府警卫团营长等职,1924年赴苏联入莫斯科东方劳动者大学留学并加入中国共产党(旅莫支部)。1925年,叶挺从苏联留学归国,经周恩来举荐担任国民革命军第4军参谋处处长,旋调任以中共党员为骨干的国民革命军第4军独立团团长,1926年率领该团充任北伐队,先期开赴湖南前线作战,主动出击,英勇作战,从湖南打到湖北,并在奇袭汀泗桥、攻克贺胜桥、血战武昌城等著名战役中,指挥若定,身先士卒,连战皆捷,战功赫赫,成为声名显赫的北伐名将,为国民革命第4军赢得了"铁军"的殊荣,他本人也因功晋升为少将并被晋升为第11军副军长兼24师师长和武汉卫戍区警备司令。1927年蒋介石发动反革命政变后,指使夏斗寅、杨森等部袭击武汉,叶挺临危受命,组织部队,一举击溃叛军。大革命失败后,中国共产党在南昌举行暴动,叶挺以第11军军长身份参加起义并被推为代理前敌总指挥,打响了反对国民党反动派的第一枪。南昌起义失败后,叶挺在南下途中又参与指挥了会昌战斗,同年12月11日又与张太雷、苏兆征等人领导了广州起义并担任工农红军总司令,是第一个担任中国工农红军总司令的名将。广州起义失败后,叶挺遭到国民党反动派通缉被迫化装逃往澳门,后辗转又赴苏联莫斯科治病。不久,他受到中共广东省委领导追究起义失败的错误清算,负气之下离开莫斯科转往德国,在异国他乡过着流亡生涯。1931年"九一八事变"爆发后,叶挺从国外回到澳门,想做一些对社会有益的事,但由于种种原因而未能如愿。1935年中央主力红军到达陕北后,中共中央曾派与叶挺交厚的张云逸、潘汉年等人前往澳门约见叶挺,叶挺表示愿意回到党的怀抱,为党工作。"卢沟桥事变"爆发前后,叶挺从澳门迁到上海暂居。也就在此时,他遇到了上海中共地下党负责人潘汉年,并在潘汉年的引介下,见到了此时也刚到上海的中共领导人周恩来。

周恩来与叶挺早就认识,友谊又非同一般,叶挺与李秀文当年结婚时还是周恩来亲自主持的。分别十年,此次重晤于上海,两人都分外高兴,当他们谈到日本帝国主义大举入侵中国时又都无比气愤。周恩来还告诉叶挺,他正在与国民党当局商谈南方游击区红军游击队的改编事宜,并希望叶挺能参与南方游击区红军游击队的改编工作。周恩来特意告诉叶挺,希望他与他的保定军官学校的老同学陈诚表示一下自己的意愿,并在适当的时机向陈诚表示自己愿意领导这支部队的意向。

1937年8月13日,侵华日军大举进攻上海,叶挺站在自己居所的楼上,当他看到大批日军飞机对繁华的上海市区实施狂轰滥炸时,十分气愤,再次萌生了重上战场之念。与周恩来会晤后,他就迫不及待地找到了他保定军校的老同学、时任第三战区前敌总指挥陈诚,向陈诚表达了自己愿意参与改编南方游击区红军游击队的愿望,并建议新成立的这支部队可命名为"国民革命军陆军新编四军",自己愿意率领这支部队奔赴战场,抗击日寇,并希望陈诚早日能将自己的意愿转达给蒋介石。陈诚十分赞同叶挺的想法,并对他愿意重入军界、率军参加抗日表示敬重,同时答应尽快向蒋介石上陈叶挺的意见。

对于留在南方各省的红军游击队的集中改编问题,蒋介石最初不同意,后又改为坚持实行编遣,归各地保安队所辖,且首领必须离开,政工人员到南京集中受训并另行分配,实际上就是不肯承认,并企图予以缴械和瓦解。对此,中共中央谈判代表周恩来、秦邦宪、林伯渠等据理力争,何应钦等人无话可说。双方形成僵局。后来,张冲私下对蒋介石、何应钦等说:"如不改编,这么多武装设在后方,倒是心腹之患,尾大不掉。"蒋、何等人听后,似有所悟。在此情况下,国民党当局这才被迫同意将南方各省红军游击队集中整编。但是,这支队伍整编后的归属和谁领导等问题,又成了摆在国共双方面前的两件大事。

蒋介石代表国民党当局坚持认为,南方各省红军游击队整编后应归国防部指挥,中共代表周恩来则据理反驳称,南方红军游击队是中国共产党领导的红军的一部分,应与陕北红军主力一样,改编后由中共中央领导。经过几番辩论,中共中央代表做出让步,改由延安与国防部双重领导。至于这支队伍编成后由谁担任主管,国民党当局认为,留在南方各省的红军游击队,大多是在国民政府的第三战区,因此要由当时第三战区司令长官陈诚兼任;中共中央代表则认为,这支队伍应由中共中央派人担任领导,并提议由彭德怀担任主官。双方争执不下,各持异议。张冲见国共双方谈判代表各持己见,各自有理,赌气地说:"那就找一个无党派人士来当吧。"

当陈诚将叶挺的意思向蒋介石陈述之后,蒋介石却一直未置可否。1937年8月,中共代表周恩来、叶剑英从延安到南京谈判。会谈期间,淞沪战争爆发,日军大规模进攻上海,首都南京受到威胁,蒋介石因急于调红军开赴前线,在谈判中表现了团结合作意愿,同意不向红军中派遣国民党人员,红军改编为八路军,朱德、彭德怀分任正、副指挥。而对于南方各省红军游击队的集中改编问题,也同意各边区由中共派代表到国民党地方当局进行合作抗日谈判,指导红军游击队改编。至此,南方8省14区红军游击队改编为一个军的问题这才一锤定音。但是,这支队伍的主官领导又由谁担任最为合适呢?蒋介石心中还有自己的如意算盘。

为了将这支部队牢牢地控制在自己的手中,蒋介石首先想让自己的心腹、时任第三战区司令长官和淞沪会战前总指挥的陈诚兼任军长。但陈诚知道驾驭这支与国民党军血战了整整十年的"共党军队"绝非易事,故不愿接受。对于其中的缘由,素与叶挺交厚的李任夫①,当年曾亲闻其事,他在回忆录中这样写道:

　　为了实现全民族的抗战,中共接着又向国民党正式提出,将其领导和影响下的南方各地游击队进行统一整编,开赴华中敌后,进行抗日游击战争。为此,周恩来在上海曾委托叶挺向国民党最高当局建议:将南方红军游击队改统一的抗日武装。经过反复谈判,蒋介石同意将这些部队改编为1个军。关于军长人选,蒋介石为了把这些部队控制在自己手里,决定要他的心腹陈诚担任。但是,陈诚野心很大,对军长位置不感兴趣,同时,又考虑到自己要控制这些部队也很困难,因而不愿接受。陈向蒋提出,军长以张发奎担任为宜。蒋介石要陈诚去和张发奎商谈,张发奎也不愿接受。蒋又考虑叶挺是李济深的旧部,遂派陈诚去向李济深探询意见。刚巧,这时李济深偕我来到南京。当陈诚向李提出这个问题时,李很直率地对陈说,新四军军长职务除叶挺担任外,没有第二个人更适宜了。组成这个军的部队,基本上都是由中共领导的南方各地游击队,不但你指挥不动,张向华②也不行。为了发挥一切抗战力量的作用,我同意以叶挺为军长。我建议先同叶剑英谈谈,再向委座报告。陈诚说,我去见叶剑英,也希望你向委座谈谈。李爽快地表示可以。陈诚辞去后,适冯玉祥来看望李济深,李当即向冯谈了这个问题。冯完全同意李济深的意见,并主动表示他也要找蒋谈谈,劝蒋不要把好事变成坏事。两天后,陈诚又来访见李济深,回说委座已经决定派叶挺出任新四军军长了。③

----

　　①　李任夫曾任李济深(即李任潮,人尊称其为"任公")私人秘书多年,解放后担任湖北省武汉市人民政府参事室参事,下面所引《叶挺将军出任新四军军长前后》一文系其于1987年所写的回忆录。
　　②　向华:系曾任国民革命军第四军军长张发奎的表字。
　　③　引自李任夫《叶挺将军聘任新四军军长前后》,转引自《新四军·参考资料》(2),中国人民解放军历史资料丛书编审委员会编,解放军出版社1991年11月版,第703—704页。

　　鉴于日军大规模进攻上海,国内形势日益危急,且国家正值多事之秋,正是用人之际。在此情况下,蒋介石又在征求国民政府军事委员会副委员长冯玉祥等人的意见后,这才终于采纳陈诚等人的保荐,接受了将南方游击区红军游击队统一整编为新四军的方案,并表示叶挺担任未来的新四军军长是最合适的人选。

　　由北伐名将叶挺出任未来的新四军军长,是国共两党的高级将领中无出其右的最合适人选,这是毋庸置疑的。因为,叶挺早年曾先后毕业于保定陆军军官学校和莫斯科东方劳动大学及红军学校,具有出众的军事素养,又是北伐名将,在军中具有崇高的威望。再者,叶挺曾加入过国民党和共产党,但自广州起义失败后一直都未再参加两党的活动,成了著名的无党派人士。在围绕新四军军长人选这个敏感问题上,中共中央有意从共产党内部挑选,而蒋介石则想从国民党内部挑选,在双方互不相让的情况下,无党派著名人士叶挺突然主动请缨,这当然是最恰当不过的了。

　　1937年9月28日,在没有征得中共中央同意的情况下,蒋介石授意国民政府军事委员会铨叙厅发出通报,单方面任命叶挺为国民政府陆军新编第四军军长。该通报全文如下:

铨叙厅关于叶挺为新四军军长等任命的通报

兹奉委员长核定:

　　(一)升任夏楚中为第七十九军军长;(二)任陆军少将黄维为六十七师师长;(三)调任第九十二师师长陈烈为第十四师师长;(四)升任黄国梁为第九十二师师长;(五)升任刘绍光为第八十军军长;(六)升任孔令恂为第八十军副军长代理军长;(七)任命叶挺为新编第四军军长。除承办给委并分报外,相应通报。

国民政府军事委员会铨序厅(印)

1937年9月28日①

---

　　① 引自《新四军·参考资料》(2),中国人民解放军历史资料丛书编审委员会编,解放军出版社1991年11月版,第38页。

10月2日,国民党政府军事委员会正式颁布了新四军番号;10月6日,蒋介石再次下令,将南方8省14区的红军游击队交付新四军军长叶挺"编遣调用"。10月12日,国民政府江西省主席熊式辉,转发蒋介石10月6日所发的电令如下:

民密:

顷奉委员长鱼侍参京电开:"(一)鄂〔豫皖〕边区高俊〔敬〕亭部,(二)湘〔鄂〕赣辖区傅秋涛部,(三)湘〔粤〕赣边区项英部,(四)浙闽边区刘英部,(五)闽西张鼎丞部,以上各节,统交新编第四军军长叶挺编遣调用。除分令叶军长外,希分别查照为要。"奉此,除分电外,特电遵照。

熊式辉〔文〕编①

这是首次以公开形式发布新四军的番号和军长。1939年,正值新四军成立两周年之际,新四军领导人集体研究决定,将10月12日定为新四军成立纪念日。

瓜熟蒂落,水到渠成。国民革命军陆军新编第四军的番号就这样应运而生了,北伐名将叶挺也顺理成章地担任了新四军的第一任军长。

国民革命军陆军新编第四军,简称新四军。在南方游击区的红军游击队改编之初,叶挺最早建议并且使用"新四军"的番号。之所以如此并达成一致的意见,其用意即是:未来的这支部队要继承国民革命军第四军的光荣传统,以当年第一次国共合作誓师北伐的战斗精神,共御外侮,英勇杀敌,报效祖国,造福人民。

三、延安欢迎叶挺和项英

叶挺被国民政府军事委员会任命为新四军军长,由于事前未与中共中央对接和通报,故中共中央并不知情。直到10月5日,上海地下党负责人潘汉年将这一紧急消息电告在延安的毛泽东和洛甫(张闻天)时并请示中央对叶挺的态度时,中共中央这才知道叶挺已被国民党军事委员会单方面任命

---

① 引自《新四军·参考资料》(2),中国人民解放军历史资料丛书编审委员会编,解放军出版社1991年11月版,第39页。

为新四军军长。在此情况下，中共中央采取审慎态度，也没有马上表态予以承认。但是，中共中央和毛泽东在多次通过电报向有关方面了解清楚了叶挺是在周恩来的授意之下，向国民党方面表示愿意参与南方游击区红军游击队的改编工作，特别是在得知叶挺表示愿意接受共产党的领导，如共产党不同意他担任新四军军长可以辞职等情况后，当即电令八路军驻南京办事处转达叶挺，并希望他前往延安，当面商谈新四军的组建情况。

叶挺接到中共中央的热情邀请后，当即表示愿往。1937年10月23日，叶挺在八路军驻南京办事处负责人的安排下离开南京，并于11月3日风尘仆仆地抵达延安，受到了中共中央领导和各界人士的欢迎。叶挺到达延安时，毛泽东不但亲自迎接，还在延安抗日军政大学礼堂主持召开了欢迎晚会。会上，两边悬挂着"热烈欢迎叶挺军长""向北伐名将叶挺致敬"的大幅标语，这一切令初到延安的叶挺备受感动。特别是他在与毛泽东进行了深入交谈后，对中共中央的抗日民族统一战线政策和全国抗战的主张表示赞成，并对中共中央的政治、军事战略方向也有了领悟和了解，当即表示：拥护中国共产党的抗日方针，愿意接受共产党的领导。

在欢迎叶挺的晚会上，毛泽东还亲切地说："我们为什么欢迎叶挺将军呢？因为他是大革命时代的北伐名将，为新民主主义革命建立了特殊的功勋；因为他愿意担任我们的新四军军长，表现了他在民族危亡时刻挺身而出，以国家利益为重的高尚品德；因为他赞成我们党的抗日民族统一战线的政策，拥护我们党提出的抗日主张，并且表示，将率领新四军官兵，坚决抵抗日本帝国主义的侵略，所以我们欢迎他！"

叶挺听后很受感动，他在欢迎会的答谢辞中激动地说："同志们欢迎我，实在不敢当。革命的道路，是艰难的，很不平坦的，十年内战时期，许多好同志倒下了，也有个别人叛变了。坚持下来的同志，是中华民族的脊梁，是真正的英雄。革命好比爬山，许多同志不怕山高，不怕路难，一直向上走。我有一段是爬到半山腰又折回去了。现在又跟上来。今后一定遵照党所指示的道路走，在党中央的领导下坚持抗战到底！"①

---

① 《叶挺研究资料》，广东人民出版社1987年版，第713页。

在新四军的组建问题上,毛泽东对叶挺说,经中共中央慎重考虑和集体研究,认为可以争取将新四军的编制暂定为 2 师、4 旅、8 团,领导人选由叶挺担任军长,项英担任副军长,两个师的师长分别由陈毅、张鼎丞担任,副师长则由张云逸、谭震林担任。叶挺表示赞成这个方案,同时又提出请党中央多派一些得力干部充实到新四军当中,以加强对新四军的领导。毛泽东希望叶挺能以中共中央的这个设想向蒋介石和国民党军事委员会多做一些争取工作,叶挺则表示一定按这个要求尽力去做。

对于延安之行,已经脱党整整十年的叶挺,对中共中央和延安各界对自己的隆重礼遇,也颇为感动,并感慨地说:"只有中国共产党真正懂得爱护干部,使用人才!毛泽东主席特地召开了盛大的欢迎会。他主持会议,给我过高的评价,真令我感愧呵!我不是回到自己的家了吗?这个家,我想念多久呵!我二话不说,便接受担任新四军军长的任命。"①逗留于延安期间,叶挺受到了延安社会各界的热烈欢迎,他对延安积极向上的新气象备感新鲜亲切,心情自然是颇为欢欣。就在叶挺莅临延安期间,南方游击区领导人项英在接到中共中央要他前往延安的指示后,即于 1937 年 10 月 26 日离开南京,奔赴延安,并于 11 月 7 日抵达延安。

北伐名将叶挺与南方游击区领导人项英,两位未来的新四军领导人,两位在 1926 年就开始交往的老革命、老朋友,也将在延安重晤。

项英,字德隆,清光绪十四年(1898 年)生于湖北武昌,中国共产党和人民军队的早期重要领导人之一,也是一位具有远大目光的政治家,对革命赤胆忠心,立场坚定。早在 20 世纪 20 年代,项英即投身于工人运动,1922 年加入中国共产党,同年 7 月出席中共第二次全国代表大会并被任命为武汉工团联合会组织部长。翌年,他又被任命为京汉铁路总工会筹备委员会总干事和特派员,负责总工会和各地工会的筹建组织工作,领导了著名的"二七大罢工"。是年 6 月,他出席中共第三次全国代表大会并当选为中央执行委员,翌年又担任中共中央职工运动委员会书记。1925 年,项英参与并领导了"五卅运动",翌年 5 月被任命为中华全国总工会副委员长,同年 7 月回武汉

---

① 转引自《新四军与南昌》,熊河水、李秋华主编,华夏出版社 2002 年 5 月版,第63—64 页。

组织和领导工人运动,曾任武汉工人纠察队总队长,支持北伐战争。在武汉任职期间,他与时任国民革命军第11军第24师师长兼武汉卫戍警备司令的叶挺携手并肩,为巩固北伐革命的成果做出了可贵的贡献。此后,项英先后还担任过中共五大中央委员,上海总工会党团书记,中共六大政治局常委,共产国际监察委员,中华全国总工会执行委员会委员长兼党团书记,中共中央长江局书记、军委书记、中共苏区中央局代理书记、中央革命军事委员会主席、中华苏维埃共和国临时中央政府副主席、代主席等重要职务。1934年夏,任赣南军政委员会主席、赣南军区司令员。是年10月,中央红军主力长征后,他被任命为中共中央江西分局书记、中央军区司令员兼政治委员,与瞿秋白、陈毅等人一道,领导中央根据地军民继续抗击国民党反动派的军事"围剿",在极端困苦的条件下,坚持南方三年游击战争,保存了革命火种和武装。稍后的1937年12月13日中共中央政治局所作的《对于南方游击区工作的决议》曾这样高度评价他的革命功绩:"项英同志及南方各游击区主要的领导同志以及在游击区长期艰苦斗争之各同志,他们的长期艰苦奋斗精神与坚决为解放中国人民的意志,是全党的模范。"

原留守于南方游击区坚持三年游击战争的中共中央苏区中央分局书记项英如期抵达延安后,也像叶挺一样受到了延安各界人士的热烈欢迎。项英在得知叶挺也到了延安时,便立即前往探望。在欢迎叶挺、项英的晚会上,毛泽东请叶挺、项英一起坐在主席台上,并致词说:项英及南方各游击队的同志们,在极端艰苦的条件下坚持游击战争,使各游击队成为今天最好的抗日军队之一,这是极可宝贵的胜利。全党都应学习项英等同志的模范事迹。项英在延安期间,还向中共中央汇报了南方游击区三年斗争的情况,并撰写了长达6万余字的《三年来坚持的游击战争》一文,系统地介绍了留守于南方8省14区的红军游击队的艰苦卓绝的斗争经历,中共中央政治局也根据项英的报告于12月13日做出《对于南方游击区工作的决议》,对项英领导的南方游击区的工作予以高度的评价。

叶挺、项英——新四军未来的两位主要领导人,他们在延安重逢之后,叶挺即于11月9日离开延安,项英则在延安参加了中共中央政治局会议之后,于12月18日和彭德怀等人一道离开了延安。

国共实现第二次合作暨抗日民族统一战线成立后,陕北中国工农红军改编为八路军,而留守于南方游击区 8 省 14 区的红军游击队则改编为新四军。后来,人们往往称老八路、新四军,并认为八路军是红军改编的,是中国共产党领导之下的一支老部队,而新四军成立较晚,是一支新的部队。其实,这是一种误解。八路军、新四军都是红军改编的,并没有新、老之分,这两支队伍的前身都是中国工农红军,有着共同的历史和光荣的传统。所以,1938 年 10 月 10 日上海《申报》在新四军的文章中即这样写道:"八路军是工农红军改编的,这是尽人皆知的;新四军也是由红军改编的,这却不为一般人所完全知道的。"[①]

---

①　《新四军·参考资料》(2),中国人民解放军历史资料丛书编审委员会编,解放军出版社 1992 年版,第 15 页。

第 二 章

新四军军部在武汉

湖北省武汉市汉口,是新四军军部大本营进驻的第一站。

武汉是一座具有悠久历史和光荣革命传统的滨江名城,这座享有"九省通衢"美誉的华中重镇,也是新四军发展史上军部大本营驻扎的第一站,并对初创阶段的新四军做出了重大的历史贡献,在中国革命史特别是新四军发展史上写下了辉煌的一笔。

新四军军部在武汉的具体住址为:武汉市汉口镇大和街 26 号①,即今武汉市江岸区胜利街 332—352 号。

新四军军部成立于武汉,武汉因此也成了新四军军部驻扎的第一个驿站。但是,新四军军部在此驻扎的时间并不太长,前后仅有 10 天,具体时间为 1937 年 12 月 25 日至 1938 年 1 月 4 日。

第一节　新四军军部大本营第一站——汉口

中共中央在得知国民党当局同意将中国共产党领导下的南方红军游击队整编并任命叶挺为未来的新四军军长后,围绕着新四军军部其他领导的人选和部队整编问题,毛泽东再三电示时在南京的秦邦宪、叶剑英、林伯渠等人。1937 年 10 月 30 日,中共中央在多次研究之后,再次致电中共中央和

---

① 原汉口大和街 26 号新四军军部旧址,许多书籍和资料上都写作"太和街"是不对的。

八路军驻南京办事处,将南方各地红军游击队集中五分之三改编为一个军,以叶挺为军长,项英为副军长,陈毅或刘英为参谋长,反对国民党插入任何人,并以四个月为清理时间,任何游击队、游击区均须党中央派人亲去传达,然后集中。

1937年11月,叶挺在汉口筹建新四军时,与沈其震(左一)和林植夫(左四)合影。

　　11月9日,叶挺离开延安,他此行在延安为时一周,临别前的兴奋之情可想而知。12日,叶挺由西安乘飞机抵达武汉,并准备接受新闻媒体的采访。翌日,叶挺以新四军军长的身份第一次接受新闻界记者采访并发表谈话。面对众多的新闻记者,叶挺将军激动地慷慨陈词:我们受日本帝国主义的压迫,已经是忍无可忍,这一次出于不得已而抗战,我们只有一个字,就是拼,无论到怎样地步,都要去拼,舍得拼死,就没有不成功的。又说:日本顶怕我们的就是团结,而顶希望我们的是涣散。凡是日本怕的,我们就要去做;凡是日本希望的,就要避免,这是制胜的道理。只要团结一致,前途一定是胜利!

　　11月21日,叶挺从武汉抵达南京,并受到了蒋介石的接见,同时受到接见的还有八路军参谋长叶剑英。叶挺见到蒋介石时,将在延安时中共中央提出的关于新四军拟编为2师4旅8团和拟委任的副军长、参谋长、各师师长及各师副师长名单作了陈述,同时也提出了将浙江衢州附近或其他地方作为部队指定的集合地点,并请有关方面迅速调拨集合、开拔费和整理费共18万元。蒋介石听后,对叶挺事前未经他同意即前往延安表示不满,而对叶挺所提请的新四军领导人名单也不甚赞成,甚至连请领调拨的新四军军费也未如数允诺。叶挺见状,当即表示:没有经费,无法改编部队,他当不了这个军长,随后即当面提出辞职。蒋介石见叶挺提出辞职,为缓冲僵局,只得安慰他先不要辞职,有什么事可以直接找陈诚、何应钦等人相商。

为了迅速筹建起新四军军部,尽早率部奔向抗日前线,叶挺还想收编国民党军队和原国民党军队的军事人才,但也为蒋介石所拒。对于蒋介石的百般刁难,叶挺后来还气愤地说:"蒋介石根本不愿意成立新四军,而且他心目中的军长是陈诚。没有共产党的力量,当然排不上我。现在新四军成立,又怕新四军力量太大了,对自己不利。一句话,就是怕人民起来革他的命。北伐的教训我们已够受了,将来也可能旧剧重演。"①叶挺这番话果然应验,后来的多次摩擦特别是"皖南事变"就是明证,可谓一言成谶。此乃后话。

1937 年 12 月,新四军军部组建。图为军部成立时叶挺、项英等同志的合影。左起:陈毅、项英、袁国平、李一氓、朱克靖、粟裕、叶挺。

① 引自《新四军与南昌》,熊河水、李秋华主编,华夏出版社 2002 年 5 月版,第 69 页。

12 月 14 日下午,中共中央召开政治局会议,专门讨论研究新四军的编组方针、原则和组织领导等重大问题,最后做出决定。同日,毛泽东、项英联名致电叶挺:"新四军原则上可照军何(指何应钦)提议,作进一步磋商""各支队以上最好能争到成为两纵队,纵队长一陈毅,一张鼎丞""长江以南各支队……可向东开,长江以北高敬亭支队暂留江北,不必北开,以便在该地准备沿江游击""其他条件如前所商,尤不要军何派人。万一两纵队不能成立,则陈毅可改为政治部主任"。但是,蒋介石对这个方案也未予准允。12 月下旬,项英从延安回到武汉与国民党当局再次相商。12 月 27 日,项英致电毛泽东、张闻天的电报中提出:"四军编制为四个支队,支队等于旅。"翌日,毛泽东复电项英:"同意编四个支队。"至此,新四军的具体编制这才确定下来。

就在中共中央与国民党当局商谈新四军编制问题期间,叶挺在武汉抓紧一切时间开始筹备新四军的组建工作。他在汉口日租界大和街 26 号成立了新四军筹备处,奔走于中共中央长江局、国民党军政首脑机关和广泛的社会关系网之间,为即将成立的新四军奔走呼号,募集资金,购置弹药物资,选募人才,充实机关。此时,新四军军部内,社会各界前来造访的人络绎不绝。

万事开头难。从南京回到武汉后,叶挺即开始着手主抓新四军的筹建工作。为了尽快将新四军军部的"骨架"搭起来,成立各种机构,叶挺一方面向延安要求多派干部,一方面还利用自己的威望,在社会和亲友中广泛搜罗招募人才,尽可能多地动员和吸收那些同情革命、拥护抗战的军人和知识分子参加新四军队伍。其中主要有:从日本留学归来的青年医学专家沈其震担任新四军军医处处长,并委托他组织筹建战地医院;知名教授林植夫听说叶挺当了新四军军长,还主动找到叶挺要求参加抗日队伍,叶挺对此表示热烈欢迎,并委托他为新四军敌工部总长;曾在北伐时期担任过国民革命军第三军政治部主任的朱克靖,进步青年王聿先,叶挺的胞弟叶辅平、侄子叶钦和等 20 余人,先后都来新四军投效,并被委以重任。特别是叶挺的胞弟叶辅平,十年前曾在叶挺的北伐独立团中担任军需主任,后还参加过南昌起义和广州起义,并在大革命失败后的 1928 年秘密加入共产党,后在国民党军队中担任军需官,新四军组建时,叶挺特意将他调来,并任命为军部军需处处长,对新四军的筹建和早期建设贡献很大,可惜的是,他在 1940 年 8 月赴香港处理慰劳物品和采购军需用品后返回途中,不幸在广东邕宁因车祸身亡,以身殉职。

1937年12月23日,项英从延安也回到了武汉。在途经西安时,项英与中央军委派往新四军工作的第一批干部赖传珠、李子芳、宋裕和、胡立教、汤光恢等50余名干部会合,后以八路军的名义作两批分赴武汉,项英率赖传珠等军事干部先行出发,周子昆则率政工干部于9天后也安全抵达武汉。

对新四军军部进驻武汉时的情形,任新四军司令部参谋处处长的赖传珠在日记中写道:

十二月二十四日　在新四军招待处吃饭,上街买物、理发、洗澡。下午整理干部花名册,与项、叶谈干部情形及工作布置。

十二月二十五日　早饭后因叶有事,改至15时集合讲话。叶、项讲话内容为:上海、南京失守经过及原因,现在的形势、任务;如何编组等。晚上写干部分配方案。

十二月二十六日　叶军长给陕北来的同志每人发大洋8元。开始同军长秘书陈希周接识。到童小鹏处闲谈。同湘鄂、赣区来的余再励、傅秋涛见面。

十二月二十七日　上午10时,王明报告抗战4个月的总结及如何争取抗战胜利。晚上分别讨论。高敬亭、张青萍、胡龙奎已到。下午与高谈鄂豫皖军政工作组织情形。杭州已失守。①

项英率首批军事骨干到达武汉的当天下午,即首先参加了中共中央代表团和长江局的联席会议。此次会议的地点在汉口原日租界中街89号(今长春街57号),由于中日战争爆发,原居于此的日本侨民已经回国,此地便成了中共中央代表团、中共中央长江局和八路军驻武汉办事处。

在此次联席会议上,第一项议题便是讨论新四军工作。会议决定:目前长江局委员项英的主要工作应在军队方面;各游击队应迅速集中;长江局参

---

① 《赖传珠日记》,解放军出版社2000年3月版,第104—105页。

谋长叶剑英研究拟定新四军作战议案;在长江局参谋处下设立军务组(张经武主持)。会议还重点讨论了新四军干部配备等问题,并认为根据抗战形势发展需要和国共合作的深入,应迅速组织和集中南方各游击区的红军游击队编组并开往前线。此次会议具有十分重要的意义,它标志着组建新四军的大业已经进入了一个新的阶段。

联席会议结束后,项英另就新四军领导干部配备等问题,与提前到汉的叶挺进行了认真的商榷,两位新四军主管领导还就中共中央所确定的新四军编组原则、领导骨干安排配备等问题进行了具体的研究,同时认为组建新四军军部的条件业已成熟。

12月24日,赖传珠向叶挺、项英汇报了关于新四军军部现有干部情况和工作布置等情况。

12月25日,也即项英到达武汉的第三天,叶挺第一次主持召开业已来到汉口的新四军营以上全体干部会议。与会人员有从延安派来的骨干赖传珠、李子芳等,有从南方游击区来的干部傅秋涛、余再励等,还有叶挺动员前来的朱克靖、沈其震等人,一共50余人。会上,叶挺宣读新四军军部领导的命令:项英为副军长,张云逸为参谋长,周子昆为副参谋长,袁国平为政治部主任。项英作关于组建中的新四军面临的形势任务的重要报告,会议还分析了上海、南京失陷的原因和当前抗战所面临的形势,介绍了新四军的筹建情况、战斗任务及未来发展方略,并对新四军未来所辖部队的编组、集中地点都进行了认真的分析研究,最后号召大家团结奋斗,抗战到底,奋勇杀敌,驱除日寇!

此次会议是新四军成立后的第一次会议,标志着新四军军部的正式成立,为新四军的初创建军、东进作战做出了重大的历史贡献,在新四军发展史上具有极其重要的历史意义。

新四军召开第一次会议过后,军部即在汉口大和街26号挂起了“国民革命军陆军新编第四军”的醒目招牌,全体干部也都换上了崭新的深灰色的新四军军服,并陆续投入紧张繁忙的工作当中。稍后,新四军司令部、政治部、参谋处、副官处、军需处、医务处等各大机关也都初具规模。

新四军正式成立挂牌后,鉴于新四军预先设想的“两师、两旅、八团”或

"两个纵队、七个支队"编制计划受到阻碍,中共中央从抗日大局出发做出让步,放弃原将新四军的隶属关系由八路军节制的设想,改为江南部队暂归国民革命军第三战区、江北部队暂归国民革命军第五战区指挥;新四军编制也根据项英、叶挺等人临时决定,暂编为"四个支队,支队等于旅"。也就是说,新四军编制自军以下编为 4 个支队,每个支队 2 个团。12 月 27 日,当项英将这一设想电告延安的洛甫(张闻天)、毛泽东和中共中央后,洛、毛于次日即复电表示同意。1938 年 1 月,国民政府军事委员会下令,核准中共中央提出的新四军支队以上干部名单以及编制、薪饷等要求。与此同时,新四军的关防(公章)也已启用,于是有人也称这是新四军军部成立的标志。

1938 年 1 月,新四军负责人叶挺(左三)、项英(左四)、张云逸(左二)、曾山(左五)、傅秋涛(左一)在汉口新四军军部合影。

在汉口新四军军部工作过的新四军主要领导人有:叶挺、项英、张云逸、周子昆、赖传珠、曾山等人,郭沫若、陈铭枢、李济深、李任夫等著名民主人士也都曾在此落脚并商谈国是。

1938 年 1 月 9 日,郭沫若刚从日本归国来到武汉。翌日,他就应叶挺之邀到新四军军部居住。在南昌新四军军部,叶挺与郭沫若促膝长谈,情真意切,两人一起回忆了北伐战争的艰苦岁月,回忆了南昌起义期间共同战斗的日子,他们还分别讲述了分别后的各自经历。也是在这里,郭沫若还为叶挺亲笔题写了"三军可以夺帅,匹夫不可夺志"的对联。后来,叶挺率军部每到一处,都将这副对联悬挂于室,这副对联也就成了他的座右铭。

第二节　新四军武汉时期的历史功绩

一、筚路蓝缕的历史功绩

新四军军部在武汉成立后,消息很快便传遍了四面八方,很多有志之士得知后都满怀一腔热情,前来投军,以期报效祖国,其中包括许多知名专家学者和教授等,如著名留日医学专家沈其震,经叶挺动员参加新四军,并被任命为新四军军医处处长,负责招募医生和护士,很快便组建了军部战地医院;知名教授林植夫找到叶挺后,也主动要求投军参加抗日,被委任为新四军敌工部部长;北伐时期曾担任国民革命军第3军政治部主任的朱克靖,参加新四军后被任命为军部战地服务团团长;叶挺的胞弟叶辅平在兄长的感召下参加新四军被任命为军需处长;叶挺的侄子叶钦和也参加了新四军。此后,社会各界还有大批优秀志士参加新四军并被委以重任,如李一氓、薛暮桥、夏征农、王阜先、冯定、徐平羽、黄源、马宁、聂绀弩、彭柏山、丘东平、吴强、王淑明、骆宾基、吴越、芦芒、杜宣、菡子、杨帆、沈西蒙、赖少奇、邵惟、沈柔坚、吕蒙、涂克、邵宇、何士德、沈亚威、章枚、吴晓邦、钱俊瑞、任光……这个名单还可以列得很长、很长。在民族存亡、国难当头之际,书生剑气,文人侠骨,也全都融化为炽热的爱国情怀。

从1937年12月25日至1938年1月4日,新四军在武汉汉口挂牌成立,确定了军部的主要领导,同时也确定了新四军的编制。

新四军军部在武汉成立后,根据中共中央事先提出的"新四军军部第一步设南昌"之意见和形势发展需要,按照工作进展计划和军部领导人分工,军部大部人员也将从汉口迁至南昌。

1938年1月3日晚,中央军委任命的新四军副参谋长周子昆,率30余名政工干部从延安抵达武汉,充实到新四军军部机关各部。当晚,新四军军部领导召开会议并决定:军长叶挺率少部人员仍留武汉,负责办理交涉及购置武器等事;项英则率军部大部人员前往南昌,负责下一步的工作。

第二天,新四军军部机关即在项英的率领下,乘"江裕号"轮船离开汉口。上船之前,叶挺、项英、张云逸、曾山、周子昆等5人,还特意在八路军驻武汉办事处的门口拍摄了一张照片作为留念,这张珍贵的照片如今也成了新四军发展史上第一个历史性的瞬间的纪实。

新四军军部在武汉时间前后仅有10天,但却标志着新四军的成立,为新四军后来的发展具有筚路蓝缕的开创之功。

二、汉口新四军军部旧址纪念馆简介

汉口新四军军部旧址纪念馆位于汉口胜利街332—352号,原门牌号即汉口大和街26号。

这里是新四军组建后的军部第一个所在地,也是新四军军部的诞生地。

曾在这里工作和居住过的新四军将领有叶挺、项英、张云逸、周子昆、曾山等人,著名民主人士郭沫若等人也曾在此住过。

1938年1月4日,为了指挥部队早日开赴敌后,开展抗日游击战争,项英率军部大部人员前往南昌,叶挺则留在武汉继续处理有关事宜。1月下旬,叶挺也离开武汉赴南昌。1月28、29日,他在《新华日报》的头版刊登《陆军新编第四军司令部启示》:"本军奉命即行整编出发,军部当即移驻南昌。前汉口大和街26号军部即行结束。以后驻汉办事处事宜,委托八路军驻汉办事处钱处长代办。"

汉口大和街26号原为日本侨民住宅。抗战全面爆发后,日本侨民回国,房产作为逆产没收,这幢房子也就空了下来。叶挺到汉口后,发现这幢空房,于是顺便也就用作军部筹备办公室。这幢建筑可以说是新四军军部大本营的第一站,也是唯一由军长亲自挑选出来的军部住址。1938年10月,武汉沦陷后,这幢建筑成为普通民宅。2002年,这幢建筑被发现并被列为湖

汉口新四军军部旧址（苏克勤/摄）

北省文物保护单位。2006年，武汉市人民政府拨专款按原貌修复，辟为纪念馆对外开放。目前，馆内复原有叶挺、项英、郭沫若的办公室兼卧室，以及政治部、副官处、参谋处、军需处、军医处等，同时举办有专题展览。

叶挺的房间兼卧室：叶挺于1937年11月12日来到武汉，1938年1月下旬离开武汉前往南昌。他在武汉期间，对新四军的官兵编制、隶属关系、防区任务、军需、干部配备及筹建新四军军部等，做了大量卓有成效的工作，起着不可替代的作用。

项英的办公室兼卧室：项英于1937年12月23日率延安派到新四军工作的一批干部到达武汉。到武汉后，他多次到长江局与周恩来、博古、叶剑英等一起研究南方红军游击队改编为新四军及集中整训等问题，并代表中国共产党同国民政府谈判，使改编问题最后得以解决。

郭沫若办公室兼卧室：1938年1月9日，刚刚从日本归国的郭沫若来到武汉，应叶挺之邀到新四军军部居住，郭沫若在这里为叶挺题写了"三军可以夺帅，匹夫不可夺志"一联。

政治部：是新四军的政治工作机关，负责管理全军的党的工作和政治工作，政治部主任袁国平，副主任邓子恢。

副官处：主要负责军部机关的行政管理和生活保障。

参谋处：负责制定新四军军部机关编制、部队集中组编和作战方案，处长赖传珠。

军需处：负责部队的经费、粮秣、被服、装备的筹办供应，处长叶辅平，副处长宋裕和。

军医处：负责部队的医疗保障和医务人员的培训，处长沈其震。

战地服务团：新四军的文化艺术组织。

第 三 章

新四军军部在南昌

江西南昌,是新四军军部大本营进驻的第二站。

南昌,是江西省的省会,也是一座英雄之城,她位于江西省的中北部,因中国共产党于十年前在此发动了震惊中外的南昌起义而闻名于世,并因这份光荣的革命历史而被称之为"英雄之城"。新四军军部自 1938 年 1 月 6 日从武汉进驻于此,到是年 4 月 4 日开赴安徽省歙县岩寺,前后历时 3 个月,这座英雄的城市不但成了新四军军部大本营的第二站,也成了新四军发展史上的一个重要驿站,并在中国革命史和新四军发展史上都留下了灿烂夺目的篇章。

1938 年 1 月 4 日,按照中共中央军委原定新四军"军部第一步设南昌"之要求,为了迅速组建新四军并开赴华中敌后抗战,新四军副军长项英率军部从武汉移驻南昌;1 月 6 日凌晨 2 时,项英等人安全抵达南昌,并在陈毅等人的迎接下入住市区三眼井高升巷 7—8 号的原张勋公馆,即今南昌市象山南路三眼井友竹花园 7—8 号。

张勋公馆,原是张勋于 1915 年①所建的私邸。国民革命军北伐攻占南昌后,张勋公馆先后为国民革命军第 3 军军长朱培德②、王钧、张辉瓒等国民党大员所居。1933 至 1935 年,这里一度又成了黄埔系十三太保组织的"中华复兴社"江西分社社址,对外则称"中央各军校毕业生调查处江西分处",并在此创办《健报》,后易为《捷报》。于是,这里又成了"复兴社"在江西的总巢穴。

新四军军部进驻原张勋公馆后,为工作之便,在军部与"复兴社"之间修建了一墙,在后院另辟大门,并挂上了"国民革命军新编第四军"的大牌子,

---

① 不少史料亦称张勋公馆始建于 1923 年,姑且存疑。
② 朱培德后任江西省政府主席,国民革命军第 3 军军长改由王钧接任。

设警卫持枪站岗护卫。

张勋公馆是一座西洋风格的花园式建筑，分为前后两院，中间是一处巨大的天井，前一建筑系主楼，是一座南向的两层楠木板玻璃楼房，北面则是一排木板附属平房。新四军进驻于此后，项英、周子昆等人即在主楼楼上办公，李子芳等人则在楼下办公，军部直属战地服务团领导在后面的平房办公，陆续加入战地服务团的团员，则因住地有限而改住于南昌市清节堂的山陕会馆内。

第一节　新四军军部大本营第二站——南昌

项英率新四军 50 余名干部到达南昌后，即开始实际运作。

关于新四军的编制问题，经叶挺与国民党当局多次交涉，何应钦于 1937 年 11 月下旬发文核定："该军编为第一、第二、第三、第四共 4 个游击支队……所请以陈毅、张鼎丞、张云逸、高敬亭分任第一、二、三、四游击支队司令一节准照委。"但是，中共中央所提请的以项英为副军长以及其他新四军领导人的任命，国民党军事委员会仍未同意委任。

1938 年 1 月，张云逸在南昌与陈毅等南方游击领导人合影。右起张云逸、顾玉良、叶飞、沈冠国、陈毅、温仰春、项英、曾昭铭、黄道、李步新。

时至 1938 年 1 月上旬,何应钦只核准新四军 4 个游击支队及军部每月发给经费 1.6 万元,其他领导人,除军长叶挺和 4 个游击支队司令外,均未委任。叶挺继续向陈诚提出增加经费至少 10 万元以上,并发表项英为副军长,张云逸为参谋长,周子昆为副参谋长等委令。

在此情况下,国民政府军事委员会正式批复了项英、张云逸、周子昆、袁国平、邓子恢等人分别担任副军长、正副参谋长、正副政治部主任的委令,同时批准了新四军各支队其他主要领导人的任命。

一、新四军直属机关及各部运作

(一)建立新四军的领导机构

新四军军部人员到达南昌的第二天,军部工作人员即换上了灰色的新四军服装,佩带新四军臂章。臂章为白底蓝边,中间是一幅绘有持枪冲锋战士的肖像图案,图案左下角尚镌有"抗敌"二字。

1938 年 1 月 8 日,经中共中央提名,经国民政府军事委员会核定,项英、张云逸和周子昆才如拟赴职。同日,新四军司令部在南昌《江西民国日报》上还刊登启事:

本军自奉命编制以来,因各部队分散湘、鄂、赣、皖、闽、豫、浙各省,现已分别派员检验编整完毕,集中待命。唯各该部队原属红军游击队,编制之后,全军所有薪饷给养,均由本军向军政部领取后颁发。本军及各该部,并未派人在外捐募,凡各地有假借本军及本军所属部队名声外骗诈者,准各地士绅民众,向当地长官扭控法办。①

启事刊登后,该报复于 2 月 6 日、7 日又各刊登了一次。

新四军政治部负责人的人选确定则要更晚一些。1937 年 11 月 6 日中共中央曾提出由陈毅担任新四军政治部主任,不久又提出由邓子恢担任政

---

① 转引自《新四军在南昌》,熊河水,李秋华著,华夏出版社 2002 年 5 月版,323—324 页。

治部主任,张际春任副主任,但邓子恢一直在游击区未能到职。1937 年 12月 27 日,项英致电毛泽东、洛甫,要求速将张际春调来,翌日毛泽东复电称,张因河防政治工作无人接替,或让莫文骅来,但张、莫二人后来均未能前来。延至 1938 年 3 月 18 日,毛泽东再次致电项英:"中共决定派袁国平为四军政治部主任,袁政治开展,经验亦多。邓子恢可为副主任。"十天后的 3 月 17日,邓子恢到达南昌军部,4 月 26 日,袁国平也从延安抵达皖南岩寺①就职。至此,新四军军部领导人方才全部配齐:军长叶挺,副军长项英,参谋长张云逸,副参谋长周子昆,政治部主任袁国平,副主任邓子恢。

(二)组建军部各部机关并选配机关负责人

军部机关建制明确后,各机关便已开始工作,军部各机关证章也正式启用,并根据实际情况进一步明确和充实了机关干部队伍。这些新遴选出来的骨干主要来自以下三个方面:一是从延安或华北八路军调配而来,二是从坚持南方三年游击战争的红军游击队中选配而来,三是从进步爱国人士、地下工作者和知识分子及青年学生中挑选出来。

早在上年的 9 月下旬,中共中央分局为了具体协商南方红军游击队集中改编为抗日部队所需的编制、经费、服装及游击区的联络与保护等问题,即适时在南昌成立联络中心。联络中心对外的公开名称是"南方红军游击队总接洽处",具体地点设于南昌市民德路省政府前 971 号月宫饭店二楼,总负责人为陈毅,接洽时间从成立之日起,到 1938 年 1 月 6 日新四军驻南昌办事处成立为止,南方红军游击队总接洽处完成了她的历史使命。新四军驻南昌办事处又称新四军驻赣办事处。1 月 6 日这天,为适应新形势发展的需要,新四军决定成立军部驻江西省办事处,也称新四军驻赣办事处,办事处主任由黄道担任,办公地点设于南昌市东书院街 2 号危家大屋,下设秘书处、副官处和党支部。秘书处处长李家庚(郑伯克),政治秘书吴大可(吴建业);副官处处长吴华友,胡金魁、李德、卢伟良等任副官;支部委员由孙湘担任,此外还有警卫班。黄道于 1939 年 5 月 23 日在江西省铅山县河口镇被国民党特

---

① 此时新四军军部业已奉命进驻安徽省歙县岩寺。

务毒死以后,驻赣办事处主任由周恩来提议改由胡金魁代理。1939年3月,由于侵华日军逼近南昌,新四军驻赣办事处奉命撤到皖南岩寺与军部会合。

新四军组建并开赴岩寺后,全军在各游击区先后还建立了数十处办事机构①,或称办事处,或称通讯处,或称留守处,或称兵站等,名称虽然不一,但性质基本相同,其具体工作和职责皆服从于整个抗战大局,服务于新四军的前方建设需要。后来,由于国民党顽固派相继制造了第一、第二次反共高潮,许多办事机构迫于形势严峻,或停止公开活动,或转入地下,或转移地点,但从整体上讲,这些办事机构对新四军的组建与发展,为处理红军游击队伤病人员和老弱人员,为新四军扩大兵员和输送干部,为新四军输送各种军用物资,都做了大量而又具体的保障工作。

新四军后方办事机构的职责和工作以及贡献在于:一是为新四军扩兵和输送干部;二是处理各地后方事务;三是开展抗日宣传和救亡运动;四是推进抗日民族统一战线工作;五是洽领、接收、转运、筹集军需物资;六是掩护共产党在国统区的活动;七是形成和坚持了南方革命战略支点。

（三）调配辖属各部领导并开始整编部队

1月8日,新四军编制已由国民政府军事委员会核定完毕,并向新四军进行通报,同意新四军编为4个支队,陈毅、张鼎丞、张云逸和高敬亭分任第1、第2、第3、第4支队的司令员。

1月9日,新四军军部开始正式办公,军部下设司令部、政治部和军直属机构。司令部下设参谋处、军法处、副官处、军需处、军医处和秘书处等;政治部下设组织部、宣传部、敌工部、民运部等;军直属机构下设教导营、特务营和战地服务团等单位。

此外,项英对军部骨干也进行了具体分工:周子昆、赖传珠负责部队编制、接洽各游击区的整编事宜;李子芳、汤光恢、符确坚负责接待、安排各游击区来军部汇报工作的人员;宋裕和、吴志立负责军需、筹备军费和行政管理事宜;朱克靖负责战地服务团招募工作,沈其震负责军医处和组建战地医

---

① 详见书后附录。

院等。

　　新四军在南昌挂牌成立后,吸引了很多知识分子和青年学生。叶挺与北伐时期的老战友朱克靖在南昌相遇后,便热情邀他加入新四军并担任军部顾问(一说是新四军政治部顾问)。朱克靖是湖南澧县人,早年在法国勤工俭学并加入中国共产党,1923年赴苏联莫斯科东方大学留学,北伐时期担任国民革命军第3军党代表兼政治部主任,南昌起义时任第9军党代表。当叶挺看到来军部的多是知识分子和青年学生时,便与朱克靖相商,决定成立战地服务团,并由朱克靖担任团长。服务团成立后,最初团员多是江西籍知识分子和爱国青年学生,后来,华东、华北等地热血青年、爱国学生和海外华侨、留学生等,也纷纷加入其中。服务团团员来自五湖四海,人数最盛时期多达500余人,有力地配合了新四军战斗部队的前方作战,为宣传抗日救亡做了大量的工作。

　　新四军军部进驻南昌期间,在充实军部各机关的基础上,即开始着手联络各游击区的红军游击队,并分派骨干赴各游击区开展集中队伍。军部骨干分赴各地情况如下:项英赴湘赣边、赣粤边,负责指导第1支队主力的组建;张云逸、黄道赴福建,负责指导第3支队的组建;陈毅赴皖赣边,负责指导第1支队一部的组建;曾山赴闽浙赣,负责指导第2支队的组建;赖传珠赴湘鄂赣,负责指导第1支队一部的组建。与此同时,中共中央还指示董必武、林伯渠、叶剑英等人,对活动于江北鄂豫皖边红28军高敬亭部予以悉心指导,使该部顺利地编成为第4支队。1937年9月上旬,红28军所属部队及地方武装和便衣队等,陆续从鄂豫皖边区各地开赴黄安县(今红安县的旧称)七里坪一带。9月,中共中央又专派郑位三、萧望东等人从延安来到七里坪,帮助指导工作。9月下旬,在七里坪召开庆祝大会,郑位三报告了陕北红军主力改编为八路军后奔赴前线奋勇杀敌并取得平型关大捷等胜利情况,同时还分析了全国抗战形势及发展前途,代表中共中央对红28军坚持鄂豫皖边区的三年斗争进行了表彰,勉励广大指战员在整编为新四军第4支队后,迅速开赴皖中、皖东抗日前线,取得更加辉煌的战果。10月下旬,红28军开始集中对所属部队从思想上、军事上、组织上进行全面整训,提高了部队的战斗力,以适应未来挺进皖中、皖东的发展需要。部队整训期间,聂鹤亭、郭述申、戴季英、方毅、彭康等人,也都先后来到七里坪,为部队轮训上课,有效地保证了新四军第4支队的整编效果和战斗力的提高。红第28军整编整训结束后,下辖4个团,分别编为新四军第7、第8、第9和手枪团(特务团)。4支队在七里坪完成整编后,即于3月1日由支队司令高敬亭率第7、第9两团和直属队开赴东进,4支队所属第8团则在周骏鸣等人的率领下由河南省确山县竹沟镇出发①,两支队伍于3月下旬在安徽省霍山县流波疃集中,尔后分别开赴皖中、皖东抗日前线。

由于红军游击队在接受改编时,多数红军游击队领导人都保持有必要的警惕,大体还是比较顺利地完成了部队改编,但也有一部分领导人或丧失必要的警惕,或在国内外形势已发生重大变化的情况下仍顽固地坚持原有立场拒绝接受改编而遭歼灭,给部队带来了不应有的损失。

一是漳浦事件,又称何鸣事件。1937年春,时任闽粤边特委代理书记的何鸣还是红3团团长兼政治委员,他与当地国民党驻军157师谈判并达成协议,将红3团1000余人改编为保安独立大队,何鸣任大队长兼政委,卢胜任副大队长。何鸣后因犯错而被解除闽粤边特委代理书记,但仍是红3团的团长兼政委。该部改编后,国民党当局要求将何鸣将独立大队统一集中到漳浦县城孔庙点验。7月16日,157师以集中点验发饷为名要求红3团全军集中到当地的运动场。何鸣率领的红3团在未作任何戒备的情况下即全部进入操场集合,旋即被国民党军队包围,绝大多数人被缴械遣散,被缴长短枪共540支,特委书记张敏等13人被害,只有副团长卢胜察觉情况有异立即果断率数十人突围成功,后与陆续逃出的百余游击队员重组红3团,至9月又发展到300余人。10月,经张云逸与国民党福建当局谈判交涉,当局归还被缴武器300支。1938年1月,红3团整编为新四军第2支队第4团2营。

二是闽中浦仙游击队被缴械的闽中事件,又称泉州事件。1938年3月11日,闽中工委领导的当地红军游击队200余人,根据协议在改编时被编入当地驻军第80师特务大队。不久,国民党军第80师第239旅以集中点验为由将特务大队集中到泉州承天寺,非法绑架并杀害了中共闽中工委书记、独

---

① 周骏鸣率领的团队在河南省邢集还有过进一步的整训。

立大队少校大队长刘突军及其随员叶元武和青年部长高万里等4人,后又派重兵收缴了根据协议开往泉州承天寺整训的闽中游击队的武装。新四军军部闻讯后,即派谭震林向国民党福建当局提出强烈抗议,当局最后被迫发还全部人员和武器,并用汽车将独立大队全体人员送至福州,这支部队最后改编为新四军军部特务营第1、2连。

三是杨文翰事件。活动于赣东北弋阳县磨盘山地区的杨文翰(一些史料上亦作杨文瀚)游击队,与活动于赣北瑞昌、德安、九江地区的刘维泗游击队,拒绝接受统一战线政策,拒绝下山接受改编。杨文瀚的游击队杀害了前来负责说服工作的皖浙赣省委书记关英;刘维泗的游击队则杀害了前来负责说服工作的红16师政治委员明安娄和鄂东南特委书记林美津。赣东北和赣北这两支拒绝下山接受改编的红军游击队,后来均被国民党军队所围剿消灭。

四是"瑞金事件"。1938年1月15日,新四军第3支队副司令谭震林与随员由闽西前往南昌途经瑞金,当晚在新四军驻瑞金办事处召集当地红军游击队连以上干部、办事处负责人和中共汀瑞县委负责人会议,突然遭到国民党独立第33旅所部1个营的包围,办事处工作人员萧全忠等遭到枪杀,谭震林和与会30余人被扣押,汀瑞游击支队支队长钟民、政治委员胡荣佳、中共汀瑞县委员会书记张悌及南昌新四军军部返回闽西途经瑞金的新四军干部温仰春、邓振询、李坚真等20人,也遭国民党军扣押,并抢走电台、枪支和军饷等,同时又调集军队企图偷袭正在集中整训准备开赴皖南改编为新四军的汀瑞红军游击队。事发以后,新四军副军长项英等向国民党江西省当局熊式辉严正交涉,国民党当局迫于社会压力,于19日陆续将谭振林等人无条件释放,并归还了电台和枪支弹药。

南方游击区的红军游击队在改编过程中,除发生了上面几个事件外,还发生了曹树良事件①、闽东事件②等事件,这充分表明国民党当局对南方红军游击队改编时的戒备之心,另一方面也说明了南方一些红军游击队领导对中共中央的统一战线政策理解不深。

正当新四军领导分赴各游击区,指导队伍集中而进行紧张工作期间,国民政府军事委员会发布命令,限令新四军于1938年2月20日前到安徽皖南岩寺集中,并等候派员点验。由于时间紧迫,新四军各分散点队伍一时难以全部到达,但为顾全抗日的大局,新四军领导叶挺、项英经请示和研究之后,一面要求各分散点队伍发出开拔命令,一面由叶挺亲自与国民党第三战区司令长官顾祝同等接洽相商,力陈其中缘由,请其从缓。

1938年3月15日,叶挺偕同部分先遣人员从南昌出发,并于第三天抵达安徽皖南屯溪,同国民党第三战区就新四军集中诸问题再次进行交涉,并于21日致电南昌:今已做好准备,军部机关移往前方。4月4日,南昌军部领导率直属机关撤离南昌,并于6日顺利进驻安徽歙县岩寺。

至此,南方各游击区的红军游击队的开拔准备工作基本就绪,集结前后的新四军编成、干部配备情况如下:

第1支队:约2300人(枪),下辖第1、2团,由项英、陈毅领导的赣粤边游击队,游世雄领导的桂东游击队,傅秋涛领导的湘鄂赣边游击队,谭余保领导的湘赣游击队,李步新领导的皖赣游击队编成。陈毅任司令员,傅秋涛任副司令员,胡发坚任参谋长,刘炎任政治部主任。傅秋涛兼第1团团长,江渭清任副团长,王怀生任参谋长,钟期光任政治处主任;张正坤任第2团长,刘培善任副团长,王必成任参谋长,肖国生任政治处主任。

---

① 1937年11月,为传达中共中央关于国共第二次合作、建立抗日民族统一战线的方针政策,项英、陈毅派湖南游击队第1支队支队长曹树良赴湘赣边游击区联系游击队下山改编事宜,不幸被当地红军游击队误认为是国民党的"奸细"而遭杀害。

② 闽东事件又称宁德事件。闽东红军游击队改编为新四军第3支队第6团北上抗日后,根据谈判商定,1938年3月2日在宁德县城关城碧山街设立后方留守处,留守处主任为范式人,秘书长为郭文焕,副官黄础、罗美大等,并配有1个排的武装警卫,计50余人。3月14日,留守处突遭国民党福建省保安第2旅李树棠所部包围,致警卫排长石头弟等当场死亡,班长宋永石、陈序洪负伤,余52名干部战士和工作人员被强行缴械并被送进监狱。事发后,新四军办事处负责人范式人、王助等向国民党当局提出严正抗议,经多次交涉,被捕人员被全部释还,后被编入新四军特务营第2连。

第2支队：约2100人（枪），下辖第3、4团，由张鼎丞、谭震林、邓子恢领导的闽西（南）游击队，粟裕、刘英领导的浙南游击队，钟德胜、胡荣桂、彭胜标领导的闽赣边游击队和闽南游击队编成。张鼎丞任司令员，粟裕任副司令员，罗忠毅任参谋长，王集成任政治部主任。黄火星任第3团团长，邱金声任副团长，熊梦辉任参谋长，钟国楚任政治处主任；卢胜任第4团长，叶道志任副团长（未到职，后改为周桂生），王胜任参谋长，廖海涛任政治处主任。

第3支队：约1500人（枪），下辖第5、6团，由黄道、黄立贵、曾镜冰、饶守坤领导的闽北游击队，叶飞领导的闽东游击队编成。张云逸任司令员，谭震林任副司令员，赵凌波任参谋长，胡荣任政治部主任。饶守坤任第5团团长，曾昭铭任副团长，桂逢洲任参谋长，刘文学任政治处主任；叶飞任第6团长，吴琨任副团长，黄元庆任参谋长，阮英平任政治处主任。

第4支队：约3100人（枪），下辖第7、8、9团和手枪团，由高敬亭领导鄂豫皖红28军及游击队编成。高敬亭任司令员，林维先任参谋长，萧望东任政治部主任。杨克志任第7团团长（后叛逃），曹玉福任政治委员（后叛逃），林英坚任参谋长，胡继亭任政治处主任；周骏鸣任第8团长，林凯任政治委员，赵启民任参谋长，徐亨祥任政治处主任；顾士多任第9团团长，高志荣任政治委员，唐少田任参谋长，郑重任政治处主任；詹化雨任手枪团团长，汪少川任政治委员。

除作战部队外，还有教导队，后改为教导营：赵希仲任队长，刘世湘任营长，谢祥军任副营长，龙树林任教导员。特务营：邱玉权任营长，陈茂辉、李林任副营长。战地服务团：朱克靖任团长，谢云晖任副团长，白丁（徐平羽）任秘书长。

早在1938年1月16日，国民党江西省主席熊式辉即转发何应钦关于新四军编为4个支队的通报。其文略曰："查前饬新编新四军军长叶挺收编各省辖区散匪，现正就绪。经核准编为四个游击支队，以陈毅、张鼎丞、张云逸、高俊〔敬〕亭分任司令。所有该军经费、抚遣费、开拔费等，均已规定。并令归陈总司令诚指挥。此后集中，亦由陈总司令指示办理。特此电达查照。"①

---

① 引自《新四军·参考资料》（2），中国人民解放军历史资料丛书编审委员会编，解放军出版社1991年11月版，第46页。

　　至此,新编成的新四军及其下辖 4 个支队大致情况如下:第 1 支队司令陈毅,副司令傅秋涛,参谋长胡发坚,政治部主任刘炎;第 2 支队司令张鼎丞,副司令粟裕,参谋长罗忠毅,政治部主任王集成;第 3 支队司令张云逸(兼),副司令谭震林,参谋长赵凌波,政治部主任胡荣;第 4 支队司令高敬亭,参谋长林维先,政治部主任萧望东。

　　新四军成立时最初编成为 4 个支队、10 个团,除作战部队以外,军部尚直属有特务营、战地服务团、教导总队、战地前方医院、战地后方医院等单位,全军上下共有 8000 将士,对外号称 1.03 万人。

二、军部及直属机关在南昌的住址

新四军军部:南昌象山南路三眼井高升巷友竹花园 7 号张勋公馆。

新四军驻赣办事处:南昌市民德路省政府前的 971 号月宫饭店二楼。

新四军军医处:南昌筷子巷。

新四军战地服务团:南昌张勋公馆后院。

新四军教导营:南昌书院街银行。

南昌新四军军部旧址。

新四军军部进驻南昌后,开始着手将南方8省14区的红军游击队统一指导改编,使之成为新四军最初的基本队伍,旋即奉命开拔到安徽省歙县的岩寺,并相继开赴抗日前线。

新四军军部自1937年12月25日在武汉汉口组建后,10天后的1938年1月6日迁驻南昌,4月6日进驻安徽歙县的岩寺,前后历时3月,在军部领导和全军上下将士的共同努力下,胜利地完成了下山集中整训的艰巨任务。至此,新四军不但完善了各级领导机构,而且初步也拥有了近万将士的正规作战部队,使新四军这一新生体,从组建之初的"骨架"逐步完善成为一个"有血有肉"的健康肌体,从而完成了新四军发展史上又一关键性的转折。

三、新四军驻赣办事处

1937年10月,经国共两党谈判达成协议,南方省红军游击队改编为新四军。11月中旬,中共中央组织部部长陈云与副部长李富春,从延安抽调涂振农、陈少敏、钟平等十余人作为先遣,并由涂振农、陈少敏负责在南昌组建新四军军部和设立驻赣办事处的工作,钟平负责到赣粤、赣闽、湘鄂各边区找游击队联系,研究各游击队改编为新四军的各项具体工作。是年12月,先遣队进驻南昌市月宫饭店,后迁移至书院街危家大屋2号。数日过后,陈毅从赣南回来,涂、陈二人向陈毅传达了中共中央关于将东南分局管辖的8省各地的红军游击队,统一改编为国民革命军陆军新编第四军的决定,同时又传达了中组部陈云部长、李富春副部长临行前的指示精神,以及他们布置的具体工作任务。为筹建新四军驻赣办事处,陈毅与国民党江西省政府进行了谈判,并迫使国民党当局同意新四军在南昌设立驻赣办事处。

1938年1月6日,新四军军部进驻南昌高升巷张勋公馆,新四军驻赣办事处也于同一天在书院街2号危家大屋正式成立,同时由新四军少将参谋黄道担任办事处主任。4月4日,新四军军部撤离南昌后,驻赣办事处则由危家大屋迁至张勋公馆。

新四军驻赣办事处的主要工作如下:一是与有关省委、特委保持联系,指导各地新四军办事处的工作;二是恢复和发展党的组织,壮大党的力量;三是开展统战工作,争取上层人物,团结各界人士;四是利用合法身份,领导开展抗日救亡运动;五是协助新四军军部转移,运送各红军游击队改编北上;六是负责八路军、新四军的干部战士过往接待与膳食住宿;七是为新四军筹集和输送军需物资;八是为新四军吸收和输送进步青年。

第二节　新四军南昌时期组织编成及战斗序列

新四军在南昌时期,叶挺、项英等人经过紧张而又繁忙的努力和准备,为新四军军部的组建和各支队的改编做了大量的有效的工作,1938 年 2 月 10 日,新四军机关基本完备,且已基本完成了所属各部的改编任务,军部直属组织系统配置以及所辖各部战斗序列也基本编成。

新四军直属组织系统编成及各部战斗序列分别如下:

一、新四军组织系统编成(1938 年春)

军　　　长　　　叶　挺

副 军 长　　　项　英

参 谋 长　　　张云逸

副参谋长　　　周子昆

政治部主任　　袁国平

政治部副主任　邓子恢

1. 司令部

参谋处

参谋处长　　　赖传珠

　作战科科长　李志高

　侦察科科长　谢忠良

　通信科科长　胡立教

　　下辖:无线电通信总队队长　　胡立教(兼)

　　　　　无线电通信总队副队长　吴志恒

　机要科科长　杨保生

副官处处长　　　肖泽禄（代理）

　　副处长　　　吴自立

军需处处长　　　叶辅平

　　副处长　　　宋裕如

秘书处处长　　　李一氓

军法处处长　　　李一氓（兼）

　　副处长　　　汤光恢

军医处处长　　　沈其震

　医务科科长　　宫乃泉

　保健科科长　　齐仲桓

　材料科科长　　吴之理

　总务科科长　　叶钦和

　医务主任　　　王聿先

2. 政治部

组织部部长　　　李子芳

　　副部长　　　汤光恢（兼，负责保卫）

宣传部部长　　　朱镜我

民运部部长　　　余再励

敌工部部长　　　林植夫

3. 战地服务团（下设戏剧组、绘画组、歌咏组、舞蹈组、民运组）

团　长　　　　　朱克靖

副团长　　　　　谢云晖

秘书长　　　　　白　丁（徐平羽）

4. 教导营（下设军事连、政治连）

营　长　　　　　赵希仲（皖南事变后叛变）

副营长　　　　　刘品山

教导员　　　　　龙书林

副教导员　　　　刘景胜

防化教员　　　　孙秉泰

军事连

　　连长　　　　袁大鹏

　　指导员　　　程业堂

政治连

　　连长　　　　张日清

　　指导员　　　未详

5. 特务营

营　长　　　　邱玉权

副营长　　　　陈茂辉　李　林

二、新四军各部战斗序列(1938 年春)

军　　长　　　叶　挺

副 军 长　　　项　英

参 谋 长　　　张云逸

副参谋长　　　周子昆

政治部主任　　袁国平

政治部副主任　邓子恢

第一支队

　　司令员　　　陈　毅

　　副司令员　　傅秋涛

　　参谋长　　　胡发坚

　　政治部主任　刘　炎

　　第一团

　　　团长　　　傅秋涛(兼)

　　　副团长　　江渭清

　　　参谋长　　王怀生

　　　政治处主任　钟期光

　　第二团

　　　团长　　　张正坤

　　副团长　　　　刘培善

　　参谋长　　　　王必成

　　政治处主任　　肖国生

第二支队

　　司令员　　　　张鼎丞

　　副司令员　　　粟　裕

　　参谋长　　　　罗忠毅

　　政治部主任　　王集成

　　第三团

　　　　团长　　　　黄火星

　　　　副团长　　　邱金声

　　　　参谋长　　　熊梦辉

　　　　政治处主任　钟国楚

　　第四团

　　　　团长　　　　卢　胜

　　　　副团长　　　叶道志(之)

　　　　参谋长　　　王　胜

　　　　政治处主任　廖海涛

第三支队

　　司令员　　　　张云逸(兼)

　　副司令员　　　谭震林

　　参谋长　　　　赵凌波(皖南事变后叛变)

　　政治部主任　　胡　荣

　　第五团

　　　　团长　　　　饶守坤

　　　　副团长　　　曾昭铭

　　　　参谋长　　　桂蓬洲

　　　　政治处主任　刘文学

　　第六团

　　团长　　　　叶　飞

　　副团长　　　吴　焜

　　参谋长　　　黄元庆

　　政治处主任　阮英平

第四支队

　　司令员　　　高敬亭

　　参谋长　　　林维先

　　政治部主任　萧望东

　　第七团

　　　　团长　　　　杨克志（后叛逃）

　　　　政治委员　　曹玉福（后叛逃）

　　　　参谋长　　　林英坚

　　　　政治处主任　胡继亭

　　第八团

　　　　团长　　　　周骏鸣

　　　　政治委员　　林　凯

　　　　参谋长　　　赵启民

　　　　政治处主任　徐祥亨

　　第九团

　　　　团长　　　　顾士多

　　　　政治委员　　高志荣

　　　　参谋长　　　唐少田

　　　　政治处主任　郑　重

　　手枪团

　　　　团长　　　　詹化雨

　　　　政治委员　　汪少川

　　教导总队

　　　　总队长　　　周子昆

　　　　教育长　　　冯达飞

政治处主任　　　余立金

战地服务团

　　团长　　　　　朱克靖

　　副团长　　　　谢云晖

　　秘书长　　　　白　丁（徐平羽）

特务营（后改为特务团）

　　营长　　　　　邱玉权

　　副营长　　　　陈茂辉　李　林①

第三节　新四军南昌时期的历史功绩

　　新四军军部自 1938 年 1 月 6 日进驻南昌后，在军长叶挺、副军长项英的带领下，经过全军上下的共同努力，在短短一个月时间内，已基本完成了对南方各游击区红军游击队的整编工作。1938 年 2 月 6 日，新四军接到第三战区命令，除江北的第 4 支队外，限所属各部于 2 月 20 日以前集中到安徽歙县岩寺待命。

　　此前，陈毅奉命于 1938 年 1 月 13 日专程赴皖南歙县岩寺考察，并对当地的周边环境、地形地貌、风土人情，以及社会各界对抗战的态度等情况，都做了深入而又细致的调查，为新四军各部下一步会师于此打下了良好的基础。

　　2 月 14 日，为做好新四军所辖各部集结岩寺的准备工作，根据部队实际，军长叶挺充分利用自己的优势，率第 1 支队司令员陈毅、军部秘书长李一氓等人，从南昌启程前往第三战区驻地屯溪，与第三战区司令长官顾祝、安徽省党部和皖南行署交涉，取得了令人满意的效果，从而为全军会师岩寺的路线、驻防任务及经费提供了可靠的保障。

---

　　①　根据《新四军在南昌》《新四军事件人物录》《回顾新四军军部》《中国人民解放军历史资料丛书：新四军》等书整理。

2月20日,国民政府军事委员会发布命令,新四军向指定地点集中。新四军军部指令下属各支队、各团由游击区分别向皖南岩寺和江北皖中舒城、无为地区集中。

新四军军部接到集结岩寺的命令后,立即责成以司令部参谋处为主、其他机关配合,对各部的集中时间、行军路线、集结地点及途中注意事项等,都可能做详尽的部署。部署完毕后,新四军各部分别从原地出发,日夜兼程向皖南岩寺开拔。①

早在1938年1月,为了找到一个理想的新四军军部驻地和未来各部集结的地方,陈毅即遵照中共中央指示,带领少数随从来到皖南地区,与时在国民党第三战区开展统战工作的两个特别支部的负责人黄诚、陈国栋、谢云晖等人会面,了解这里的情况,并实地察看了歙县附近的岩寺、屯溪一带的地形地貌,为新四军军部从南昌迁徙到皖南岩寺和各部的未来集结打下了基础。一个月后的3月15日,叶挺率小部先遣人员再次前往屯溪,一来是联系部队未来集结的相关问题,二是顺便也检查布置部队到达后的驻地、给养保障等事宜。21日,叶挺致电南昌军部:今已做好准备,军部机关移往前方(岩寺)!

4月4日,新四军军部直属机关在完成了组建新四军的历史使命后,由军长叶挺、副军长项英等率领离开南昌,奔赴抗日前线。出发之前,时任国民党江西省保安处副处长的蒋经国,特意还到三眼井的张勋公馆与新四军领导话别送行;社会各界数千人也都赶到车站,与新四军将士依依惜别。

在一阵阵歌声、掌声和鞭炮声中,新四军领导叶挺、项英、袁国平、周子昆等率军部直属机关机要人员,搭乘上海煤业救护队的汽车,途经景德镇奔向新四军的集结地——皖南岩寺。

南昌,作为一个新四军的早期军部,在新四军发展史上具有极为重要的

① 1938年3月8日,江北新四军第4支队在湖北省黄安县七里坪召开东进誓师大会。会后,支队司令员高敬亭即率第7团和手枪团从七里坪出发,经河南经扶县(今新县)、商城,于中旬抵达安徽省霍山县(今金寨县)流波疃;10日,第9团也从七里坪出发前往流波疃;第8团则从河南省确山县竹沟镇出发,之后在信阳邢集休整后又誓师东进,并于下旬到达流波疃与先期到达的部队会师。

意义。1988年1月,为纪念新四军军部成立50周年,江西省委、南昌市委决定,恢复整修了南昌的原新四军旧址,并辟为"南昌新四军军部旧址陈列馆"。建成后的"南昌新四军军部旧址陈列馆",除恢复了叶挺、项英等新四军领导人的办公室、卧室、曾使用过的物品并配有生平图片外,另外还辟建了大型基本陈列《铁的新四军》。其中,《铁的新四军》又分为《铁流滚滚出深山》《群英聚集南昌城》《大漠南北抗敌寇》《铁军精神万代传》4个部分,全面、系统而又形象地展现了新四军从1937年成立到1947年改编为华东野战军这10年间的光辉战斗历程和英雄业绩。

熊河水、李秋华在《新四军在南昌》一书中,曾这样高度概括新四军在南昌时期的历史功绩:

1. 建立了新四军的领导机构,军部开始正式运作,军部的内部机构设置初具雏形,这些为全军的顺利建成提供了坚强有力的领导保证。

2. 贯彻落实了党中央关于保存南方战略支点的精神。指示各地红军和游击队在出去时留下少数领导骨干和武装。到解放战争后期,逐步发展成为中国人民解放军的闽粤赣边纵队、闽浙赣边纵队等游击武装,有力地配合了所在地区的解放进程。

3. 成功组建了新四军并迅速开赴华中敌后抗战,迫使日本侵略者在1938年10月占领广州、武汉后,不得不停止前进,使中国抗战由战略防御进入相持阶段。

4. 在南昌期间开展的抗日救亡宣传工作,为扩大我党、我军的政治影响、巩固抗日民族统一战绩、实行全民族的抗战做出了重大的贡献。①

---

① 引自《新四军在南昌》,熊河水、李秋华主编,华夏出版社2002年5月版,第106—107页。

第四章

新四军军部在皖南

1938 年 4 月 6 日,新四军军部从南昌进驻安徽省歙县的岩寺,到 1941 年 1 月"皖南事变",新四军军部一直都驻扎于安徽的皖南地区。军部进驻岩寺后,相继又移至太平县的麻村、南陵的土塘和泾县的云岭,历经岩寺、麻村、土塘、云岭 4 地,历时 2 年零 8 个月。也就是说,皖南时期是新四军军部大本营发展的第三个时期。于是,岩寺便成了新四军军部大本营的第三站,麻村便成了新四军军部大本营的第四站,土塘便成了新四军军部大本营的第五站,而云岭则成了新四军军部大本营的第六站。

新四军军部大本营进驻皖南的地点和时间依次如下:

岩寺:1938 年 4 月 6 日—1938 年 5 月 5 日,历时 30 天,第三站;

麻村:1938 年 5 月 7 日—1938 年 5 月 26 日,历时 20 天,第四站;

土塘:1938 年 5 月 26 日—1938 年 8 月 2 日,历时 66 天,第五站;

云岭:1938 年 8 月 2 日—1941 年 1 月 4 日,历时 882 天,第六站。

从上面可以看出,新四军军部进驻皖南的这 4 个地方均在安徽省的皖南地区,虽然进驻时间各有长短,但以进驻云岭的时间最长,加上这 4 地方相距不远等原因,故史家将新四军军部进驻的这 4 个地方统之称为"皖南",这一时期也称为新四军军部大本营的"皖南时期"。

在这样短的时间内,新四军军部大本营屡经迁徙,其中原因自然是多方面的。此前,不少研究者都认为是水土、地理位置等自然原因所致,最后才由新四军主要领导决定迁徙的,但据新四军军部参谋处写于 1942 年的《新四军的前身及其组成与发展经过概况》一文所说,新四军军部在皖南时期,军部大本营屡次迁徙的主要原因实则为国民党当局指令所致。该文这样写道:"斯时,又接到命令云,四月二十日派员莅临点验。十五日复又接命令不能久驻岩寺。未及点验,我粟裕司令率领先遣部队,遂于是月二十八日出发,挺进江南敌后;军部亦于五月一日离开岩寺迁至太平。接着又接到命令不准久驻太平,于是,复又移至南陵地带。"①

因新四军军部进驻岩寺、麻村、土塘这3地的时间都很短,故研究者一般干脆将其省略,仅从时间上统称之为"新四军军部在皖南",这是可以说得通的;但一些研究者根据进驻地点也简而称之为"新四军军部在云岭",就不能涵盖岩寺、麻村和土塘了,这样一来也便明显有些不妥了。

第一节　新四军军部大本营第三站——岩寺

安徽省歙县的岩寺,是新四军军部大本营进驻的第三站。

新四军军部大本营从1938年4月6日进驻岩寺,到是年5月5日移至太平县仙源镇麻村,历时30天。

岩寺是个山清水秀的所在,古名岩镇,属安徽省歙县所辖,地处歙县西南20华里的丰乐河畔,是黄山的天然门户,也是一处著名的游览胜地。这里北距黄山150华里,南经屯溪、休宁通往江西,东经徽州与浙江毗邻,现为黄山市徽州区所在地。

一、会师岩寺,集中待命

叶挺、项英率新四军机关抵达岩寺时,第1支队陈毅、傅秋涛和第3支队张云逸、谭震林及所率各部早已提前驻扎在岩寺的周围;4月18日,第2支队张鼎丞、粟裕所率部队也抵达岩寺。

新四军军部进驻岩寺后,新四军领导与机关的办公和住宿情况大致如下:军部首长和参谋处、电台均设于岩寺大石桥南西街的金家大屋(当地亦称金家大院),原为歙县岩寺镇荫山路43号,现为徽州区荫山路7号;政治部

---

① 详见本书中的附录六《新四军的前身及其组成与发展经过概况》。

设于桥南东街石塔下大祠堂;第一支队分驻于潜口、王村;第二支队分驻于琶村、琶塘;第三支队则分驻于西溪南、砖桥;上海煤业救护队在大石桥北西侧的鲍家大屋。

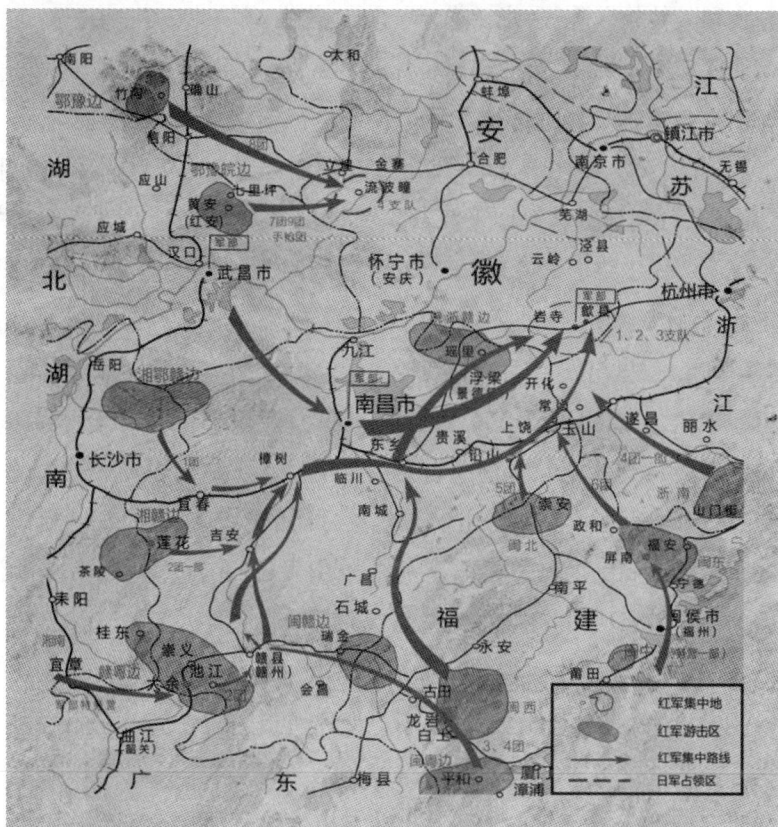

南方8省14个游击区的红军游击队向皖南、皖西集中示意图(1937年10月—1938年2月)

注:采自南昌新四军军部旧址陈列馆。

　　1938年3月3日,《新华日报》刊登了新四军第1支队副司令兼第1团团长傅秋涛等宣誓就职公告。称:"兹奉陆军新编第四军司令部第二号委任令开:兹委任傅秋涛为本军第一支队副司令兼第一团队团队长。当公布就职宣誓出师之际,秋涛等披沥赤诚拥护政府,誓以洒尽满腔热血,挥动全体健儿,与暴日作顽强周旋,狼烟未尽,义旗不返,始终为中国之独立自由幸福而奋斗到底。"

1938 年 4 月,在新四军将士的共同努力下,初经整编的新四军第 1、第 2、第 3 支队及军直属特务营等部,奉命分别从各游击区陆续到达安徽歙县的岩寺集中。每当游击区的部队到达岩寺时,新四军的正、副军长叶挺、项英及军分会和其他领导陈毅、张云逸、周子昆、曾山、邓子恢、李一氓等,也都亲切地前往探望表示慰问。

新四军各支队及其所属各团编成情况如下:

第 1 支队:第 1 团主要由湘鄂赣边红军游击队改编组成,团长傅秋涛(兼),副团长江渭清。从湖南平江县嘉义镇出发,3 月初到达岩寺西北的潜口集结。第 2 团主要由湘赣边、赣粤边、皖浙赣边和湘南红军游击队组成,团长张正坤,副团长刘培善,2 月分别从江西莲花县垄上、大余县池江、浮梁县(今景德镇市)瑶里出发,3 月全部到达岩寺。

第 2 支队:第 3 团主要由闽西、汀瑞红军游击队改编组成,团长黄火星,副团长邱金声,3 月 1 日从福建龙岩县白土出发,4 月初到达皖南潜口。第 4 团由闽粤边、闽西、浙南红军游击队改编组成,团长卢胜,副团长叶道志。闽粤边红军游击队和闽西红军游击队从白土出发,浙南红军游击队从浙江平阳县山门镇出发,4 月中旬全部到达岩寺。

第 3 支队:第 5 团主要闽北红军游击队改编组成,团长饶守坤,副团长曾昭铭,2 月 25 日从江西铅山县石塘出发,4 月初到达岩寺。第 6 团主要由闽东红军游击队改编组成,团长叶飞,副团长阮英平(后由吴焜接任),2 月 14 日从福建宁德县(今宁德市蕉城区)桃花溪出发,3 月下旬全部到达岩寺。

第 4 支队:江北高敬亭率领的第 4 支队在湖北省黄安县七里坪整编后,所辖各团于 1938 年 3 月 8 日分别开往皖中、皖南前线。

军部直属特务营由湘南、闽中红军游击队改编组成,也在稍后分别到达皖南岩寺。

附:南方 8 省红军游击队改编图表①

红军游击队名称	人数	枪	改编后归建情况
赣粤边	300 人	200 支	1 支队 2 团
湘鄂赣边	下山时 900 人,扩军后 1300 人	200 支	1 支队 1 团
湘赣边	下山时 300 人,扩军后 500 人	400 支	1 支队 2 团 1 营
皖浙赣边	下山时 350 人,扩军后 550 人	200 支	1 支队 2 团 2 营
汀瑞	300 人	150 支	2 支队 3 团 2 营
闽南	300 人	300 支	2 支队 4 团 1 营
浙南	500 人	150 支	2 支队 4 团 3 营
闽西	1200 人	500 支	2 支队 3 团
闽东	1500 人	700 余支	3 支队 6 团
闽北	下山时 800 人,扩军后 1500 人	800 余支	3 支队 5 团
鄂豫边	700 人	300 支	4 支队 8 团
鄂豫皖边	1100 人	500 支	4 支队 7 团、9 团
湘南	160 人	110 支	军部特务营
闽中	160 人	未详	军部特务营

二、动员教育,集中整训

1938 年 4 月下旬,在岩寺镇鲍家祠堂召开了全军(除第 4 支队外)第一次营以上干部会议。此次会议由副军长项英主持,陈毅同志代表中共中央首先讲话,他向全体将士详细介绍了目前的抗日形势,以及国共两党合作建立统一战线的进展情况,并对新四军的组建尤其是对叶挺将军出任新四军军长表示祝贺,最后要求全体将士在东南分局及军分会的领导之下,坚决执

①　本表根据《新四军在南昌》编写,熊河水、李秋华主编,华夏出版社 2002 年 5 月版。

行中共中央的路线,完成抗日救国的宏伟大业。叶挺、项英在会上也都分别发言讲话,鼓励全体将士响应党中央的号召,苦练杀敌本领,在不久的将来开赴抗日前线,奋勇杀敌。

新四军全军营以上干部会议过后,全军便积极投入到学习、组训和民运当中,为下一步开赴前线做好准备。

新四军第1、第2、第3各支队大部人马到达岩寺后,为确保部队的纯洁性,防止国民党反动派从中破坏,项英还代表中共中央为各部分别作题为《巩固部队,提高战斗力,准备胜利战斗》的教育动员,并谆谆告诫广大指战员,时刻保持清醒头脑,提高警惕。与此同时,部队还抓紧点滴时间进行战备教育、集中整训、领配弹药、补给军需和医治伤员等,为下一步进入敌后抗战起到了重要作用。

为了尽快进入敌后游击战争,新四军军部在各部到达岩寺后,即迅速部署整训,从政治、军事、后勤等各方面加强部队建设,旨在提高全军将士的政治觉悟和军事素养,为稍后全军将士开赴抗日前线、开展敌后游击战争,在思想上、组织上、作风上和军事上都奠定了基础。

在对全军进行思想教育和集中整训的同时,新四军的各项工作也蓬勃开展起来,从而推动了全军的思想教育、军事训练这两项中心工作的顺利进行。新四军初进皖南时期,还进行了大量的组织工作和深入细致的政治思想工作,确保了全军各项工作的顺利开展和进行。主要工作如下:进行抗战方针政策教育、广泛发动群众抗日救亡、吸收大量知识分子参加抗战工作、积极培训军事政治干部、编辑出版各种报纸杂志,建立政治工作体系,制定政治工作制度、学习抗日游击作战理论与实践、开展敌后游击战的战术技术训练、建立统一的规章制度,使全军在组织上迅速迈向正规化道路。此外,新四军还通过成立兵站、在各地成立办事处和通讯处、组织军工生产和军需生产、开展战地医疗救护工作等工作,提高了全军上下的政治、军事素养,为下一步奔赴敌后抗战奠定了基础。

由于新四军战斗部队均是从各分散区域集结到岩寺的,故各部的军政素质水平也高低不一。但是,军长叶挺、副军长项英和其他军部领导,为部队做出了很好的表率,特别是两位军首长在建军之初,都凭着对革命事业的赤胆忠诚,凭着忠心报国的一腔热忱,精诚团结,使全军上下始终保持融洽奋发、积极向上的革命情怀和旺盛的革命斗志,为整个部队在不久的将来开赴前线奠定了良好的基础。

对于新四军正、副军长叶挺、项英的印象,陈毅后来在纪念新四军成立3周年干部晚会上作了高度的评价:

因此,叶挺、项英成为最适应领导新四军的人物。叶挺同志是过去北伐时期老四军的领导人,项英同志却是土地革命时代南方苏区的最高领导者。没有叶军长出来调停奔走,会增加成立新四军的困难。叶军长为本军的保持发展尽了最大的力量,这是叶军长的功绩。项副军长在中央苏区时代就领导这个地区,三年游击战争在赣南,以后谈判的时候变成了谈判的中心。以其历史地位、在全党的威信,使南方七八省游击队造成铁的力量,以后跟叶军长合作,使改编成功,这就是本军成立的关键。①

4月中旬,新四军副军长、新四军军分会书记项英,在岩寺的鲍家祠堂主持召开全军营以上全体干部会议并作重要讲话,军长叶挺也在会上作了重要发言。叶挺表示:"党中央既然如此器重我,让我当新四军军长,使我能有机会跟同志们学习,和大家一道战斗,(我感到很荣幸)。今后,我一定坚决遵照党指引的道路前进,在党和毛泽东同志的正确领导下,在在座各位的帮助支持下,坚决抗战到底!"

三、巧妙周旋,应付点验

新四军各部陆续到达岩寺集中整编后,国民党当局要求上报所属将士花名册接受点验,然后再根据实际的花名册配发军饷和军需物资,然后再开赴抗日前线。

南方红军游击队集结岩寺后,军部对下属各部队及时进行整编整训,建立统一的规章制度,严格训练,严格要求,收到了良好的效果,军政素质提高

---

① 引自《南方三年游击战争·综合篇》,中国人民解放军历史资料丛书编审委员会编,解放军出版社1992年3月版,第579页。

很快。时任第 6 团团长的叶飞曾说:"改编成为正规部队的重要一章,揭开了挺进敌后胜利的序幕。"

南方红军游击队集结于岩寺之前,均各自在南方各个大小山头,部队的整体素质参差不齐,组织编制还不健全,武器装备也不齐全,思想认识尚未完全统一,对敌后的情况和作战对象的特点也不甚清楚。针对这种情况,项英在 1938 年 2 月 16 日致中共中央长江局书记王明的电文中曾作有描述:"各部队新兵现占多数,老的指战员几乎都变成干部。因此干部能力就显示十分弱,特别是军事干部,大多不能胜任。"①到岩寺新四军驻地点验的是国民政府第三战区副司令长官罗卓英、上官云相、唐式遵等人。

所谓点验,名为不许军队吃空名,实际上是国民党当局醉翁之意不在酒,企图通过所谓的"正当"点验,进一步查清新四军的编制名额,卡压新四军的粮饷和军需武器等,借以限制新四军的发展壮大。

罗卓英、上官云相率点验团的军官到达岩寺后,正值新四军第 1、2、3 支队刚到这里不久,还有一些正在路途当中未能如期到达,即使到来的将士也多是身体瘦弱、武器欠缺,衣服褴褛、军容不整,更有不少伤员还在临时医院接受治疗。在此情况下,为确保顺利通过棘手的点验,就要积极寻找对策。于是,军长叶挺、项英等人分工负责,对部队进行统一调整,如点验到第 1 团时,将第 2 团的部队抽调并充实其中;点验第 2 团时,再将第 1 团的部队抽调充实其中,同时还将"超编"干部充实到基层部队,各支队的宣传队员也临时抽调到战斗部队,军部直属教导队也改为教导营等。特别是军长叶挺,还利用自己的威望,与上官云相展开同学"私谊"攻势。4 月 20 日,国民党第三战区副司令长官罗卓英将军率点验团来到岩寺,对成立伊始的新四军进行"点验"。届时,新四军上下热情接待,叶挺、项英等人巧为周旋,终于顺利地将点验应付了过去。

此前,为了能够顺利通过点验,叶挺还利用自己在南洋华侨中的声望,四处奔走,募捐了一大批经费和军用物资,仅各种枪支就达 3600 支,其中手枪 2000 支。他的侄子叶钦和,时任军部军务科科长,对此亲历目睹,并说:

---

① 引自《南方三年游击战争·综合篇》,中国人民解放军历史资料丛书编审委员会编,解放军出版社 1992 年 3 月版,第 479 页。

"新四军连以上干部、警卫部队和教导队使用的驳壳枪,全部是叶挺从香港买回来的,共买回 3600 支枪;团以上干部的望远镜,也都是叶挺同志从香港买的。"陈仁洪在《新四军三支队战斗在皖南前线》一文中也写道:"叶挺军长为了尽快改善新四军武器装备情况,利用自己在海外的关系,筹集资金,为新四军购置武器和作战物资。一次,我们从支队领回了几箱印着外文的木箱子,打开一看,全是崭新的德国造驳壳枪! 排以上干部每人都领了一支。我们简直高兴极了。在即将与凶恶的日寇展开残酷血战前夕,领到这批武器,更使我们如虎添翼,增强了必胜的信心。"[①]叶挺所做这些,对全军顺利通过点验起到了很大的作用。对此,何凤山在《新四军军部成立前后》一文中也写道:"记得还有一件事对新四军的建立帮助很大。叶挺同志一九三七年底从国外回国时,其爱人李秀文仍在国外。叶挺同志通过李秀文,在华侨中广泛进行抗日宣传,号召热爱祖国的华侨同胞有力出力,有人出人,有钱出钱,挽救祖国危亡。华侨募集了大量经费,购买了两千支卜壳枪和一批药品、毛毯等物资送到新四军。这对改善部队武器装备,鼓舞士气,提高战略起到很大的作用。"[②]

四、誓师东进,奔赴敌后

早在 1938 年 2 月 14 日,针对国民党第三战区要求新四军到皖南岩寺集中,项英、陈毅即从南昌联名向延安的毛泽东和中共中央发电,并提出新四军组建后的行动建议:"我军目前行动不宜全部集结岩寺,一面到岩寺,一面即出发前进。现首先以第一支队出动。尽可能向前伸出到浙、苏、皖之昌化、绩溪、孝义(丰)、宣城、宁国,以游击战在战略上配合正规军为原则,受领一定任务,机动地完成。"

毛泽东接到电报后复电,表示同意项、陈二人的战略发展意见,同时又特别指出,目前最有利于发展的地区还在江苏境内的茅山山脉;应在江苏茅

---

① 引自《新四军·回忆史料》(1),中国人民解放军历史资料丛书编审委员会编,解放军出版社 1990 年 1 月版,第 230 页。

② 见何凤山《新四军军部成立前后》,转引自《新四军与南昌》,熊河水、李秋华主编,华夏出版社 2002 年 5 月版,第 196 页。

山山脉即以溧阳、溧水地区为中心建立根据地。

　　为确保部队下一步能够顺利开赴前线，首先要摸清前方敌人的情况。于是，新四军各支队遵照军部首长的安排，先后派出精干的侦察小分队化装外出侦察。各部侦察人员归队后，基本上摸清了敌人的情况。4月中旬，正值各部到达岩寺的第十天，叶挺、项英再次下达命令，抽调精干战斗人员组成先遣支队，同时向中共中央和毛泽东报告。在得到复电同意之后，粟裕即率先遣支队向江南挺进。紧接着，陈毅也率一支队随后跟进，以期首先在苏南的茅山山脉开辟战场，建立武装抗日根据地。

　　新四军第1、第2、第3支队全部到达岩寺后，周恩来即向部队发来了电报。电云：

叶挺、项英：

　　经中共中央代表同国民党政府协商，新四军的总任务，是在华中敌后广泛开展游击战争，配合国民党正面战场，抗击日本侵略军。四个支队的活动地区划分如下：第一、二支队到苏南敌后；第三支队和军部留在皖南；第四支队到皖中。各支队开进时间，望斟酌上报延安。

周恩来

4 月 20 日①

　　新四军第1、第2、第3支队到皖南岩寺集中后，即按照中共中央和毛泽东的指示，准备誓师向江南挺进。叶挺与项英、张云逸、陈毅、粟裕等经过研究后，决定首先从3个支队中各抽调一个加强连②组成先遣支队，并确定由第2支队副司令员粟裕和第1支队第1团政治主任钟期光率领，于4月28日誓师开拔，陈毅等人则于5月上旬率队随后跟进。先遣支队共由400余人组成，分为3个战斗连队，粟裕任司令兼政治委员，钟期光任政治部主任，携带电台1部，随时与皖南的军部保持联系。

　　为了加强先遣支队的力量，共产党员、作家邱东平，战地服务团副团长

---

①　引自《血路》，任才著，当代中国出版社1995年3月版，第35页。
②　当时称特务连，或侦察连。

谢云晖,老共产党员胡福海等十余人也都参加其中。先遣支队的主要任务是:对苏南地区实施战略侦察,了解江南敌情,宣传中国共产党的抗日民族战线政策,发动群众和组织群众,为新四军的主力部队挺进江南、开展游击战争、创建抗日民主根据地打好基础。

1938 年 4 月 28 日,新四军军部和 3 个支队排以上干部在皖南潜口西大祠堂门前召开誓师动员大会,欢送粟裕、钟期光率先遣支队出师东征。

对于先遣队的东征准备工作,叶挺军长和其他军部首长都特别重视,叶挺还亲自到东征部队检查装束。他在检查先遣队时还特意问到部队的通信联络人员情况,当发现机要员何风山没有佩带武器时,就让警卫员将自己的左轮手枪送给了何风山。对此,何风山后来还回忆说:

叶军长看我随身没有武器,当即叫警卫员将他自己用的左轮手枪给了我,并对我指示说:任何时候,不论发生什么情况,都不能离开首长身边;身上要经常保持有火柴,放在内衣口袋里防止潮湿,以备万一发生紧急情况,用它烧掉密码。①

可以看出,叶挺军长对部队不但要求很严,对指战员也关怀备至。正是因为如此,新四军在他的率领下才能在抗战的洪流中奋勇杀敌,发展壮大。

誓师会上,军长叶挺、副军长项英、参谋长张云逸和 3 个支队的领导也都亲临会场并发表讲话,热烈欢送先遣支队誓师开拔。在誓师大会上,即将出征的新四军将士唱起了嘹亮的《抗日将士出征歌》:

…… ……
能将带精兵,
威武世无伦,
城头上站着两位大将军。
威风凛凛是哪个?
叶挺和项英。

① 见何风山《新四军军部成立前后》,转引自《新四军与南昌》,熊河水、李秋华主编,华夏出版社 2002 年 5 月版,第 197 页。

新四军将士誓师东征这天,适逢军政治部主任袁国平刚刚抵达岩寺新四军军部的第三天。会上,当副军长项英向全体指战员介绍袁国平就是新来的军政治部主任时,会场上顿时响起一阵热烈的掌声。袁国平在会上首先向全体指战员传达了中共中央、中央军委关于对新四军的指示,然后又说,新四军目前的任务就是积极宣传,教育群众,发动群众,武装群众,团结社会各阶层爱国人士和武装力量,共同协力抗战,迅速做好开赴敌后抗日的准备工作,深入到敌后去开辟游击战争,建立民族革命根据地,壮大自己的力量。

粟裕率新四军先遣支队出发后,为使大部队能及时而又迅速跟进并开赴敌后,中共中央、毛泽东于1938年5月4日又特别指示项英,要求新四军"在侦察部队出去若干天之后,主力就可跟行。在广德、苏州、镇江、南京、芜湖5区之间广大地区,创造根据地,发动民众的抗日斗争,组织民众武装,发展新的游击队是完全有希望的。在茅山根据地大体建立起来之后,还应分兵一部进入苏州、镇江、吴淞三角地区去,再分一部分渡江进入江北地区"。是文因发出时间为5月4日,且系关于新四军组建初期作战与发展的纲领性文件,因此被称作"五四指示"。其要旨如下:第一,新四军要到敌后进行游击战争;第二,新四军主力应迅速挺进敌后;第三,新四军挺进敌后地区的步骤与任务;第四,新四军能在平原水网地区发展游击战争和建立根据地;第五,要恰当处理与国民党第三战区的关系;第六,要项英保持与叶挺的良好关系。可以说,"五四指示"对新四军组建后的战略任务、发展方向、内外关系等,都有原则的、明确的规定,对新四军后来的发展壮大具有重大的指导意义,因此成为新四军初期工作的总的指导方针和纲领性文件。

稍后的5月14日,中共中央又发出《关于新四军行动方针的指示》:新四军应利用目前的有利时机,主动地、积极地深入到农村后方去,以自己灵活坚决的行动,模范的纪律与群众工作,大大地去发动与组织群众,建立地方党,组织与团结无数的游击队在自己的周围,扩大自己,坚强自己,解决自己的武装与给养,在大江以南,创立一些模范的游击根据地,以建立新四军的威信,扩大新四军的影响。

新四军在岩寺集结后,在短短20天内便顺利地完成了整训和点验,并誓

师开赴抗日前线,东进江南和苏北,这是新四军在完成组建后的一个关键性
的战略决策。

第二节 新四军军部大本营第四站——麻村

安徽省太平县麻村,是新四军军部大本营进驻的第四站。

1938年5月5日,新四军军部从歙县岩寺转移,5月7日进驻太平县仙源镇麻村;5月26日,新四军军部又从麻村进驻南陵县三里乡土塘村。新四军军部在麻村驻扎时间不长,历时约20天。

新四军军部进驻麻村时,该地属安徽省太平县仙源镇所辖。当时,军部及司令部、政治部等机关皆驻扎于此。麻村,依山傍水,前有涓涓清流横街穿过,风景颇为秀丽,宜人居住。军部进驻不久,即接到国民党第三战区命令,称此地不能久住,故新四军军部只得重觅新址,遂于5月26日迁移到南陵县三里乡土塘村。如今,街头仅见数年前新立的新四军军部兵站小亭及石碑①,新四军军部当年进驻麻村时的住房皆被拆不存,其他痕迹也已不复觅得。不过,距新四军兵站不远处的麻村街头,新建了一幢商店大楼,据大楼的主人吴先生称,这里原是一座远近有名的客栈,当年叶挺、项英及军部的办公及住舍即位于此,新建大楼现为"太平猴魁直销站"。

5月12日,新四军军部接到江北第4支队高敬亭部发来的捷报:进至皖中巢县抗日的第9团第2营和侦察队,于当日上午在蒋家河口设伏,毙伤日军20余人,缴枪10余支,参与伏击的指战员无一伤亡。蒋家河口伏击战堪称新四军组建后的第一战。

一、蒋家河口伏击战

新四军在皖南顺利通过点验后,部队迅速开赴抗日前线。

---

① 新四军兵站小亭碑名为姬鹏飞所题。

　　抗战全面爆发后,原活动于鄂豫皖地区的红28军,在高敬亭等人的率领下,遵照中共中央指示,在湖北省黄安县七里坪与国民党当局谈判并达成抗日协议。新四军成立后,该部编为第4支队,下辖4个团,全支队共有3100余人,是新四军4个支队中阵容最强的一个支队。按照国共两党协议,第4支队划归江北的国民党军第五战区所辖。

　　1938年3月8日,新四军第4支队遵照毛泽东关于"高敬亭部可沿皖山山脉进至蚌埠、徐州、合肥三点之间作战"的指示和新四军的命令,开赴皖中、皖东地区,开展敌后抗日游击战争,并于4月底进至皖中地区。5月12日上午,第4支队第9团2营4连及团侦察队,在巢县城东南10余里处运漕河①西岸的蒋家河口设伏,全歼从巢县来犯日军20余名,缴获枪支11支,取得了新四军参战人员无一伤亡的胜利。

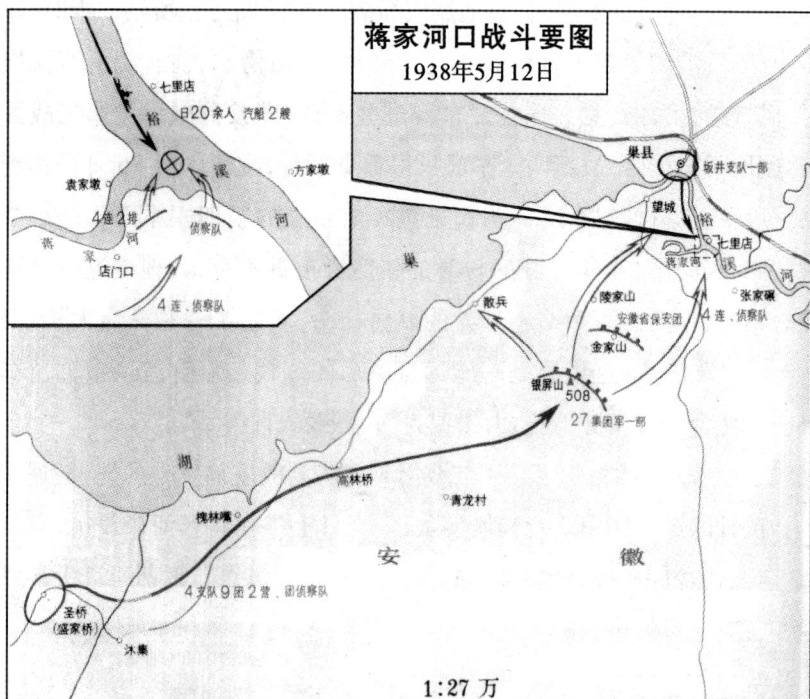

蒋家河口战斗要图
1938年5月12日

1:27万

---

　　①　运漕河,今名裕溪河。

　　首战告捷,举国欢腾。可以说,5 月 12 日是新四军历史上值得纪念的日子,蒋家河口伏击战是新四军组建后开赴前线东进抗日的第一仗,打响了新四军坚持敌后抗战的第一枪,揭开了新四军开展敌后抗日游击战的序幕。蒋家河口首战告捷后,国民政府在媒体上及时登载了这一胜利消息,并通过无线电波迅速传遍了全国,蒋介石还特地于 5 月 16 日致电新四军正、副军长叶挺、项英,嘉奖第 4 支队取得首战告捷,并云:"叶、项军长吾兄:隐电悉。贵军四支队蒋家河口出奇挫敌,殊堪嘉慰,希饬继续努力为要。"[①]蒋家河口伏击战的胜利,是新四军组建成立后的第一次对敌作战,也是新四军成立后的首次大捷,极大地鼓舞了全军将士抗战必胜的信心,扩大了新四军的政治影响,揭开了新四军挺进华中敌后开展抗日游击战争的序幕,鼓舞了全国军民的抗日斗志。

　　蒋家河口伏击战是新四军成立后的首次大捷,而韦岗之战则是新四军在江南地区的第一次战斗,这次战斗为新四军后来的向东、向北发展奠定了坚实的基础。

　　新四军奉命开赴前线后,在继蒋家河口、韦岗两次战斗后不久,新四军第 1、第 2 支队主力也及时挺进江南地区,并取得了一连串的战绩,从而建立了以茅山为中心的江南抗日根据地,军部及第 3 支队在叶挺、谭震林等人的指挥下,也取得了五保繁昌等战役的胜利。

　　在中共中央的指导下,新四军在叶挺、项英等人的指挥下,迅速开赴敌后,奋起抗战,在打击土匪武装,歼灭日伪,宣传抗日,保护人民,开展游击战争,发展抗日武装,建立广泛抗日统一战线,扶助团结和发展地方武装,扩大抗日阵容,壮大抗日队伍,建立抗日武装根据地等方面,都取得了一系列的辉煌战果,从而扩大了新四军的政治影响,提高了新四军的政治地位,并进一步赢得了全国人民的拥护,发展和壮大了自己的力量。

二、东南分局与东南局之成立

　　1937 年 12 月,由于形势发展需要,中共中央政治局会议决定撤销中共

---

　　① 《新四军·参考资料》(2),中国人民解放军历史资料丛书编审委员会编,解放军出版社 1991 年 11 月版,第 60 页。

中央分局,成立中共中央长江局,同时成立中共中央东南分局。东南分局作为领导东南地方党工作和新四军的中央派出机关,直属中共中央长江局,并受中央中共的双重领导。

翌年1月6日,中共中央东南分局在南昌正式成立,项英任书记,曾山任副书记兼组织部长,黄道任宣传部长,涂振农任统战部长,陈少敏任妇委书记和妇女部长(后由李坚真接任),陈丕显任青委书记和青年部长,邓振洵任民运部长,郭潜任秘书长(后由温仰春接任),委员有项英、曾山、陈毅、黄道、方方(未到职)、涂振农等。1月14日,项英提名张云逸为候补委员。

东南分局成立之初,其中心任务是传达中共中央新政策,广泛开展统一战线,迅速集中部队开往前线抗战。在完成组建新四军的任务后,东南分局的工作重心回到恢复、巩固和发展地方党组织工作。为加强对下层党组织的领导,分局还制定了六条工作中心:①整理各地党的组织,建立党的工作、生活,大大发展党的组织,由山地扩大到城市和平原大地。②利用一切方法加紧干部教育,大量提拔新干部,成为开展工作的基本条件。③利用一切可能去开展统一战线,打破目前江西、福建的沉闷局面,这需要彻底转变一切工作方式。④利用一切公开合法的名义深入群众,求得大大开展抗日的民众运动与武装群众等。⑤在目前主客观条件不可能出版刊物,尽量设法推销《新华》《群众》《解放》来扩大党的宣传和影响。⑥特别注意铁路、汽车、船夫等工人运动,大量吸收工人中积极分子入党,同时要吸收救亡运动中青年先进分子到党内来,以便开展统一战线和城市工作。

1938年9月29日至11月17日,曾山作为东南地方党的代表,出席了在延安召开的中共扩大的六届六中全会,并于9月23日向党中央提交了书面报告——《谈东南分局工作》。

新四军军部从南昌进驻皖南后,因南昌交通联系方便,东南分局仍设于南昌,直到1939年3月。

1938年10月,武汉失守,中共中央于11月上旬召开中共六届六中全会,根据形势变化和工作需要,会议决议决定撤销中共中央长江局,并将中共中央东南分局改为中共中央东南局。

1939年3月,南昌沦陷前,中共中央东南分局奉命撤离南昌并移至皖南,正式改为中共中央东南局。1940年夏,中共中央又派饶漱石到皖南并担任中共中央东南局副书记。

东南分局移到皖南后,进驻距新四军军部2华里的丁家山,对外则称民运部。

1940年11月6日,中共中央东南局致电中共中央书记处,建议东南局移至苏南,直接指挥苏南、江南、浙西、苏皖边地区的抗日斗争和领导地方党。11月11日,东南局又致电中共中央书记处,建议将中原局扩大为华中局,领导华中(包括长江南北各沦陷区)游击根据地工作。"皖南事变"以生后,中原局于1941年4月7日召开会议,并根据中共中央的指示精神,成立华中局,华中局由刘少奇、陈毅、饶漱石、曾山4人组成,刘少奇任书记,饶漱石任副书记兼宣传部长,曾山任组织部长,彭康任宣传部副部长,钱俊瑞任文委书记,下辖苏中、盐阜、淮海、皖东北、津浦路东、津浦路西、豫皖苏、鄂豫边、江南等9个区委。至此,中共中央东南局与中共中央中原局正式合并为华中局。

三、中共中央军事委员会新四军分会

1937年12月,中共中央决定成立中共中央军事委员会新四军分会,这是新四军中党的领导机构,又简称新四军军分会,内部则称军分会。

中共中央军事委员会新四军分会由项英、陈毅、张鼎丞、曾山和黄道5人组成,项英任主席,陈毅任副主任。不久,项英根据新四军由南方各区红军游击队组编而成的实际,向中共中央提议改由项英、陈毅、周子昆、傅秋涛、张鼎丞、刘英、高敬亭、谭余保、曾山等9人组成,并由项英、陈毅、周子昆担任常委,后又增补袁国平、张云逸为常委,项英任书记,陈毅任副书记。1940年秋,饶漱石从延安来皖南,也增补其为委员。

新四军军分会成立后,在部队中开展了许多工作,充分地显示了党领导军队的职能,确保了党对新四军的领导。但由于各种原因,新四军军分会成立后,一直到"皖南事变"发生,全军仅召开过一次代表大会。

1939年7月16日至25日,新四军第一次党代表大会在云岭石头尖村召开,这也是新四军皖南时期所召开的唯一的一次党代会。此次党代会闭

幕后,中共中央还专门给大会发来了贺电;中央党校和中国女子大学还分别向会议献送了"东南保障"和"抗战前锋"的光荣旗帜。

第三节　新四军军部大本营第五站——土塘

安徽省南陵县土塘村,是新四军军部大本营进驻的第五站。

1938年5月26日,新四军军部移往安徽省南陵县三里乡孔村土塘村,即今三里镇吕山村①土塘自然村;是年8月2日,新四军军部又进驻泾县云岭,历时约2个月零8天。

新四军军部进驻土塘期间,军长叶挺住于村中富户徐恩禄的家中,副军长项英住于徐恩科的家中,政治部主任袁国平住于徐光文的家中。如今,当年军部进驻土塘村时的住房已基本全部被拆不存,目前所剩余的一座就是军长叶挺当年的住所。这是一幢砖木结构的二层楼房,当年为徐恩禄一家所有,军长叶挺住在楼上,江渭清等人住在楼下,土改后为经命贵的父亲购得。经命贵称,他家从土改购房后一直住到现在,目前保存尚算完好。经命贵又称,现在时常有人到这里采访调查,探询新四军军部当年进驻这里时的情况;上面领导也不准他随意拆除这幢房子,并称房子是文物保护单位,只是他总是纳闷:为何老是不见政府前来立碑公示?

5月14日,中共中央书记记处致电长江局、东南局和项英:"新四军应利用目前的有利时机,主动地积极地深入到敌人的后方去,以自己灵活坚决的行动、模范的纪律与群众工作,大大地去发动与组织群众,建立地方党,组织与团结无数的游击队在自己的周围,扩大自己,坚强自己,解决自己的武装与给养,在大江以南创立一些模范的游击根据地,以建立新四军的威信,扩大新四军的影响。"

项英接到中央的指示后,立即告知叶挺军长并转发陈毅等各支队领导,

---

①　吕山村一度曾易名为玉塘村。

要他们认真贯彻落实。项英、叶挺还向全军发出战斗号召:深入敌人后方,开展广泛游击战。团结群众,取得广大群众的拥护。集小胜为大胜,以游击动作进行胜利的战斗。正在整训的新四军广大指战员,认真学习了党中央指示和军部首长的号召,提高了奔赴敌后抗战的勇气,增强了战胜日本帝国主义侵略者的必胜信心。

新四军军部进驻土塘的当天,第1支队司令员陈毅抵达三里店公鸡蛋①,并于5月28日在公鸡蛋召开了新四军1支队排以上干部会议。会上,陈毅亲自作《新的战斗条件和新的战斗任务》的报告。报告从思想教育入手、从战略战术的高度阐述了6个问题:一是江南地理环境对敌我的利弊;二是敌我双方的军力对比;三是在平原水网地区作战如何利用地形地物;四是面对强敌如何巧妙地打击敌人保存自己;五是敌人在军事上失利之后可能采取的反动措施;六是要打败日本侵略者,必须发动群众,建立广泛的抗日民族统一战线。陈毅的这个报告,不仅是一个政治性、思想性很强的政治报告,更是一个战略战术方面的学术报告,对新四军在江南地区的对敌作战具有重要的指导意义。

1938年6月,新四军战地服务团的30多名同志,应144师直属战地服务团之邀,顶着似火骄阳,到驻守县城的川军第144师的战地服务团驻地会演。演出开始,首先由军乐队演奏《国共合作歌》,接着合唱队员们在沈亚威同志的指挥下演唱了"起来,不愿做奴隶的人们,把我们的血肉筑成新的长城……""大刀向鬼子们的头上砍去! 全国武装的弟兄们……""同胞们,向前走,生死已到最后关头……"等抗日歌曲,双方战地服务团合作表

新四军在土塘村的办公兼住室(苏克勤/摄)

---

① 公鸡蛋系当地一地名,在土塘村附近,即今三里镇山泉村。

演了街头话剧,川军 144 师直属战地服务团向驻扎三里地区的新四军指战员进行了慰问演出,节目有话剧《卢沟桥》;新四军战地服务团表演了歌剧《枪口对外》,此外还有《电线竿子》《放下你的鞭子》《八百壮士》等。当演到最后 20 名勇士壮烈殉国时,整个会场再次沸腾了,人们含着热泪唱起:"中国不会亡,你看那民族英雄谢团长!中国一定强,你看那八百壮士孤军奋守在战场……"

新四军军部进驻南陵土塘后,纪律严明,秋毫无犯,为村中的群众看病治疗,为群众排忧解难,解决生活困难。当地百姓将新四军当作"自家人",称新四军是"天下第一军"。

新四军军部在土塘时间仅 68 天,其间主要进行了以下四项活动:①6 月 17 日至 19 日召开了第一次全军政治工作会议;②从军部到连队层层建立了民运工作组织;③做通了国民党南陵县三里区区长易克键的统战工作;④化消极因素为积极因素,团结一切可以团结的人共同抗日,举办了驻地附近的"青洪帮"、理教会头目学习班,宣传抗日民族统一战线政策,取得良好效果。

一、江南处女战——韦岗之战

4 月 28 日,新四军先遣支队在粟裕、钟期光的率领下出发后,途经太平、石埭到青阳,然后又经南陵、麒麟桥、东门渡、小丹阳、薛镇、高淳、东坝,然后进至溧水、镇江、丹阳、句容等地。6 月 17 日,当得知鬼子将到镇江西南的韦岗时,便预先在此设下埋伏。是日上午 8 时许,一队日本鬼子乘汽车从镇江方向耀武扬威地开进了伏击圈,粟裕司令一声令下,先遣队健儿奋力杀出。经过一番激战,击毙日军少佐土井、上尉梅泽以下 20 余人,烧毁汽车 4 辆,缴获长短枪 10 余支,日军指挥刀 1 把,另有其他军用物资若干。

翌日,粟裕率先遣队继续前行,并在中午时分到达曲阳,与陈毅率领的后续大队人马会合。为了庆贺韦岗初战告捷,两支队伍联合召开庆祝大会,陈毅还即兴吟《韦岗初战》一诗曰:

弯弓射日到江南,终夜喧呼敌胆寒。

镇江城下初遭遇,脱手斩得小楼兰。

陈毅还在庆贺大会说:"韦岗战斗的意义,在于打出了新四军的军威,严惩了侵略者,有力地证明,东洋鬼子也是肉做的,不是铁打的,他的枪能打中国人,中国人的枪也能打死他们。只要我们大家拿起枪杆子坚决地打,就可以打败他们!"作为韦岗战斗的现场指挥员,粟裕也写有《江南处女战》一诗,曰:

> 新编第四军,先遣出江南。
>
> 韦岗斩土井,处女奏歌还。

韦岗之战,是新四军在江南地区的第一仗,不但打出了军威,鼓舞了全军的士气,提高了新四军的威信,还为苏南未来的抗战奠定了良好的开端。在接到韦岗战斗的捷报后,军长叶挺十分高兴,他给先遣队将士发电致贺并嘉奖先遣官兵取得首战江南的胜利。

新四军副军长项英,在6月23日给陈毅、粟裕等人的信中也称赞说:"先遣队的确起了先锋作用,奠定了我们在江南发展和胜利的基础。"又说:"1支队顺利地到达指定地区,目前中心任务是,开展胜利的游击战来配合各方执行保卫武汉的总任务,同时使本军在全国政治地位提高。建立根据地是在执行这个任务中同时并进,因为胜利是争取群众、创造根据地的必要条件。"

新四军将韦岗捷报电传到重庆后,为表彰韦岗战斗的胜利,蒋介石也致新四军军部电云:"叶军长:所属粟部,袭击韦岗,斩获颇多,殊堪嘉尚。仍希督饬,继续努力,达成任务。"①

新四军第1、第2支队在陈毅、粟裕等人的率领下,于1938年夏初挺进江南,并在取得韦岗战斗胜利后,就以茅山为中心开展敌后抗日游击战,创建抗日根据地,到是年年底,新四军第1、第2支队在茅山及其周围地区,与日、伪作战大小200余次,毙、伤日、伪军3000余人,从而在江南站稳了脚跟,并为战略向东挺进、向苏北发展奠定了坚实的基础。

---

① 《新四军·参考资料》(2),中国人民解放军历史资料丛书编审委员会编,解放军出版社1991年11月版,第64页。

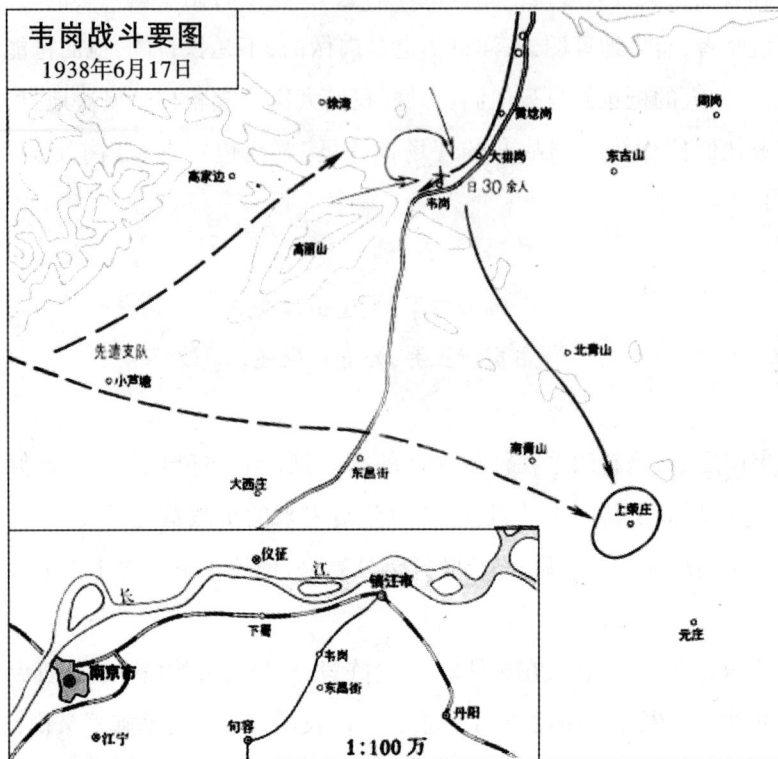

韦岗战斗要图
1938年6月17日

二、新四军在土塘逸事

新四军军部进驻土塘期间,军长叶挺住在徐恩禄的家中。

叶挺虽贵为新四军的中将军长,但他平易近人,常穿一套灰布军装,佩带很整齐,有时也穿西服,戴礼帽,执手杖。他话语不多,但简短有力,常与江渭清、朱克靖等人一道,深入到群众中间,与群众促膝谈心。叶军长平时常到村外的涌珠泉洗澡,从不设岗布哨,过路的百姓都亲切和他打招呼。

1938 年,因土塘大旱缺水,大部队生活极为不便,再加上这里离公路太近等原因,军部决定移驻泾县云岭罗里村。当村中的百姓得知叶军长和新四军要离开土塘时,都依依不舍,纷纷商量该如何组织欢送。六月初六这天清晨,几百名群众自发地敲着锣鼓、带着鞭炮,还抬了两乘轿子来军部送叶军长到云岭。不料副官告知,叶军长为不给群众添麻烦,清晨就起身走了,还特意和马夫换了衣服,让马夫骑着马,自己步行执缰,一步步走向云岭。群众懊悔来迟了,执意要去云岭再见一见军长。轿子便抬上两个伤病员,敲锣打鼓来到了云岭。此时,叶军长正在部队大礼堂主持会议,脱不开身,便嘱咐副官向群众致谢,并热情地款待土塘的老乡留下吃顿酒饭,每人还发给两角"小牛票"。土塘老乡都深情地说:"我们的叶挺军长跟我们真是心连心,一家人!"

新四军军部进驻土塘前后共20天,叶挺亲自主持召开了两次会议,一次是由地方士绅、乡村教师、农民和妇女代表参加的各界人士会议;一次是数百名群众参加的群众大会。

叶挺军长在各界人士会上作了热情洋溢的讲话。他在讲话中首先向土塘村的父老兄弟姐妹们表示衷心的感谢,感谢他们对新四军的到来所给予的热情慰劳和帮助,接着又详细地阐述了新四军深入皖南敌后的抗敌任务,严明纪律以及同群众的鱼水关系等。最后,他要求土塘广大民众积极行动起来,参加抗日队伍,支援新四军,搞好军民团结,共同打击日本侵略者。会后,叶挺军长还设便宴招待了与会人员。晚上,战地服务团还为参加会议的各界人士和群众表演抗日内容的文艺节目,以表达对土塘人民的谢意。

在群众大会上,叶挺慷慨陈词,演讲内容生动。针对当时国内形势问题,抗战的长期性与艰巨性问题,共产党的抗日政策及抗日宣传问题以及抗日民族统一战线问题等,叶挺军长作了认真分析和研究。结束讲话前他还一再强调:国家兴亡,匹夫有责。号召大家积极投身抗日,踊跃参加农抗会、青抗会、妇抗会等群众性抗敌协会组织,参与各种形式的抗敌活动。经过叶挺的宣传鼓动之后,土塘及土塘周围的群众纷纷报名参加抗敌协会,仅土塘村参加抗敌协会的群众就达1000多人。

为了开辟新区工作,新四军还组织骨干将来自全国各地的青年爱国学生组成战地服务团,又称民运工作队,集中短期培训后派遣到附近的泾县、南陵、铜陵、繁昌等地,宣传和组织地方的抗日救亡工作。军部驻地附近也纷纷组织起了各种民间抗日团体,诸如"青抗""农抗""商抗""妇抗"等。

新四军第1支队司令陈毅素与川军50军长郭勋祺交厚,适郭氏1938年春由第114师师长晋升为50军军长。此时,郭氏率部驻防于青阳、南陵、繁昌和铜陵一带,防区与新四军毗邻。抗战之初的三年中,新四军与友军的关系尚为密切,因四川同乡和交厚关系,陈毅时常到郭氏的军部与其促膝交谈,议论抗日形势,共商抗日大计。张云逸等新四军将领也常到郭氏的防地走动,他到江北组建江北指挥部通过长江防线时,也都得益于郭氏的帮助。可以说,郭勋祺率领的50军对初建伊始的新四军帮助不少,并赠送给新四军地图、枪支等其他军用物资,他还带50军的战地服务团到新四军驻地回访和慰问演出,两军交情颇见友好。为此,新四军曾专门致函表示感谢,新四军副军长项英也曾亲自到木镇向郭勋祺及第50军面谢。对此,郭勋祺的夫人罗显功在1987年还写有《五十军和新四军合作抗日的一段往事》的忆文,文中回忆道:

　　1938年春,郭勋祺在木镇组建第50军军部时,陈毅是新四军第1支队的司令员,共同抗战的神圣任务和陈、郭两人在北伐战争时期建立起来的深厚友谊,使他们在木镇重逢时格外亲切。记得陈毅第一次看望郭勋祺,是与新四军军部一些同志步行而来的……这次,陈毅在50军军部住了三四天。郭勋祺热情地接待了并肩抗战的新四军战友。郭、陈两人旧友重逢,长谈竟夜。陈毅对郭勋祺谈了巩固和发展抗日民族统一战线的重大意义,谈了新四军今后进行敌后游击作战的原则和打算。郭勋祺深受感动,赞佩不已。陈毅还对罗显功建议:"嫂子,你既然随军到了前线,就该把妇女们组织起来,搞点战地服务工作嘛! 这是很有意义的。"此外,陈毅还给50军官兵讲了许多抗日救国和抗战必胜的道理,大大鼓舞了50军的士气,增长了50军官兵对抗战胜利的信心。

　　由于受到陈毅建议的启发,不久,皖南太平、泾县的妇女抗敌协会成立了。太、泾妇女抗敌协会由罗显功担任主任委员,成员包括随军家属和当地妇女群众。协会的主要任务是进行抗日宣传,慰问伤病员,筹集和制作慰问品、代伤病员写信以及缝补、浆洗衣服等。其经费一部分由郭勋祺调拨,一部分在第50军高中级军官中募集……

　　湾沚战斗是郭勋祺任50军军长之初,指挥所属部队,在新四军有力配合下取得的重大胜利。因此,两军的战斗友谊,从上到下,很快地建立和发展起来。……

　　陈毅走后,新四军的一些领导人还经常往来于两军之间,进行联系和友好活动。而郭勋祺也非常注意两军友好关系的继续发展。一次,应第50军的邀请,新四军战地服务团的领导人率领文工团和篮球队到第50军进行演出和比赛。郭勋祺殷切接待,并观看了文工团演出的《卖梨膏糖》和张茜主演的《张大嫂送鸡蛋》等歌舞剧以及篮球比赛。随后,郭勋祺立即派有关领导率领第50军的战地服务团演出队到新四军驻地回访,受到新四军首长和广大官兵的热烈欢迎。[①]

　　但令人惋惜的是,郭勋祺不久即在国民党顽固派的打压之下,被撤销了23集团军副司令兼50军军长之职,并被"护送"回到重庆,他只能带着"抗敌有心,报国无门"的遗憾被迫离开前线。郭氏离开后,皖南国民党军反共顽固派逐渐占据了上风,皖南的新四军的处境便越来越困难了。

　　新四军政治部主任袁国平,才华出众,且擅长演讲,他曾在马家镇召开的群众大会上发表即兴演讲:"抗战的一天终于来到了! 日本帝国主义是我们中华民族最凶恶的敌人! '九一八'强占了东北,'七七'又占了华北,'八一三'进而又占据了上海,如今已打到家门口——南陵了! 半壁河山被侵占,无数同胞遭杀戮,我们再也不能忍受这种切齿大辱! 谁愿做奴隶,谁愿做牛马? 我们军民一定要团结起来,共同抗日,坚决彻底地把日本鬼子消灭掉! 最后胜利一定属于我们的,属于中国老百姓的!"他的演讲激发了群众的爱国热情,表达了军民坚决抗战到底的英雄气概!

　　新四军政治部副主任邓子恢,为做好当地统一战线工作,曾先后3次找国民党三里区区长易克健谈话,向其晓以民族大义,鼓励他带头参加抗日活动。此外,邓子恢还把军部驻地周围的"青洪帮"、理教会头目集中起来,在土塘办了2期短训班,由陈茂辉任训练班主任,陈康任教员,邓子恢也亲自授课,对这些帮会头目进行教育,告诫他们要遵守统一战线政策,收敛恶行,并耐心地开导他们:抗日救国,人人有责,谁破坏抗日救亡工作,谁就是民族的

　　① 引自《新四军·参考资料》(2),中国人民解放军历史资料丛书编审委员会编,解放军出版社1991年11月版,第714—715页。

罪人。希望他们改邪归正,以抗战大局为重,积极参加抗日活动。通过学习,多数"青洪帮"头目提高了思想觉悟,收敛恶行,积极参加了当地的抗日活动。

新四军军部于1938年8月2日离开土塘,进驻距土塘15华里的泾县云岭罗里村。紧接着,傅秋涛、江渭清等率领的新四军第1支队老1团奉命驻扎于此。

"皖南事变"前夕,江渭清率文工团代表军部在土塘、安吉召开告别皖南父老大会。文工团表演反映被迫北上的话剧,演至高潮处,那悲壮的剧情,强烈的情感,使许多人热泪迸发。江渭清在讲话中无比沉痛地说:"何应钦要我们过长江,是要我们去呛水! 同志们,春节快来了,当你们吃年饭的时候,也许是我们吃枪炮子弹的时候。"他最后庄重地喊道:"我们新四军走了,但我们共产党是永远不会走的!"

第四节　新四军军部大本营第六站——云岭

安徽省泾县的云岭,是新四军军部大本营进驻的第六站。

新四军军部进驻南陵土塘后,因此地是国民党第25军的防地,离日伪防控的长江较近,且地形极为狭窄,不适宜部队展开。新四军军部进驻以后,这个小小的村庄一下子住进了这么多的人,连正常的生活用水也成了困难,军部及其直属队的活动也就更成了问题,于是只得另觅新址。

为了确保给军部选择一个理想的新址,叶挺、项英指示司令部参谋处到周边的各县寻找适宜之地。司令部参谋处处长赖传珠得令后立即派遣精干侦察队四处寻觅。最后,经军部首长研究,决定军部及直属机关进驻云岭罗里村。

1938年8月2日,新四军军部从南陵的土塘进驻到泾县云岭的罗里村,一直到1941年1月4日"皖南事变"北移,新四军军部在此历时2年零5个月,这一时期也是新四军坚持敌后抗日游击战争的发展壮大时期,皖南云岭也成了新四军领导华中抗战的指挥中心。在复杂的政治环境之下,军部在此对全军实施政治领导、军事指挥、组织建设和后勤保障,并取得了一系列的重大成绩。

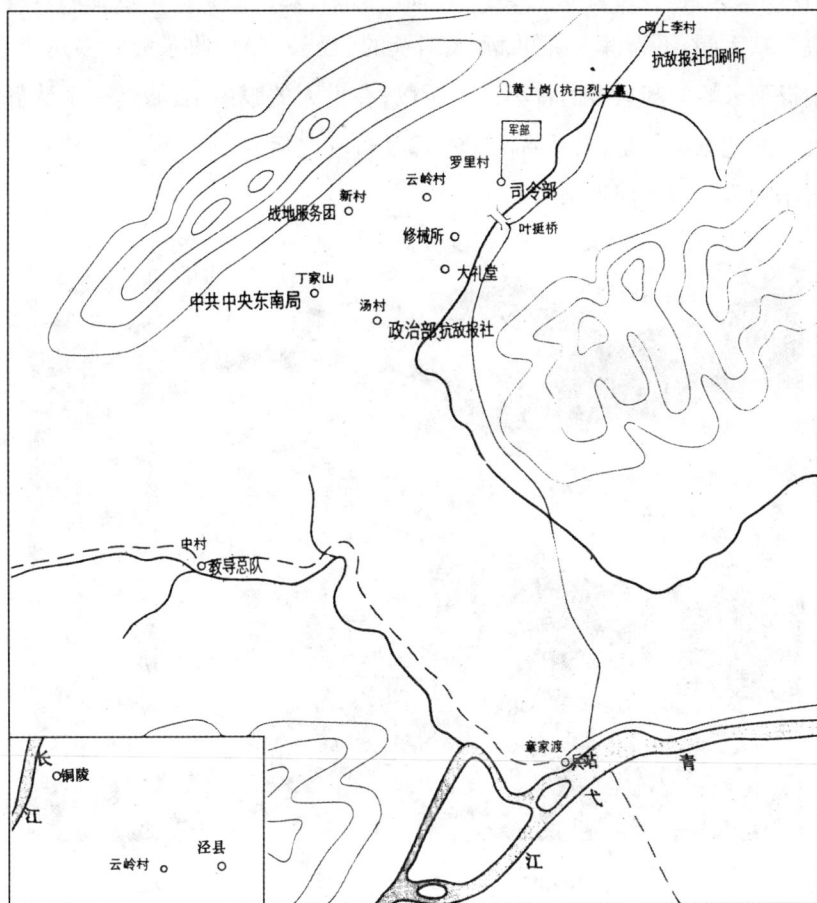

新四军军部机关分布图
1938 年 7 月—1941 年 1 月

云岭翠崖环抱,山秀境幽,绿树清溪,小桥人家,古色古香,环境颇为优美,唐代大诗人李白曾在此与好友饮酒相会,并赋有"桃花潭水深千尺,不及汪伦送我情"的动人诗句,时任中共中央军委总政治部主任的王稼祥,他的故乡出生地便是距云岭不远的泾县厚岸村;红 7 军团军团长寻淮洲烈士牺牲后也安葬于此①。

云岭是黄山的余脉,位于青弋江的左岸,地处泾县、南陵、青阳三县交会地带,属泾县所辖,在泾县城西20余公里。泾县以风景秀丽著称,素有"江左名区"之美誉,古诗曾以"佳境千万曲"来形容她。但新四军进驻的云岭却一直默默无闻,不为世人所知,清人编撰的《泾县志》中收录辞赋多达3卷,其中提到云岭的却只有两首小诗。所以,在世人的眼中,云岭是一个清静而又沉寂的地方。但是,自从新四军军部及进驻之后,苍然千年的云岭却在抗日将士的号角声中变得沸腾起来了!

云岭罗里村的新四军军部及司令部旧址(苏克勤/摄)

在云岭长达几十公里的山冲内,遍布着许多大小的村庄,其中有不少古

---

① 寻淮洲墓与为纪念"皖南事变"牺牲的新四军烈士修建的"1941·1·7纪念碑"毗邻。1938年5月下旬,新四军军部从太平县麻村移往土塘的途中,战地服务团的官兵曾到此瞻仰,陈毅在得知寻淮洲的墓破落不堪时还连夜为寻淮洲撰写了墓志铭,第1支队政治部主任刘炎特为撰书,刻成碑文。墓碑落成时,陈毅率支队官兵在寻淮洲墓前举行悼念仪式并发表讲话,号召全体官兵继承方志敏、寻淮洲烈士的遗志,奋勇杀敌,完成北上抗日的历史重任,早日将日本鬼子赶出中国去!

色古香的大祠堂和大宅院，其中尤以罗里村的陈家祠堂最大也最有名，新四军军部及司令部即住于罗里村的陈家祠堂，军政治部、教导总队、战地服务团、总兵站等直属单位，以及中共中央东南局、中共中央军委新四军分会，则分别设于罗里村及其东西约 15 公里范围内的 13 个自然村内。其具体分布如下：

军司令部：罗里村；

军政治部暨《抗敌报》社：汤村，距罗里村 2.5 公里；

军部大会堂：罗里村南 1 公里的陈姓祠堂；

中共中央东南局：丁家山村，距罗里村 4 公里；

军后方留守处：小河口，在罗里村南 1 公里；

军部后方医院：小河口；

军部修械所：云岭村关圣殿，在罗里村南 1 公里；

军部总兵站：章家渡，在罗里村南 7.5 公里；

战地服务团：新村，距罗里村 2 公里；

军部教导总队：泾县中村董村，总队部设于董村董氏陈七斤的住宅；

《抗敌报》社印刷厂：岗上李村。

新四军司令部设于云岭的罗里村，军长、副军长叶挺、项英的办公和住室分别设于两家地主的庄园。叶挺的办公室和住室设于陈冠平的宅院"种墨园"；项英的办公室和住室设于陈福骥的宅院"大夫第"。

"种墨园"系二层砖木结构建筑，始建于清末，由三进 47 间房屋组成，建筑面积 1600 平方米，周恩来、周子昆、任光、史沫特莱等均曾下榻于此。1939年，军司令部也移设于此，处长赖传珠及后任参谋处处长赵凌波、副处长赵希仲及作战科长李志高等均在此办公和住宿。1939 年下半年，叶挺的夫人李秀文携子女从澳门来到云岭，一直伴随叶挺居住于此。种墨园后院有一处小池塘和花园，花园外不远处是一条清澈的小溪，为了方便军民过河，叶挺还带头在此修架了一座木桥，并命名为"叶挺桥"。①

"大夫第"系三层砖木结构建筑，始建于清末，原由 64 间房屋组成，建筑

---

① 叶挺桥现仍沿用旧名，只是在解放后将木质结构改为砖石混合结构。

面积达 2000 平方米,这里是新四军副军长兼政治委员项英的办公及住地,张云逸、罗炳辉、李一氓等也均曾在此办公和住宿。军部参谋处最初也设立于此,后改设于种墨园。

一、《新四军军歌》的诞生

新四军自组建成立后,一直保持和发扬了红军的优良传统,并在复杂的敌后抗战环境下建立了不朽的丰功伟绩,因而又被称为英雄部队和"铁军"。为了使全军将士都能铭记红军的优良传统,军部还特地确定把"保持发扬优良传统"这 8 个字作为所属每个团的代号:第 1 团称"保团",第 2 团称"持团",第 3 团称"发团",第 4 团称"扬团",第 5 团称"优团",第 6 团称"良团",第 7 团称"传团",第 8 团称"统团"。

1939 年 3 月 24 日晚,新四军军部在陈氏祠堂举行联欢晚会,热烈欢迎来军部视察的周恩来和从前线归来的陈毅等人。因陈毅早年曾留学法国,于是大家都鼓掌请他唱一支法国歌曲。陈毅站起来唱了法国的国歌——《马赛曲》。唱完以后,他感慨地说,自己也盼望新四军能有一首自己的军歌,与会将士不约而同地鼓掌表示赞同。

周恩来微笑地看着大家,之后又看了看陈毅和作曲家何士德,说:"我们有自己的诗人和自己的音乐家,军歌应该不成问题呀!"于是,大家都希望诗人将军陈毅来写歌词。

3 月 30 日,陈毅完成了《新四军军歌》歌词的初稿。歌词共分三段,35 行,也就是《陈毅诗词选》中的那首《十年》。后来,在军长叶挺、副军长项英的主持下,经政治部主任袁国平、副参谋长周子昆、军部秘书长李一氓、政治部宣传部长朱镜我和政治部秘书长黄诚研究讨论,并在征求各方面的基础上,陈毅又对初稿进行了认真的修改。最后,修改后的歌词在 1939 年 3 月号新四军《抗敌》杂志上发表。虽然发表时署名为"集体创作"并注明"未定稿",但编者注却写道:"这原是陈毅同志为《新四军军歌》作的初稿,后来,军歌经过一次集体的改作,仅在第一节上还留下多少痕迹,但原作诗意洋溢,改题《十年》,一并发表。"

是年 5 月上中旬,陈毅又根据各方面意见,对歌词作了进一步修改。5

月下旬,经军部集体确认并定稿后,交著名作曲家何士德谱曲。何士德接到任务后,很快便谱出了曲子的初稿。后来,他又征求各方意见,终于完成了雄壮豪迈的《新四军军歌》曲谱。这首《新四军军歌》,不但是何士德音乐创作的一个高峰,在新四军的发展史上也具有里程碑式的意义。

1939 年春,周恩来在云岭新四军军部视察时与叶挺等合影。左起陈毅、粟裕、傅秋涛、周恩来、朱克靖、叶挺。

《新四军军歌》诞生于战火的硝烟里。1939 年 7 月 1 日,正当新四军将士高声试唱《新四军军歌》时,日寇飞机突然前来轰炸,军组织部的朱磐,军教导总队医务护士冯玲,8 队学员黄佩英等人,在日机的轰炸中牺牲。日机飞走后,项英、袁国平等新四军领导都发表了慷慨激昂的演讲,号召新四军将士牢记此仇,奋勇杀敌,为早日将日本帝国主义侵略者驱除出境而英勇战斗!

光荣北伐武昌城下,

血染着我们的姓名;

孤军奋斗罗霄山上,

继承了先烈的殊勋。

千百次抗争,风雪饥寒;

千万里转战,穷山野营。

获得丰富的战争经验,

锻炼艰苦的牺牲精神,

为了社会幸福,

为了民族生存,

一贯坚持我们的斗争!

八省健儿汇成一道抗日的铁流,

八省健儿汇成一道抗日的铁流。

东进,东进! 我们是铁的新四军!

东进,东进! 我们是铁的新四军!

……

　　鼓角齐鸣唱大风,惊涛裂岸震天庭;同仇敌忾英雄志,驱除日寇谱新篇!这是一曲激昂的战歌,这是一段英雄的礼赞,这是一幅历史的画卷,这是一篇豪迈的誓言,这是一部英勇抗战的交响乐章!《新四军军歌》就这样诞生了! 从《新四军军歌》诞生的这天起,她那鲜明的爱国主题,就长存于历史,召唤着后人,激励着数十万新四军将士英勇杀敌,鼓舞着全国军民拿起枪杆捍卫领土完整,激励着优秀的中华民族儿女奋发图强!

　　《新四军军歌》诞生后,即在军政治部主办的《抗敌报》上发表。军部还专门发文通知所辖各部,认真教唱自己的军歌。《新四军军歌》诞生时,适逢新四军全军第一次党代会在云岭召开,军部派文化教员童紫、王绍华和林晖3人到大会上首次教唱,《新四军军歌》从此响彻大江南北,激励着新四军将士英勇杀敌。而《新四军军歌》的词作者、曲作者和教唱者,他们之间也还有动人的故事。邵凯生在《云岭交响曲》中就讲有这样一段趣闻:

　　作为歌词的主要作者,陈毅对《新四军军歌》特别喜爱。《新四军军歌》诞生后,在一次联欢晚会上,陈毅听过演唱后,十分高兴,风趣地对何士德说,你现在指挥全军啦! 何士德征求他对曲调的意见。他说:"我对音乐是外行。"接着又说:"最后一句重复两次,很好,有气魄,很符合我的意思。"在新四军第一次党代会上,他和其他代表一样,十分认真地学唱军歌。休息时,他对教唱的林晖说:"小鬼,快一年不见了,你又长高了。现在,你指挥起我来啰!"①

二、云岭反"扫荡"

新四军军部进驻云岭期间,曾取得了反击日军进犯云岭的春季"扫荡"和秋季"扫荡"战斗等胜利。

1940 年,新四军在云岭与来犯敌人展开激战并收复了泾县县城。此次战斗可分为抗击日军春季"扫荡"和抗击日军秋季"扫荡"。

(一)抗击日军的春季"扫荡"

1940 年春,侵华日军为了巩固江防,扩大伪化区,调集第 15、16、17 师团各一部共 1 万余人,分兵三路向皖南地区实施空前的大"扫荡"。驻守于皖南的国民党军队与日军刚一接触便败退下来,日军趁机占领了南陵、青阳等地。之后,日军又继续向泾县进犯,其中南陵一路的前锋业已逼近云岭。当时,驻守于云岭周围的新四军仅有 5000 余兵力,且很多还不是战斗部队,军部十分危急。

面对日寇压境,新四军第 1 支队副司令员傅秋涛沉着指挥,率第 1 团及军部直属队,于父子岭与在飞机掩护下的 2000 余日军激战了 8 小时,先后打退了日军的十余次进攻,终于击退来犯日军,击毙日军 370 人,日军被迫后撤。

另一路进攻的日军有 3000 余人,在南陵至青阳公路上的何家湾遭到新四军第 2 支队第 3 团的有力阻击,双方激战 9 小时,使日军付出了 300 余人的代价而被迫狼狈逃窜。

第三路是在繁昌抗击进犯云岭日军的新四军第 3 支队,在天门外、中分

---

① 《云岭交响曲》,邵凯生著,解放军文艺出版社 1997 年 9 月版,第 37 页。

村、方村等地阻击敌人,与日军展开了殊死的搏斗,给日军以严重的杀伤,迫使日军败退出了云岭。

保卫云岭的反"扫荡"战斗,前后历时 10 天,共击毙日军 1000 余人,极大地鼓舞了皖南军民的抗日斗志。

(二)抗击日军的秋季"扫荡"

1940 年 10 月初,日军再次纠集第 15、16 师团等部约万余人,再次向新四军军部驻地云岭发动了"扫荡"。

日军的这次"扫荡",主要分兵两路,一路约 5000 余人,在飞机的掩护下直扑云岭新四军军部。10 月 2 日至 7 日,新四军第 1 支队第 1 团在军长叶挺的亲自指挥下,沿戴家会和三里店到汀潭两条公路的两侧,利用有利地形阻击日军,结果不到 20 华里的路程,日军竟走了整整 6 个昼夜。其间,叶挺亲自率领军部特务团第 1 营和军教导总队增援 1 团并指挥部队作战。7 日傍晚,日军又以飞机和大炮为先导,以沉重的代价进入了新四军主动撤出的汀潭。8 月凌晨,叶挺组织来自中村、茂林的增援部队,向汀潭的日军发动了猛烈的反击,最后将入侵之敌赶出了汀潭。日军自知在云岭不能讨到新四军的便宜,于是掉转回头直扑国民党军第 52 师驻守的泾县县城。国民党第52 师竟不战而退,致使日军轻易地占领了泾县县城。日军占领泾县县城不久,叶挺就率领新四军追了上来,并分兵两路向西门、南门发起猛攻。在攻城战斗中,老 3 团等部苦战竟夜,最后终于攻入城内,迫使日军于 9 日凌晨在飞机的掩护下狼狈撤出了北门,向城东北方向败退逃往南陵。

新四军副参谋长周子昆率另一路部队,在汀潭东北阻击来自三里店的另一路日军,经过数日苦战,迫使日军向南陵方向溃退。

在秋季抗击日军"扫荡"战斗中,新四军共歼敌 1000 余人。战斗胜利后,极大地鼓舞了中国军民,提高了新四军的威信,蒋介石也致电嘉奖新四军将士。

云岭新四军军部修械所。（苏克勤/摄）

三、新四军的发展与壮大

（一）第 5 支队组建成立

1939 年 4 月 27 日，新四军军长叶挺、参谋长张云逸、政治部副主任邓子恢等率一营抵达江北。5 月 6 日，叶挺率部来到庐东的东汤池，奉中共中央军委命令宣布成立江北指挥部。

新四军江北指挥部由张云逸兼任指挥，徐海东任副指挥，后又增加罗炳辉为副指挥，赖传珠任参谋长，杨梅生任副参谋长，邓子恢任政治部主任。同时，又成立了以张云逸为书记的中共江北前敌委员会。

与此同时，在叶挺、张云逸等人的主持下，新四军江北游击纵队也于是年 5 月上旬组建成立，又称江北挺进纵队，或称江北挺进游击纵队。该纵队下辖 3 个大队，孙仲德任司令员，黄岩任政治委员。

5 月 9 日，叶挺、张云逸、邓子恢等在舒城西蒋冲召开 4 支队干部大会。会议重申了中共中央提出的东进战略决策，并令 4 支队司令员高敬亭迅速率部向皖东地区开拔。高敬亭在会上虽也表示同意，但会后开始东进时却写信命令第7、9团停止前进，公然抗命。适逢第4支队第7团团长杨克志、政委曹玉福贪污军款，并于5月中旬率部分人马改投桂系军队。高敬亭惊悉杨、曹二人率部改投桂系后，遂率4支队后方机关赶赴肥东的青龙厂。至此，第4支队业已全部进入淮南铁路以东的皖东地区。

新四军第一次党代会大会主席团合影。前排左起：陈毅、袁国平、项英、周子昆、邱一涵、李坚真、傅秋涛；后排左1谭震林、左3曾山、左5卢胜、左7黄火星。

新四军第4支队自1938年5月至1939年6月，在一年当中对敌作战90余次，毙、伤日军1700余人，俘获日军10名，毙、伤伪军600余人，俘获400余人，消灭反动武装3700余人，发展迅猛，队伍很快便发展到5000余人，为后来在淮南创建抗日根据地奠定了坚实的基础。但第4支队在发展过程中，却也出现了并不和谐的一幕。

由于第4支队第7团团长杨克志、政委曹玉福率部分官兵改投了桂系，新四军军长命令对4支队进行整顿，揭露杨、曹投敌叛变的可耻行为。6月上旬，叶挺还下令将4支队司令员高敬亭关押起来。6月23日，叶挺、张云逸、邓子恢等在青龙厂召开反高斗争大会。翌日,叶挺等人在接到蒋介石的电令后将高敬亭处决。

高敬亭对中国革命是有很大贡献的,虽有错误但罪不至死,因行动迟缓而被错杀实属冤枉。就在高敬亭刚被处决两个小时,新四军即接到中共中央的来电,指示"将高敬亭送延安学习",但为时晚矣。①

青龙厂会议后,新四军军部对第4支队再次进行了整编,并分编为第4、第5两个支队,部分队伍还充实到5月上旬成立伊始的江北游击挺进纵队当中。新编组成的第4、第5两个支队领导如下:第4支队由第7团、9团、14团及教导大队、特务营组成,全支队约4000余人,徐海东兼任司令员,戴季英任政治委员(后由郑位三接任),林维先任副司令员,谭希林任参谋长,赵俊任副参谋长,戴季英兼任政治部主任;第5支队由第8团、10团、15团组成,约2000余人,罗炳辉任司令员,郭述申任政治委员,周骏鸣任副司令员,赵启民任参谋长,冯文华任副参谋长,方毅任政治部主任(后由张劲夫接任),林恺任政治部副主任(后由龙潜接任)。第5支队正式成立的时间为7月1日,地点在定远县的安子镇。

7月,江北新四军整编结束后,江北指挥部即进驻到滁县太平集附近的三黄家,第4支队活动于津浦路西定远县的藕塘关地区,第5支队则活动于津浦路东的来安县半塔集地区,江北游击纵队一部活动于巢湖、无为地区,另一部则活动于和县、含山等地。

(二)新四军第6支队成立

1938年5月徐州沦陷后,豫东、豫皖苏边广大地区相继沦陷。6月上旬,

---

① 1975年11月10日,高敬亭的女儿高凤英上书毛泽东主席,要求澄清其父冤案,毛泽东为此专门作"请军委讨论一次,我意此案处理不当……"的批示。1977年4月27日,中国人民解放军总政治部根据毛泽东生前的批示,对高敬亭一案进行了全面的调查和重审并正式发出《关于给高敬亭同志平反的通知》,恢复其名誉。通知写道:"高敬亭同志参加革命后,在毛主席、党中央领导下,在坚持鄂豫皖地区的革命斗争中是有功的,虽在四支队工作期间犯有严重错误,但是可以教育的,处死高敬亭同志是错误的。"1980年4月19日下午,高敬亭骨灰安放仪式在合肥殡仪馆举行,后安葬于上海市青浦县福寿园公墓,李先念为墓碑题写了碑名。1980年10月30日,民政部专门下发通知,追认高敬亭为革命烈士。

日军攻占豫东重镇开封，接着相继又占领杞县、柘城、宁陵等地，直逼中原心脏郑州。为了阻止日军西进，蒋介石下令河南守军炸开郑州北边的花园口黄河大坝，使黄河流域的44县、3000多平方公里的土地尽成泽国"黄泛区"，死亡人数89万，受灾人数多达1200余万。

中共中央对河南的抗战形势极为关切。早在1938年2月，中共中央即根据周恩来、叶剑英等人的提议，决定将时任八路军参谋处处长兼驻晋办事处主任、八路军随营学校校长彭雪枫调到河南并任命为军事部长，借以加强对中原地区的抗日领导。时在山西省临汾刘村的彭雪枫受命后，当即南下武汉受领任务，旋即又马不停蹄地赶赴河南省确山县竹沟镇。到达竹沟后，彭雪枫的老部下张震也奉命率十余人前来协助工作。在竹沟，彭雪枫协助王国华、周骏鸣等人将豫南人民抗日独立团改编为新四军第4支队第8团并开赴前线，同时还将留守于竹沟的教导队扩编为教导大队，并在此举办了两期培训班，培训党政军干部800余人，为鄂、豫、皖、苏地区扩大抗日武装准备了大批的干部力量。是年9月，彭雪枫又奉中共中央之命，以及毛泽东提出的"尽快组织部队，先行开展豫东敌后抗日游击战争"战略决策和周恩来的"应将工作重心移向豫东"的指示，于9月27日在竹沟镇成立新四军游击支队，彭雪枫任司令员兼政治委员，张震任参谋长。9月30日，彭雪枫率领373人誓师出征，奔赴豫东抗日前线。

10月11日，新四军游击支队进至西华县杜岗，与吴芝圃率领的豫东游击第3支队及萧望东率领的先遣大队合编，仍称为游击支队，下辖3个大队，总计1020人，彭雪枫任司令员兼政治委员，吴芝圃任副司令员，张震任参谋长，萧望东任政治部主任。10月24日，游击支队东渡贾鲁河（新黄河）进入敌后，27日上午在淮阳县东北的窦楼与百余名日军遭遇。彭雪枫、张震沉着指挥，经过两小时的激战，游击支队击毙林津少尉以下十余人，余敌溃退。彭雪枫率领的新四军游击支队在窦楼的首战胜利，极大地鼓舞了豫东人民的抗日信心。

10月底，彭雪枫率游击支队渡过黄泛区，进至鹿邑县大刘庄，于11月下旬在西陵歼敌一个中队又一个排，接着又在睢县的于厢铺全歼伪军100余人，后在杞县后李庄再歼汉奸胡祥生部，在宋庄歼汉奸刘子坚部，12月上旬又歼伪军两个中队,取得了连战皆捷的胜利,声威为之大震。12 月,游击支队整编为 2 个团,发展到 1700 余人,张太生任第 1 团团长,李辉任政委;滕海清任第 2 团团长,谭友林任政委。

1939 年元旦过后,彭雪枫率领的游击支队历经千辛万苦,所向披靡,从睢杞太继续东进,夜袭庐家庙,毙、伤敌 300 余人,取得了进入皖北第一仗的胜利。1 月 19 日,游击支队主力进抵永、宿、萧、夏的豫皖苏结合部地带,又多次取得战斗胜利,并于睢、杞、太地方武装编成了游击支队第 3 团,周时源任团长,孔石泉任政委。

4 月,游击支队在永城县(今永城市)设伏,一举击毙日军 80 余人,并组建了永城县政府,这是游击支队东进豫东后由中共所领导的第一个县级抗日民主政权。是月下旬,游击支队收复鹿邑县城,歼敌百余人。5 月下旬,彭雪枫率游击支队第 2 团、3 团进军淮上;6 月 20 日,在宿县湖沟集一事与日伪军遭遇,一举歼敌 450 余人,接着又先后两次奔袭怀远城,击毙日军数十人,歼伪军孙立青部大部。6 月 26 日,第 2 团还于常家坟一带设伏,击毙日军数十人。7 月,游击支队第一团奔袭永城县的王福来部伪军,消灭了 2 个中队。8 月 2 日,又于杞县的宋庄伏击敌军,击毙日军联队长以下 20 余人。9 月,睢杞太大队于太康一带与日伪激战,歼其大部。

9 月 6 日,彭雪枫率游击支队进驻安徽省涡阳县新兴集,29 日在冯套歼日伪 300 余人;10 月上旬又在小李庄、灰尘古集等地歼敌 300 余人;29 日在商丘的东南马头寺再歼敌 300 余人;12 月 3 日攻克商丘的济阳集,全歼伪和平救国军第 2 支队 300 余人,俘敌 60 余人;12 月 4 日在商丘的杜集又歼敌 300 余人;5 日在萧县的大吴集一带再歼敌 80 余人。

1939 年全年,彭雪枫率领的游击支队与日伪军作战共 78 次,击毙日伪军 1368 人,击伤日伪军 3487 人,俘敌 1200 人,游击支队也从最初的 373 人,发展到 17800 余人,并拥有 3 个主力团、1 个特务团、4 个总队(各有 2 个团)、3 个独立团等。对游击支队东征一年来所取得的辉煌战果,彭雪枫在《拂晓报》上发表文章并写道:"我们的生活,可并不如战斗胜利那样顺利,我们经常在饥饿困苦中过日子,寒冬雪天部分同志着单衣,炎热夏天,还穿着掏得出棉花的烂夹衫,书案店 5 个月的高粱馍锻炼了同志们的胃口,1 个月 1 块钱的零用钱,1年来仅发过4次。然而凭着共产党员的坚定性,从没听一个同志叫苦,像疯狂了一样工作着,他们忘了忧愁,忘了艰苦。"

　　早在1939年2月,中共山东分局即派遣女党员杨纯到皖东北组建特委并担任书记,张爱萍率队到达皖东北后,在杨纯、江上青等人的支持下,与时任安徽省国民党第六专区专员兼第6抗日纵队司令盛子瑾合作,在皖东北设立新四军、八路军办事处,张爱萍、刘玉柱分任办事处的正、副处长,同时还在泗县的张塘建立中共皖东北工委,并由张爱萍担任书记。1938年12月24日,根据张爱萍等人的提议,苏皖边区特委迁至泗县的张塘村。1939年7月,彭雪枫率领的游击支队遵照中原局书记刘少奇的指示,由豫皖苏省委书记张爱萍和刘玉柱等率领一个总队进至皖东北地区,开辟新的敌后抗日游击区。9月,经中共中央和中原局批准,成立豫皖苏边区党委,吴芝圃任书记,刘瑞龙任副书记,下辖睢杞太、皖北特委和路南、涡浍地委及皖东北工委。11月6日,刘少奇、徐海东等人抵达豫皖苏边区的首府新兴集。刘少奇在听取了彭雪枫等人的汇报后,对游击支队在短短一年内所取得的战果表示满意。

　　1940年2月1日,新四军游击支队奉新四军军部之命正式改编为新四军第6支队,下辖9个主力团,共12000余人,由彭雪枫担任司令员兼政委,吴芝圃任副司令员,张震任参谋长,萧望东任政治部主任。

　　3月17日,国民党军第51军一部在宿县地区被日伪军追击,新四军第6支队第3总队闻讯后,即主动前往驰援,击退了敌军,使国民党军队摆脱了困境。4月1日,3000多日伪军进犯豫皖苏辖区永城的东北山城集,第6支队第1总队及萧县总队英勇反击,并多次打退敌人。后来,敌军集中优势兵力围攻第1总队队部驻地李黑楼,总队长鲁雨亭、政委孔石泉率部与敌展开了殊死的搏斗,总队长鲁雨亭为了掩护部队转移,最后壮烈牺牲。

(三)新四军豫鄂挺进纵队成立

　　1939年1月上旬,李先念为司令、周志坚为参谋长的豫鄂独立游击大队在河南确山竹沟镇成立。17日,该大队从驻地出发向武汉外围敌后挺进。1月下旬抵达豫鄂边四望山北麓信阳县(今信阳市平桥区)的黄龙寺,与豫南特委书记危拱之(女)率领的信阳挺进纵队会师。春节过后,李先念率领豫鄂独立游击大队从四望山向大别山区挺进,3月在灵山大寺口与罗厚福率领的新四军第6游击大队会师,会师后,李先念率一部挺进平汉线路西发动鄂中抗日游击战争。不久,李先念率部由大寺口继续南下,向武汉外围挺进,进军途中在夏店收编了李道槐所部的伪协团。部队抵达小悟山时,又与许金彪率领的500余人合编。6月上旬,李先念率部进至安陆县(今安陆市)赵家棚,与鄂中区党委书记陈少敏(女)率领的军队会师。6月中旬,鄂中区党委在京山县养马畈开会,并根据刘少奇的指示统一整编了豫南、鄂中地区共产党所掌握的武装队伍,成立新四军豫鄂独立游击支队,李先念任司令员,陈少敏任政治委员(后由陶铸接任),杜石公任参谋长,谬毅任政治部主任,下辖第1、2、3、4、5、挺进团、信南第3团等共7个团,分别在鄂中、豫南、汉水和淮河两岸敌后开展游击战争。

8月14日,400多名日军向驻罗山县朱堂店地区的独立游击支队第2团进攻,被团长王海山所率的第2团击退,歼敌80余人。9月初,李人林、雍文涛率领的第4团挺进至天汉湖区,进入汉阳的高庙与中共地下党领导的汉阳第5中队会合,统一组成两个大队,奔袭伪军第99师,攻克蔡甸镇,俘获伪军200余人,伪师长熊光被击伤逃走,副师长牛定则被击毙。10月13日,李先念率第1、2团、保卫支队进驻京山县新街,毙伤敌军100余人,将敌击溃。12月5日,1500余名日军闪击中共豫鄂边区机关驻地马家仰,被辖区军民击溃,毙伤敌军70余人,并胜利突围至八字门一带。

后来,李先念等人率领的豫鄂独立游击支队得到了很大的发展,并建立了抗日边区根据地。

1939年1月,中共中央中原局书记刘少奇,由延安出发赴河南确山竹沟镇,领导中原军民抗战。3月18日,刘少奇由竹沟起程回延安,中原局书记由朱理治代理。9月15日,刘少奇与徐海东等人离开延安秘密前往华中敌后,于10月初再抵竹沟后,主持召开了豫西、豫南省委扩大会议,根据中央指示撤销了这两个省委,恢复河南省省委建制,并由刘子久担任书记,朱理治奉命率600余人前往鄂中,以加强对豫鄂独立游击支队的领导。10月9日,刘少奇、徐海东率300余人从竹沟出发前往豫皖苏边区。11月,根据刘少奇指示,豫鄂边区党政军领导人在四望山举行联席会议,根据中共中央和中原局的决定,撤销鄂东、豫南和鄂中3个区党委,统一成立豫鄂边区党委,陈少敏任代理书记,这3个地区中共领导的抗日武装也统一改编为新四军豫鄂挺进纵队,下辖6个主力团,李先念任司令员,朱理治任政治委员,刘少卿任参谋长,任质斌任政治部主任。

(四)八路军、新四军会师新兴集

1938年12月6日,中共山东分局和八路军山东纵队决定将苏北邳睢铜地区所领导的抗日武装合编为陇海南进游击支队,简称南进支队,旋即南下展开抗日游击战争。1939年1月,八路军11师343旅685团2000余人改编为苏鲁豫支队,下辖4个大队,奉命向陇海路以南挺进,以策应江南新四军北渡,随后即由鲁西南的单县跨越陇海铁路抵达豫皖苏边区。1940年6月下旬,为缓解华中新四军的压力,战斗在华北地区的八路军第2纵队和所属的第344旅、新2旅及教导队共12000余人,在纵队司令黄克诚的率领下,从冀鲁豫边区根据地出发南下抵达豫皖苏辖区根据地首府新兴集,与彭雪枫率领的新四军第6支队胜利会师。与此同时,战斗在津浦路西的彭明治、朱涤新的苏鲁豫支队也于同年7月东进至皖东北地区,与该部第1大队胡炳云部会师。黄克诚率领的南下八路军第2纵队与彭雪枫率领的新四军第6支队在新兴集会师后,奉命统一改编为八路军第4纵队,约27000人,统一划归中原局指挥,彭雪枫任司令员,黄克诚任政治委员。7月中旬,经中共中央同意,中原局将八路军第344旅与新四军第6支队合编为八路军第4纵队,全纵队共17000余人,担任向西防御的战略任务,彭雪枫任司令员兼政委,张震任参谋长,萧望东任政治部主任,下辖第4、5、6旅和直属队。其中,刘震任第4旅旅长,康志强任政委;腾海清任第5旅旅长,孔石泉任政委;谭友林任第6旅旅长(饶子健代理),赖毅任政委。此外,以八路军新2旅、苏鲁豫支队、陇海南进支队与新四军第6支队第4总队合编为八路军第5纵队,下辖3个支队、9个主力团,共20000人,黄克诚任司令兼政委,韩振纪任参谋长,吴法宪(当时名为吴文玉)任政治部主任,下辖第1、第2、第3支队。其中,彭明治任第1支队司令员,朱涤新任政委;田守尧任第2支队司令员,吴信泉任政委;张爱萍任第 3 支队司令员,韦国清任政委。执行向东发展的战略任务。

1940 年 7 月,彭雪枫率领的八路军第 4 纵队第 4、5 旅主力再次进军淮上,控制淮河下游地区,并建立了中共淮上地委和淮上办事处及所辖之怀远等 5 个县的党组织和抗日民主政权。9 月,为响应华北地区彭德怀指挥的八路军的百团大战,第 4 纵队各部于永、萧、宿、夏地区主动出击,反击敌伪,连战皆胜,捷报频传。

同年 12 月 12 日,八路军第 4 纵队所辖豫皖苏辖区保安司令耿蕴斋、第 6 旅第 17 团团长刘子仁、第 18 团长吴信容等,在国民党第 92 军军长李仙洲的策划下,裹胁 2000 名官兵投向桂系,对革命造成了很大伤害。

1940 年,新四军第 6 支队(即八路军第 4 纵队)主力,在彭雪枫等人的率领下,对敌作战 263 次,毙、伤日伪军 3788 人,其中日军 161 人,俘 1902 人,新四军仅牺牲 1208 人,取得了辉煌的战果。

第 5 纵队自组建成立后,第 1 支队即于是年 8 月底首先强渡运河,挺进到淮海地区,并与战斗在那里的淮海大队会合。9 月,黄克诚率领的第 3 支队和第 2 支队一部跟进淮海地区,与第 1 支队一道继续打击日伪敌军,开辟游击新区。

第 5 纵队自挺进到淮海地区后,留守于皖东北的第 5 纵队第 2 支队,则于 9 月积极配合淮南津浦路东军民投入反"扫荡"战斗,并攻克淮河北岸的小柳巷等敌伪据点,沉重地打击了日本侵略者的嚣张气焰。

四、抓好党政军的各项建设

新四军组建成立后,遵照中共中央的指示精神,为了使部队尽快进入敌后开展游击战争,从党建、政治、军事、后勤等各个方面,采取多种措施,加强军队全面建设,使全军指战员的综合素质得以提升,促进了全军部队战斗力的提高。

(一)周恩来视察皖南新四军

1939 年 2 月中旬,中共中央军委副主席周恩来以国民党军政委员会政治部副部长的身份,从重庆来皖南巡视,同时陪同叶挺返回皖南军部。

　　周恩来此行的主要目的和任务有 4 项:一是代表中共中央到皖南看望和慰问新四军将士;二是传达中共中央六届六中全会精神;三是指导和商议新四军的作战方针和以后的作战任务;四是协调新四军军长叶挺与副军长项英之间的关系。

　　叶挺自接任新四军军长后的 3 年中,曾先后五次提出辞呈,他本人也自称曾有过"四次辞呈"。第一次:1937 年 11 月 21 日,叶挺与叶剑英同被蒋介石提意见,当时因蒋对叶挺所请的新四军的编制、人事、经费等事进行刁难,叶挺当面向蒋氏提出辞呈,蒋为了缓和僵局而对叶进行安慰,叶方才未辞。第二次:1938 年 8 月,叶挺致电中共中央长江局,准备辞去新四军军长之职,并于是年 10 月离开军部,在周恩来的劝说下这才返回皖南新四军军部。

　　1939 年 2 月 23 日下午,周恩来、叶挺一行抵达距军部云岭 15 里的章家渡,项英、陈毅、袁国平、曾山、周子昆、李一氓等人前往迎接。周恩来对新四军帮助驻地建立的各种地方抗日组织表示满意。翌日上午,项英、陈毅、周子昆、袁国平等向周恩来汇报了新四军的建设及作战情况。下午,新四军在军部大礼堂召开排以上干部会议,欢迎周恩来的到来。周恩来向新四军将士作《新阶段的新关键》的报告。晚上,军部大礼堂举行欢迎周恩来的晚会并表演了精彩的节目。

　　周恩来到皖南期间,在叶挺、项英、陈毅、袁国平等人的陪同下,多次看望新四军将士和调查情况,先后到军部在小河口的后方医院看望伤病员,参观军部机关创办的"救亡室"并建议改名为总俱乐部,参加军部召开的"三八国际劳动妇女节纪念大会"并讲话,看望第 1 团的全体官兵,视察军部政治部创办的《抗敌报》并应袁国平和朱镜之请为该报题写了报头,观看军部教导总队的男女学员的军事训练表演,慰问军中模范夫妻袁国平、邱一涵与薛暮桥、罗琼等,召见并鼓励在广州起义中牺牲的中共领导人张太雷的女儿张西蕾,为新四军将士作题为《目前形势与新四军的任务》的报告……3 月 15 日上午,周恩来与依依不舍的皖南的新四军将士们告别。

　　周恩来离开云岭之初,项英对叶挺的态度有所改善,一些军政大事也让叶挺参与,而叶挺对军中的一些工作也敢于大胆负责,特别是对于周恩来代表中共中央在云岭为新四军所确定的"向南巩固,向东作战,向北发展"的战略方针,尤为积极贯彻执行。

但是,就在周恩来离开云岭半年后,叶挺还有过请辞。1939年5月,叶挺赴江北宣布成立江北指挥部,完成任务后返回皖南军部;是年9月,叶挺鉴于新四军第5、第6两个支队的编制及全军给养经费等事,专程赴重庆向蒋介石面陈,因未得蒋之同意,叶挺便以为胞弟办理丧事为由,当面辞职去了澳门。后来,蒋介石勉强同意了新四军第5、第6两个支队的番号等事,且在周恩来、廖承志等人的劝说之下,叶挺这才又返回了皖南新四军军部。这是叶挺的第三次请辞。1940年11月28日,叶挺向蒋介石和第三战区司令长官顾祝同交涉关于北撤路线及军需补充等问题,因愤恨于对方的留难再次提出请辞,后经顾祝同缓冲而未辞成。这是叶挺的第四次请辞。1940年底,叶挺直接致电毛泽东、朱德,提出辞去军长之职,但经项英等人的劝说,再加上皖南新四军军部北撤在即,叶挺为了大局,表示愿意继续留任并带队北移。这是叶挺的第五次请辞。

总之,在新四军创立之初,叶挺与项英在工作中配合默契,在抗日大局之下,与中共中央在政治上是保持一致的;特别是叶挺,他在新四军军长任上期间,先后五次提出辞呈,其中原因固然较多,但都是从使新四军的发展壮大作为基本出发点,并未涉及个人的私利与恩怨。所以,叶挺与项英的胸襟与高风亮节也由此可见一斑。

(二)新四军全军参谋会议

新四军组成后,针对全军参谋工作基础薄弱、干部素质较低的现状,为加强司令部和参谋工作建设,曾先后召开了两次参谋工作会议。

第一次参谋工作会议:1938年6月下旬,新四军军部在南陵土塘召开第一次参谋工作会议,参加者为各支队团参谋长、军部参谋工作人员共50余人。会议由军参谋长张云逸主持并作《参谋工作建设》的报告,项英也在会上作《参谋机关与参谋工作》的讲话。为适应部队发展和作战需要,还将刘伯承翻译的《苏军司令部野外勤务条令》一书分发给各级首长和参谋人员,作为研究学习之用。此次会议,对加深对参谋工作的认识、提高全军参谋的业务水平、建立必要的参谋工作制度、加强司令部建设都起到了积极的作用。

第二次参谋工作会议:此次会议又称为"三一八"参谋工作会议,1939 年 3 月 18 日至 24 日在云岭陈家祠堂举行,军部首长及下属各团以上参谋人员共 50 余人参加。与会首先学习了 3 月 16 日中共中央军委主席毛泽东、军委总政治部主任王稼祥和军委总参谋长滕代远对新四军参谋工作方针的具体指示,叶挺军长作《现代战争的性质、特点与指挥》的报告;项英作建军问题及战斗经验教训的报告;周子昆作一年来参谋工作与今后任务总结报告;袁国平作参谋部门与政治机关的关系的报告;粟裕作军事工作条例的报告,赖传珠作参谋处各部门工作和有关规章制度的报告;会议最后还通过了《参谋工作条例》和《军事工作条例》等。

新四军军长叶挺在全军参谋工作会议上作《现代战争的性质、特点与指挥》报告,坐者为新四军副参谋长周子昆。

(三)两次政治工作会议

为了继承和发扬红军政治工作的优良传统,认真落实抗战新形势下中共中央关于军队建设中的政治工作方针,全军上下对政治工作建设十分重视,有效地保障了全军抗战这个中心任务的开展和完成。在皖南期间,全军先后召开了两次政治工作会议。

第一次政治工作会议于 1938 年 6 月 17 日至 19 日在南陵县土塘村召开,与会人员为全军团级以上政工干部及军政治部机关干部 50 人,军政治部主任袁国平主持会议并作会议总结报告。为建设铁的新四军,袁国平在会上认真总结了新四军建军以来的成绩及存在的问题,在全军深入地开展政治思想教育工作的同时,确定了全军政治工作的基本方针和任务,以及为实现基本方针和任务所应采取的领导方式和工作方法,部署了新形势下政治工作的方针与四项基本任务:一是健全党的领导,提高党支部在连队中的作用;二是正确执行干部政策,充分发挥干部的聪明才智;三是深入政治教育工作,以阶级教育为基础,贯彻理论联系实际的原则,使干部、战士具有伟大的政治理想和为理想奋斗到底的决心;四是根据政治工作的方针,确立政治工作制度和健全政治工作系统。

第二次政治工作会议:1939 年 2 月 7 日至 16 日在泾县云岭村召开,又称"二七会议"。与会人员系来自军直、各支队军政负责干部和部分团职政工干部百余人,袁国平主任主持会议并作报告;项英作《新阶段我们在江南抗战的任务》的报告。会议还根据周恩来视察皖南时的指示和中共中央指示精神,制定了《新四军政治工作组织纲要(草案)》并于是年 4 月在全军实行。

(四)宣传报纸

新四军在抓好政治思想工作的同时,对宣传教育的落实上也颇具生色。

《抗敌报》:1938 年 5 月 1 日在安徽泾县云岭汤村创刊,报头为周恩来所题,是新四军的机关报,由军政治部主办,军政治部宣传教育科科长冯定兼任主编,后由汪海粟担任主编。其宗旨是:宣传国内外形势,宣传八路军与新四军抗战业绩,坚持团结抗战到底,反对投降分裂阴谋,以正确的政治观点教育军民,反映人民要求自由解放的真实意见。1941 年 1 月 4 日,皖南新四军转移的当天出版最后一期的告别号,并发表《临别赠言》社论和叶挺军长、项英副军长、袁国平主任、周子昆副参谋长联名所写的《告皖南同胞书》。事变后被迫停刊。1939 年 12 月 16 日江北新四军指挥部在安徽定远藕塘出版《抗敌报》江北版,亦为中共中央中原局机关报,由刘彬、王阑西等负责,

1940 年 12 月中共中央中原局出版机关报《江淮日报》后,江北版《抗敌报》改由新四军第 2 师政治部主办。

《抗敌》杂志:是新四军主办的一种不定期的综合性杂志,1939 年 2 月 15 日在泾县章家渡创刊,由军司令部秘书长兼军文化工作委员会主任李一氓任主编,冯达飞、薛暮桥、夏征农、林植夫、聂绀弩、朱镜我等任编委。其宗旨是:总结交流建军、作战等方面的经验教训,为军队和一切热心的人士提供进一步探讨与运用的资料。叶挺、项英、陈毅、袁国平、邓子恢等都曾在上面发表过文章,特别是项英仅第一至第六期就在上面发表了 8 篇文章,"皖南事变"后停刊。

《抗敌画报》:是新四军政治部创办的一种文艺性宣传画刊,1939 初创刊。其任务是:以绘画形式宣传抗战,鼓舞士气,反映部队的抗战生活。"皖南事变"爆发前停刊。

五、江北、江南指挥部成立

(一)新四军江北指挥部成立

1938 年 6 月 2 日,中共中央致电新四军及项英:"……望根据战争的实际经验,凡敌后一切无友军地区,我军均可派队活动。不但太湖以北、吴淞江以西广大地区,即长江以北到将来力能顾及时,亦应准备派出一小支队。"中共中央军委同时也通知新四军,白崇禧已准允新四军张云逸率 1 个营到长江以北安徽境内活动。是年 11 月,张云逸即率军特务营第 1、第 2 连及干部数十人向江北进发。

为了加强对江北地区新四军武装力量的领导,更好地开展敌后抗日斗争,叶挺、项英经过研究后,联名致电毛泽东及刘少奇,提出在江北设立一个指挥部,并建议彭雪枫部能与新四军联系。同时,叶挺也以本人名义致电蒋介石,要求准许成立江北办事处或指挥部,并准备于 1939 年 4 月亲自赴江北视察。中共中央和蒋介石分别批准了这一报告,新四军军部便决定由叶挺和邓子恢赴江北宣布成立江北指挥部并顺便处理第 4 支队高敬亭部东进迟滞等事宜。

1939年5月,新四军江北指挥部在庐江东汤池正式成立,张云逸任指挥兼前委书记,徐海东、罗炳辉任副指挥①,赖传珠任参谋长,杨梅生任副参谋长,邓子恢任政治部主任,张劲夫任副主任,下辖第4、5、6支队及江北游击纵队、鄂豫独立游击支队。第4支队司令徐海东,政委戴季英(后由郑位三接任),副司令林维先,政治部主任谭希林,下辖第7、第9、第14团。5支队司令罗炳辉,政委郭述申,副司令周骏鸣,政治部主任方毅,下辖第8、第10、第15团。6支队司令兼政委彭雪枫,副司令吴芝圃,政治部主任萧望东,参谋长张震,下辖9个团。江北游击纵队司令孙仲德,政委黄岩。鄂豫独立游击支队(后改为挺进纵队)司令李先念,政委陈少敏(后由陶铸代理)。

新四军江北指挥部成立后,加强了对江北新四军部队的领导,使新四军以皖南大本营为中心,与江北、江南指挥部呈犄角之势,相互照应,进一步壮大了全军的力量,对开辟江北的津浦路东、西根据地创造了更加有利的条件,基本上也解决了对新四军第4支队的整顿暨东进迟滞问题②。新四军江北指挥部成立后不久,中共中央中原局书记刘少奇③即率队来到了两淮地区,对两淮、苏北新四军进行统一调配和巡视。俟后,刘少奇又奉命返回延安。1939年8月3日,叶挺离开江北庐江东汤池返回皖南。是年9月15日,刘少奇率徐海东、刘瑞龙等人奉中共中央命令赴中原局机关驻地竹沟,从此担负中共中央赋予的"负责统一领导江北的党和军队工作"的重任,并在结束了对彭雪枫领导的豫皖苏边区根据地巡视后于是年12月上旬抵达新四军江北指挥驻地安徽省定远县藕塘镇。

刘少奇的到来,对江北指挥部全体将士是一个极大的鼓舞,对江北各部新四军所属部队的发展也是一个有力的推动。刘少奇到江北后仅3个月时间,张云逸率领的江北指挥部所属的第4、第5两支队就由7000余人猛增到15000余人,并多次击退日伪"扫荡"和国民党顽固派的摩擦,同时还创建了

---

① 徐海东后因病在淮南根据地休养。
② 叶挺、张云逸、邓子恢等新四军领导在成立新四军江北指挥部后,在整顿该部和处理该支队东进迟滞问题上,于1939年6月24日将第4支队司令高敬亭错杀。个中原因及处理方法、时间等,众说纷纭,因不属本书论述范围,故不妄加评论。
③ 刘少奇此行对外化名"胡服"。

华中地区第一个敌后抗日民主政权。到 1940 年 6 月，江北的津浦路东 8 县与路西县也连成了一片，成为基本上统一的淮南抗日民主根据地。

(二)新四军江南指挥部成立

新四军在皖南岩寺整训后，粟裕、钟期光等即奉命率先遣支队东进江南，并在镇江西南的韦岗首战告捷。之后，第 1 支队司令员陈毅也奉命率队跟进，并在江南的茅山地区建立抗日根据地。

根据全国抗日形势的发展，为适应江南敌后抗日斗争的发展要求，1938 年 8 月，新四军第 2 支队司令张鼎丞在被选为七大代表赴延安后，军部根据实际情况向中共中央军委报告，拟将所辖并已进至江南地区抗战的第 1、第 2 支队合并，成立新四军江南指挥部。1939 年 11 月 7 日，在得到中央的批准后，由新四军第 1、第 2 支队合并而成的江南指挥部在溧阳县(今溧阳市)的水西村正式成立，陈毅任指挥，粟裕任副指挥，刘炎任政治部主任，钟期光任副主任，罗忠毅任参谋长，白丁(即徐平羽)任秘书长，统一领导第 2、第 4、新 3、新 6 团，江南人民抗日义勇军(简称"江抗")，丹阳游击纵队和江南地方抗日武装，下辖 20000 余人。1940 年 7 月 8 日，江南指挥部机关率主力北渡长江天险，向苏北挺进，是月下旬，新四军江南指挥部改称为新四军苏北指挥部。在苏南坚持斗争的部队，奉命重组为新的江南指挥部，罗忠毅任指挥，廖海涛任副指挥，以第 4 团一部为主力，与各县地方武装一起编组为新 3 团、第 4 团、独立第 1 团、独立第 2 团，共 3000 余人。

新的江南指挥部重组成立后，在抗日的洪流中不断发展壮大。1941 年 1 月"皖南事变"后，新四军在苏北盐城重建军部，江南指挥部所属部队奉命改编为新四军第 6 师。

六、华中八路军、新四军总指挥部成立

1938 年 11 月，中共中央六届六中全会决定撤销中共中央长江局，成立中原局，并任命刘少奇为中原局书记，同时还规定：长江以北、陇海路以南包括河南、湖北、安徽、江苏等地的抗日工作，即由中原局领导。翌年 10 月，刘少奇向中共中央书记处报告，决定将中原局指挥中心由河南省确山县竹沟

镇移至淮南津浦路西。同年12月19日,刘少奇向中共中央提出发展华中的建议。12月27日,中共中央复电刘少奇,肯定了他对华中工作的建议。随后,刘少奇在淮南同黄克诚一起研究决定,以八路军苏皖豫支队,新2旅两个团、344旅的第6、第7、第8团,八路军东进纵队陇海路南进支队,以及新四军第6支队为基础组建八路军第5纵队,黄克诚任司令员兼政委,向苏北挺进。1940年10月初,陈毅、粟裕率领的新四军苏北指挥部所属部队,在取得黄桥决战胜利后,继续北上,并于10月10日在盐城以南的白驹镇狮子口与黄克诚率领的八路军第5纵队胜利会师,使苏北、苏中根据地连成了一片。

早在1940年春,江北的国民党顽固派在华中各地不断挑起反共摩擦。在津浦路西,驻守于安徽的李品仙部,首先向新四军第4支队和江北游击纵队发起进攻,并分3路袭击驻定远县大桥地区的中共中央中原局和新四军江北指挥部;在津浦路东,韩德勤乘罗炳辉率第5支队主力和苏皖支队西援之机,调集10个团兵力,于3月21日向新四军第5支队后方半塔集等地进攻;在淮海地区,国民党江苏保安第7旅与驻守于淮阴、涟水、泗阳等地的地方武装也发动对八路军陇海南进支队第8、第9团的进攻;5月下旬,韩德勤又命所属第30师及地方部队1万余人,西渡运河进攻皖东北的新四军、八路军,并指使所部侵犯江都地区的新四军挺进纵队。

为了粉碎国民党顽固派的猖狂进攻,中共中央命令各地党、军领导对顽固派要采取有理有利有节的斗争,并进一步推动华中地区的发展,八路军、新四军紧密配合,将苏北、苏中连成一片。八路军第5纵队在黄克诚的领导下,遵照中央命令,迅速组建完成并着手部署开辟苏北。

9月30日,韩德勤又集中3万兵力,分兵3路大举进攻黄桥,妄图在此将新四军聚而歼之。陈毅、粟裕等一面进行黄桥决战的部署,一面急电中共中央和中原局,请求八路军南下增援。10月4日,黄克诚率八路军第5纵队第1支队和第2支队一部,从淮海区兼程南下,在涟水境内突破了韩德勤的主力防线,挺进至盐阜地区,动摇了进攻黄桥的韩德勤顽军的侧背,既对韩德勤的大本营兴化构成了严重的威胁,又与南面陈毅、粟裕率领的新四军配合,对韩德勤所部形成了南北夹击之势。

延至10月6日,陈毅、粟裕指挥的新四军取得黄桥决战的胜利。10月

10 日,八路军第 5 纵队南下第 1 支队先头部队胡炳云大队,与北上新四军先头部队第 2 纵队王必成部第 6 团在东台以北刘庄、白驹镇之间的狮子桥口胜利会师,从而完成了打通华北、华中的联系通道和打开苏北抗战新局面的任务,粉碎了国民党顽固派妄图隔断和消灭华中八路军、新四军的阴谋。黄桥决战大捷,八路军与新四军的会师,奠定了共产党领导的华中敌后抗战的基础,对华中整个抗战形势的发展也产生了重大的影响。

黄桥战役是华中抗战以来最大的一次反顽自卫战,陈毅、粟裕所率新四军,以 7000 兵力对付韩德勤的 10 万兵马,与黄克诚所率的南下八路军密切配合,以寡敌众,以弱胜强,取得了黄桥大捷,为开辟苏北根据地奠定了基础。

1940 年 10 月 21 日,刘少奇率中原局机关和新四军江北指挥部军政干部 1000 余人,从皖东天长县(今天长市)的汊铜镇出发,向皖东北转移,并于 10 月 31 日抵至苏北阜宁县东沟,与黄克诚所部会合。11 月 7 日,刘少奇在黄克诚的陪同下离开盐城到达海安,会见了陈毅、粟裕等新四军苏北指挥领导人,一起讨论了开辟和建设华中抗日根据地的发展前景。11 月 10 日,刘少奇致电中共中央,提议成立华中新四军、八路军总指挥部,以便统一指挥华中的八路军、新四军及抗日武装,并建议中央军委任命陈毅为总指挥,如叶挺到苏北,即由叶挺任总指挥,陈毅任副总指挥。

中共中央书记处于 11 月 12 日复电刘少奇,同意成立华中总指挥部,并指示在对外交涉时仍使用新四军军部的名义。接到中央复电后,刘少奇、陈毅、黄克诚等人即在苏北海安筹建华中总指挥部。

11 月 17 日,经中共中央军委批准,华中新四军、八路军总指挥部在江苏省海安县城召开成立庆祝大会,叶挺任总指挥,陈毅任副总指挥,刘少奇任政治委员,赖传珠任参谋长,邓子恢(未到职)。在叶挺没有抵达苏北之前,由陈毅代理总指挥,统一指挥华中地区的八路军、新四军和游击队。会议由刘少奇主持并宣读了中共中央的命令,陈毅在会上作《关于当前形势及华中我军任务的报告》。

华中总指挥部下设司令部和政治部。司令部由秘书处、参谋处、军需处、军法处等组成;政治部由组织部、宣传部、保卫部、敌工部、民运部组成。

刚从皖南云岭转移到江北的新四军战地服务团仍由朱克靖担任团长。

1940 年 11 月 24 日,华中新四军、八路军总指挥部奉命移驻盐城文庙。

八路军与新四军在白驹镇会师,正值黄桥新胜之际,陈毅又见到了分别业已十年的刘少奇、黄克诚等人,感慨万端,当即赋《与八路军南下部队会师,同志中有十年不见者》诗一首:

十年征战几人回,又见同侪并马归。

江淮河汉今谁属? 红旗十月满天飞。

黄克诚的八路军第 5 纵队与陈毅的新四军苏北指挥部在江苏盐城白驹镇狮子桥口会师时,华中地区的新四军总兵力已拥有 10 万之众。

"皖南事变"发生后,中共中央军委于 1941 年 1 月 20 日发布重建新四军军部的命令,重建后的新四军军部领导人即是在华中新四军、八路军总指挥部的基础上建立的。华中新四军、八路军部指挥部存在的时间虽仅 2 月有余,但意义却至关重大。其意义在于:第一、成立后所发起的曹甸战役在很大程度上削弱了韩德勤在苏北的反共势力,使中国共产党在华中的抗日武装指挥中心脱离了国民党的统治区,摆脱了国民党的监视和控制,实现了中共中央所提出的关于新四军"领导中心"北移的要求,有利于独立自主地发挥指挥职能;第二,国民党顽固派虽然在"皖南事变"中搞垮了皖南的新四军军部,但却未影响华中地区中国共产党军队的统一指挥机制;第三,为后来在盐城重建新四军军部做好领导上和组织上的准备,奠定新四军未来发展方向的基础;第四,调整了中国共产党在华中抗日民主根据地的主要领导人,使中国共产党在华中地区的抗日武装斗争成为一个坚强的整体。

新四军成立后,在中国共产党的英明领导之下,全军上下浴血奋战,英勇杀敌,取得了辉煌的战果,赢得了全国人民的拥护。1939 年 3 月 15 日,新四军副军长、政治委员项英作《一年来作战的经验与本军建军工作》的报告;1939 年 10 月 11 日,在新四军成立 2 周年纪念日的前一天,项英又作《纪念新四军成立两周年》的报告,他在报告中激动地说:"在本军成立两周年的今年〔天〕,希望全军指战员更加加强我们抗敌的信心与杀敌的决心! 坚持我们一贯的方针,决不受任何环境变化的影响,不屈不挠地斗争到底!坚持团结,反对一切破坏团结的行为;坚持抗战,反对妥协投降!团结大江南北一切不愿当亡国奴的人们,使日本帝国主义卖国汉奸以及一切妥协投降分子孤立起来。我们更要努力作战,发挥我们英勇牺牲的精神,争取更多更大的胜利!不仅靠集小胜为大胜,我们还应该集无数的大胜去争取由相持阶段达到反攻的胜利,最后驱逐日寇出中国!……为争取抗战最后胜利和三民主义新中国而奋斗到底!"[①]

　　1940 年 10 月 12 日,正值新四军创建 3 周年之际,军部在皖南云岭召开隆重的庆祝大会,军长叶挺在会上作《纪念新四军成立的三周年》的演讲,陈述新四军在抗日民族统一战线的大形势下,在中国共产党的英明领导下,对新四军创建 3 年来的成绩及经验教训进行了总结,并鼓励全军将士时刻牢记民族的屈辱与仇恨,为早日将日本侵略者赶出中国而奋勇杀敌! 兹录叶挺军长的报告如下:

　　三年前,刚在南京快要失守的时候,那时国内团结有很大的进步,西北的人民抗日红军已改编为国民革命军之一部的第八路军,继此之后,在东南各省的红军游击队,也受命集合,改编为新四军。虽然,中间还不无许多折冲,周旋,别扭,但是依赖共产党中央的诚恳的决定的意见与提示,和八个省区的分散的游击队之忠实于中共与中共的统一战线的政策,特别是项英同志,起着领导的决定的作用。所以,我明知道有很多困难,而为了促进团结,想对于国内团结与抗战,尽我自己的力量,我接受了我现在的职务。

　　汉口成立军部,军部移到南昌,再移岩寺,江南各省部队在岩寺的集中,在岩寺的点验和训练,江北部队由鄂豫边出发,江南部队之进入苏南与皖南的敌后地区,以及江北部队之进入淮河敌后地区,从事于敌后的游击战,一直到现在,我们已整整打了两年多,大小一千二百六十五战,基本上完成了变敌人后方为前线的光荣任务。整个的三年时间,是匆匆地过去了,时间是很快的,但我们并没有白白的过去。

---

　　① 引自《新四军·文献》(1),中国人民解放军历史资料丛书编审委员会编,解放军出版社 1994 年 3 月版,第 797 页。

　　大家知道这三年当中，别扭，误会，摩擦，是不断的在政治上军事上来烦扰我们；饷款不济，军食不足，军装不备，弹药不充，枪械不补，是在军需上克制我们。我们却不把这些放在心头，大家只有一个志愿：打日本，救中国，即是"抗战"和"建国"，任劳任怨，埋头苦干。这在军事上取得了胜利，在军队建设上，打下了相当的根基，都不能不说是我们大家光明磊落的民族意识的表现。因为，大家都了解到困难严重的今日，我们不是争地位、争待遇的时候，不管怎样困难，我们也要抗战到胜利，这是每个中国人民的责任，更加是每个共产党员的责任。谁也不曾存过这样的念头，说是我们是被谁雇佣在这里抗战的，雇佣来抗战的，或拿多少钱抗多少战。没有这回事，我们根本没有这个念头，我们是拿得顶少，但我们愿抗得顶多，问心无愧，我们对得起民族，对得起国家，对得起千百代的祖宗，也对得起自己。

　　当然，我们还是要说，我们离胜利的时候还有相当距离，且我们的抗战已走过一段艰难困苦的路程，摆在前面的，还要更艰难困苦，但是我们不怕它，我们还得坚决地勇敢地踏上去。即拿我们部队本身来说，也是这个同样的情形，要求大家把更大的勇气来冲破、来克服这些艰苦，米贵，就吃杂粮；没有新服装，就得穿破一点；没有子弹，就节省，做到一颗子弹打一个敌人，发扬白刃战斗。问题不在这里，我深知道我们三年来的胜利不是由于给养好，军需足，械弹多，而主要是由于我们执行了统一战线的政策，实行了"抗战建国纲领"，做到了军民合作，做到官兵一致。同时，我也深知道我们三年来的胜利不是可以幸致的，就是在给养贫乏，军需穷困，械弹劣少的条件底下，依靠我们大家的艰苦奋斗的精神，忍受这些艰苦，克服这些困难，才能得到的。

　　因此，我以为过去的三年，值得我们前后方的指挥员、战斗员及一切工作人员，深自省察。今后，我们要继续发扬我们之所以取得胜利的原因，就是正确执行统一战线，坚决实行抗战建国纲领，完全做到军民合作，完全做到官兵一致。我们做了三年了，不，我们做了十几年了，我们还要一贯地做下去，做得更好。只有这样，就能够克服任何困难，就能够补偿任何我们的客观的穷乏。

　　在纪念本军成立三周年的今天，我愿意这样提示出来，作为我们今后大家共同努力的目标。①

七、"皖南事变"前的各方态势

新四军在抗战期间发展壮大过程中,尤其是在东进、北上以后,与国民党第三战区的军队也发生了武装冲突。其冲突原因在于,以国民党江苏省主席韩德勤为首的顽固派,竭力阻挠新四军东进北上。因为苏北、苏中对新四军东进具有非常重要的意义,故为了应付苏北和苏中的局面,中共中央于1940年夏秋之交,命令黄克诚率八路军第2纵队南下,与战斗在豫皖苏边区的彭雪枫部新四军第6支队会师,此后,黄克诚又率军东进苏北,进一步壮大了新四军在苏北的力量。1940年10月初,国民党政府江苏省主席韩德勤与陈泰运纠合一起,与新四军陈毅所部发生了严重冲突。当时,陈毅率新四军第1支队,以不到万人的兵力,经过一番激战,竟击败了总兵力达3万余众的韩德勤、陈泰运部,最后占领了苏北黄桥,不久又攻下了泰州的姜堰,史称"黄桥战役"②。此次军事冲突,不但造成了万余国民党军队的伤亡,还让本来驻安徽的新四军趁机控制了江苏的部分省境③。黄桥一战,国民党军主力被歼近两万人,中将军长李守维和中将旅长陈泰运双双阵亡。

黄桥战役对中国共产党领导的新四军在苏中、苏北站稳脚跟奠定了基础,对后来的整个华中战局和形势产生了重大而又深远的影响,并导致国民党政府在苏北的军事势力从此向劣势逐渐下滑。

为防止类似"黄桥事件"引起国共两党军队冲突的再度发生,以致影响整个抗日战局,蒋介石授意何应钦、白崇禧以国民政府军事委员会正、副参谋长的名义,于1940年10月19日向八路军正、副司令朱德、彭德怀令和新四军正、副军长叶挺、项英发出"皓电"④。

---

①　引自《新四军·文献》(1),中国人民解放军历史资料丛书编审委员会编,解放军出版社1994年3月版,第808—809页。
②　国民党当局称为"黄桥事件""苏北事件"或"黄桥事变"。
③　黄桥3个月后被日伪军攻占。
④　皓日是10月19日的韵目代号。

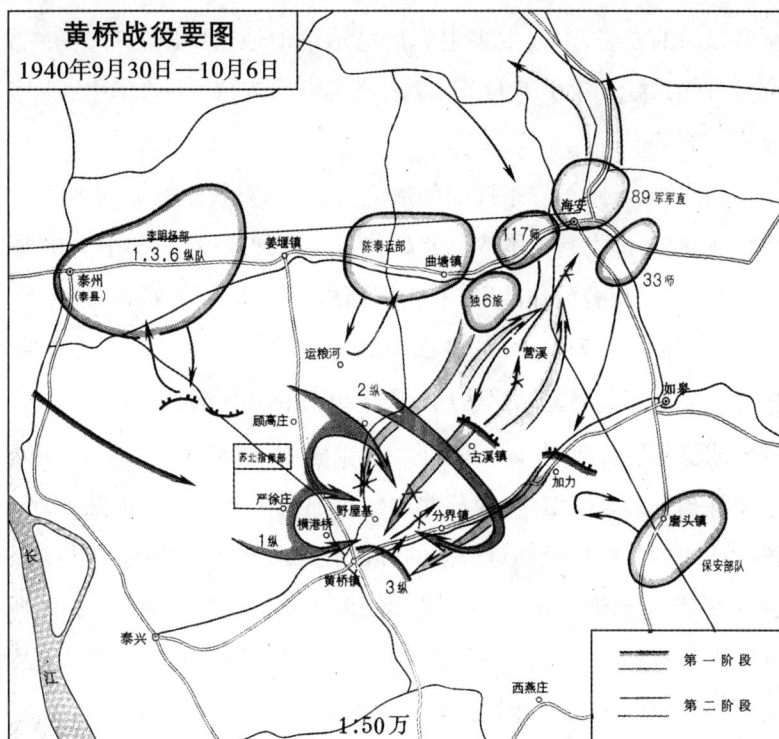

黄桥战役要图
1940年9月30日—10月6日

何应钦、白崇禧给朱德、彭德怀、叶挺、项英的"皓电"要求:限令黄河以南的新四军、八路军在一个月内全部撤到江北,可以说是国民党顽固派发出的第二次反共高潮的信号和动员令。同时,蒋介石又密令长江以北的汤恩伯、李仙洲、王仲廉、韩德勤等部的30万军队和长江以南第三战区司令长官顾祝同所部,进逼华中,准备向华中新四军和山东八路军进攻,还将原包围陕甘宁边区的军队增至40万人,对边区实行更加严密的封锁。

中共中央根据上述情况,从维护抗战大局出发,决定在皖南做出让步,答应将皖南新四军调离北移,在华中其他地区则采取坚决自卫,并于11月9日以朱德、彭德怀、叶挺、项英的名义复电何、白[①],表明了中国共产党及其领导的八路军、新四军,为顾全民族团结和坚持抗战的大局,准备将皖南新四

———————

① 史称"佳电",佳日是11月9日的韵目代号。

军部队移至长江以北。但为了确保苏北的良好态势和即将撤往江北新四军的安全及以后的发展,中共中央也先后电示华中地区所属各部,提高警惕,应付突发事件,并于1940年11月17日在苏北海安成立了"华中新四军、八路军总指挥部"。

华中新四军、八路军总指挥部的成立,使国民党顽固派更加不安。华中总指挥部成立后,即发起了围攻苏北韩德勤的曹甸战役,中共中央也电令总指挥部于"十天结束曹甸作战"。总指挥部成立不到一周,即制定了"歼灭韩主力"的战斗部署,并要求参战"各部于26日之前进入各自攻击准备位置"。总指挥部参战各部秘密集结完毕后,遂于29日拂晓发起总攻。

曹甸战役前后历时18天,共消灭顽固派军队8000余人,虽未攻下曹甸,却消灭了韩德勤的有生力量,使苏北顽军更加趋于劣势了。虽然如此,但曹甸战役和此前的黄桥战役却对后来的"皖南事变"也不无影响。早在黄桥战役后,陈毅一针见血地指出:"国民党顽固派要报复是肯定的,报复的地点在什么地方呢? 在延安,可能性不大,他们不敢;在皖南,可能性最大,因为敌强我弱。"对于陈毅的预言,时任国民党江苏省政府主席的王懋功于黄桥战役后的第九天即潜往皖南,与第三战区司令长官顾祝同密议,"布置皖南事变"。后来的结果证明,陈毅一语成谶,"皖南事变"在曹甸战役后的第20天即发生了。

12月8日,何应钦、白崇禧再次电令12月31日以前将长江以南之新四军全部开到长江以北,黄河以南之八路军全部开到黄河以北,华中新四军也要在1941年1月底全部开到黄河以北。在此严峻的形势之下,中共中央于11月7日向全党及其所属部队发出《关于反对投降、挽救时局的指示》,要求全党及其所属部队保持高度警惕,在政治上、军事上和组织上做好一切应变准备,指示皖南新四军部队迅速做好北移准备,要求华中和山东的新四军和八路军紧急动员起来,为坚持抗日阵地、打破顽固派的猖狂进攻而做好充分的准备。中共中央对皖南新四军的北移与安危尤为关注,并多次指示项英、叶挺等人务必于12月以前全部北移,并要提高警惕,做好自卫准备。

新四军军长叶挺、副军长项英、政治部主任袁国平、副参谋长周子昆等,在接到中共中央关于北移的再三电令后,一致赞同北移方针,并向中共表示正在积极筹备相关事宜。在北移的准备过程中,新四军政治部还在政治部主任袁国平的主持下,拟定了《向敌后进军宣传鼓动大纲》,并创作了由袁国平亲自作词,任光谱曲的《新四军东征歌》(即《别了,皖南》),对部队进行北移的动员教育,增强全体将士贯彻执行北移方针的自觉性。

八、喋血皖南

1940年11月下旬至12月初,驻皖南新四军直属后勤和教育训练等单位的非战斗人员约3000人,分三批奉命撤离云岭转移江北。其中,第一批约1000余人,在军需处长宋裕和、军政治部科长符确坚的率领下,于12月3日凌晨从云岭开拔;第二批约1500余人,在新四军教导总队训练处处长薛暮桥的带领下,于12月9日从云岭出发,14日抵达溧阳县水西镇;第三批有地方干部和警卫、勤务人员约100余人,在东南局副书记曾山的率领下,于12月18日安全到达溧阳县棠荫镇的新四军第2支队司令部。

第一批先遣队出发前,新四军军长叶挺、副军长项英、政治部主任袁国平和副参谋长周子昆也都前来送行。就这样,先遣队员们唱着《别了,皖南》,踏上了漫漫的北移之路。歌中唱道:

前进号响,大家准备好,

子弹上膛,刺刀出鞘。

三年的皖南,别了;

目标,扬子江头,淮河新道。

哪个来拦路,哪个被打倒!

冲过重重叠叠的封锁,

冲进日本鬼子的窠巢。

我们一定胜利,

我们一定达到目标![1]

---

① 这首歌曲的词作者为新四军政治部主任袁国平,谱曲者为音乐家任光。另有一首《别了,三年的皖南》,也是袁国平作词,谱曲则为音乐家毛中玉。

　　新四军副军长项英接到中共中央指示后,在北移时间和路线上顾虑重重,行动迟缓,致使北移时间一再推迟。中共中央再次致电新四军军部,要皖南新四军迅速北移,否则即有被消灭之危险,并希望皖南新四军在12月底前全部移动完毕;北移路线应由繁昌、铜陵直接渡江北上,或经苏南北移。项英等接电后仍是犹豫不决。12月下旬,第三战区司令长官顾祝同和第32集团军司令上官云相,根据蒋介石的密令,集结了第52师、108师、79师、144师、62师、40师和新7师等7个师,共8万余人,密布于皖南的泾县、太平县一带,对皖南新四军构成严密包围,准备向皖南新四军发起总攻,企图在新四军北移时予以围歼。

　　经中共中央一再催促,项英等决定皖南新四军于1941年1月4日开始北移,北移路线经过国民党驻有重兵的泾县、旌德、宁国,再迂回天目山到苏南地区。4日傍晚,新四军军部和老1团、新1团、老3团、新3团、5团、特务团及军部直属部队和机关共9000余人,分左、中、右3路纵队,冒雨从各驻地到云岭集结,开拔后向东南方向转移。北移编成情况如下:老1团、新1团编为第1纵队,是北移部队的前卫部队,傅秋涛任司令员兼政治委员,赵凌波①任副司令员,赵希仲②任参谋长,江渭清任政治部主任;老3团、新3团和军部机关编为第2纵队,随军部机关行动,护卫军部及其机关安全,周桂生任司

---

　　① 赵凌波,四川泸州人,早年参加川军,在随军与红四方面军作战被俘后加入红军,长征到达陕北后曾任红军师长和八路军副团长,1938年调入新四军,翌年5月接任赖传珠的新四军参谋处处长一职。他在"皖南事变"中被俘叛变后,还将新四军参谋处副处长赵希仲也拉水投敌。1941年8月,被任命为上饶集中营政治教官和"铜南繁泾滔靖指挥部"副专员。1942年5月,他受命化装到江北繁昌湖阳冲的新四军第7师第57团驻地侦察时被识破俘虏,旋在押送到第7师途中因企图逃跑而被押送人员击伤致死。

　　② 据童志强的《赵希仲其人》一文介绍,赵希仲亦名赵子章,1903年出生于陕西长安县狄寨乡下寨村,1925年毕业于西安省立第一中学,1926年考上黄埔军校第4期,毕业后分配到武汉中央农民运动讲习所任区队长并加入中国共产党。1935年加入红军,1938年冬任皖南新四军教导总队训练部部长、副总队长等职,事变前夕改任第1纵队参谋长。"皖南事变"中被国民党第108师俘虏,后在赵凌波的引诱下叛变并被第三战区委任为上饶集中营中校军事教官。1942年6月后,他曾多次逃跑,但均被敌人抓回,并一直关押狱中。日军投降后,赵希仲以政治犯在1946年初释放出狱。解放后,赵希仲回到甘肃老家,在隐瞒历史的情况下重新参加工作,任甘肃省农械厂秘书。1956年肃反运动期间,其叛党、叛变等问题暴露而被撤销职务,接受监督劳动改造。1968年8月,一说是7月23日,赵希仲在兰州投黄河自尽身亡。但自杀的具体原因说法不一。

令员,黄火星任政治委员,冯达飞任副司令员,谢忠良任参谋长,钟德胜任政治部主任;5团和特务团编为第3纵队,担任北移部队的后卫,张正坤任司令员,胡荣任政治委员,黄序周任参谋长,吴奚如任政治刘主任。

1941年1月4日,皖南新四军的《抗敌报》告别号上刊登了《临别之言》社论和叶挺、项英、袁国平、周子昆以军部名义合写的《告皖南同胞书》。当夜,皖南新四军军部及其所属部队,分3路纵队从茂林开拔。

别了,三年的皖南;

别了,皖南的父老乡亲!

皖南的新四军将士们,唱着歌曲,一步一回头地踏上北移的征途……

新四军军部的将士们在皖南生活了近3年时间,对这片热土有着深厚的情感,军长叶挺还写过一首诗来赞美云岭的风光:

> 云中美人雾里山,立马悬崖君试看。
>
> 千里江淮任驰骋,尽渡大江换人间。

曾经担任过项英的秘书、军部军法处科长的杨帆①,在《泣别云岭》中真切地写道:

> 金牌十二急相催,委曲求全泪暗挥。
>
> 辛苦投荒三载血,仓皇辞庙一心灰。
>
> 戎衣不择天涯路,战梦偏萦岭角梅。
>
> 水色缠绕山意懒,将军马上首频回。

新四军政治部主任袁国平,是一位多才多艺的宣传鼓动家,他在《进军敌后宣传鼓动大纲》中也写道:

> 前进号响了,

---

① 杨帆,也作扬帆。

大家准备好。

子弹要随时准备上膛，

刺刀要随时准备出鞘。

别了，

三年的皖南！

目标，向敌后抗战的大道。

顽固派滚开！

投降派打倒！

日本鬼子碰到了，

打完子弹拼刺刀。

不怕山又高，

不怕路又遥；

山高总没有雪山高，

路遥总不比长征遥。

敌后进军胜利了，

自由的中国在明朝！①

　　一阵阵激越的歌声此起彼伏，皖南的新四军健儿，在军长叶挺、副军长项英、政治部主任袁国平、副参谋长周子昆等的率领下，一步一回头地就道上路。但是，前方的路毕竟不平，山高路远沟深，千难万险还在前面等待着他们……

　　1941年1月4日，北移的皖南新四军各纵队陆续抵达青弋江畔。这支人马分左、中、右三路从章家渡涉过青弋江后，准备绕道茂林，经宁国、广德、郎溪进入苏南，再从苏南渡江北上。但是，万万也未想到，他们的行程刚刚开始，就面临着全军覆没的深渊——

　　皖南新四军部队北移时，共编为3个行军纵队，第3支队第5团担任军部后卫，直接归军部指挥，任务是随时准备迎击军部的尾随之敌，确保军部

_____

　　①　在"皖南事变"中牺牲的还有两位音乐家——任光、毛中玉，这两人都曾为这首歌谱过曲，歌词内容则大同小异。

后翼之安全。5日,部队冒着风雨在章家渡涉水过青弋江;下午,第1纵队按原订计划抵达大康,第2纵队抵达凤村、茂林,第3纵队抵达小河口、铜山一带。6日下午,军部在潘村召开紧急会议,决定按原计划行动,1纵由大康出裘岭,2纵由濂坑出丕岭,3纵由铜山向出高岭,并约定翌日中午到达丕岭东南的星潭会合。是日黄昏,各路纵队按计划开始向星潭、榔桥方向进发。是夜,异常寒冷的天上下着大雨,新四军将士在崎岖的山路上艰难地行进,而国民党军第40师、52师等部却在前面窥视,第144师、108师也紧跟在新四军的后面。

逶迤的山峰,茂密的山林,蜿蜒的山道;

霏霏的阴雨,扑面的寒风,密布的阴霾。

皖南新四军北移队伍在茂密的山林中行进着。

山高路远,大雨如注。7日拂晓,正在行进的新四军3路纵队都遭到了国民党军队的突然袭击。第2纵队由茂林向南入濂坑到达丕岭,国民党顽军第40师突然向新四军侦察部队开火,这就是顽固派在皖南茂林打响的反共反人民的第一枪!

枪声从前面的丕岭山头传了过来——这不祥而又罪恶的枪声,正是"皖南事变"上演的开端,悲剧从此也拉开了历史的帷幕——

原来,皖南新四军的前头部队突遭国民党军第40师、52师的拦阻;反动顽军7个师、8万多兵力正向仅有9000余人的新四军恶狠狠地扑来。

当得知是前面向新四军开枪的竟是国民党第三战区的部队时,一向从容镇定的叶挺军长不禁义愤填膺。他疾步走上了紧靠身边的一块巨石,向下面的新四军指战员们发出了战斗的号令:

"同志们! 我们必须冲出去! 为了抗战,我们赴汤蹈火在所不辞! ……我叶挺誓与大家同生死,共存亡!"

"冲出去,打倒反动派!"

"冲出去,去打日本鬼子!"

山谷里顿时响起了气壮山河的回响。面对迎面而来的突袭,新四军将士被迫拿起手中的武器,奋起自卫。

　　冲过重重叠叠的封锁，

　　冲进日本鬼子的窠巢，

　　我们一定胜利！

　　我们一定达到目标！

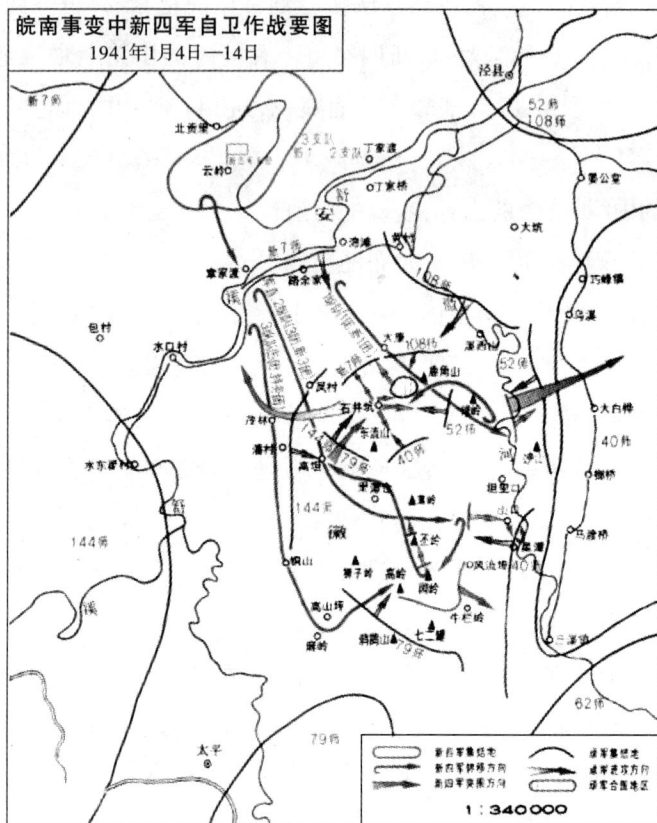

皖南事变中新四军自卫作战要图
1941年1月4日—14日

1:340000

　　音乐家任光手中没有枪，但他却唱起了他所谱的新歌，鼓舞新四军的健儿勇敢地冲向敌人，奋力突围。

　　悲风号角，枪炮雷鸣，汇成一曲悲壮的交响乐，在茂林的山野里回响缭绕……但不幸的是，无数新四军战士在敌人的枪声中接连倒下了，《新四军东进歌》的作者、音乐家任光的最后号角，也成了他的葬礼进行曲！

　　7日下午，新四军军部在距星潭不远的百户坑召开紧急会议，决定后撤改向太平方向突围。当晚，上官云相下达向皖南新四军总攻的命令，各路顽军一齐向皖南新四军推进合击。

8 日,顽军第 144 师由茂林向南推进,包围圈也一步一步缩小,并将军部和第 1 纵队堵在濂坑一带。当晚,新四军军部在里潭召开会议,决定第 2 纵队和军部向茂林方向突围,翌日凌晨打到高坦时却被顽军第 144 师截堵围住。

战至 9 日凌晨,新四军副军长项英、政治部主任袁国平、副参谋长周子昆等擅自带领小部武装试图突围,离队出走,放弃了对部队的指挥。当晚,叶挺决定指挥部队翻过东流山,进入仅有百余户人家的石井坑小山村,并将军部设于大园里的一座民房里,继续指挥部队战斗。战斗中,军长叶挺致电中共中央并表示:"我为全体安全,决维持到底""上下一致,决打到最后一人一枪"。

10 日,新四军各部先后到达石井坑,此时尚有 5000 余人,项英、袁国平、周子昆等因突围未成也陆续归队。

11 日,新四军继续坚守石井坑,在西边的东流山和东北的高山阵地上与顽军展开殊死的拼搏,并打退了敌人的多次进攻。

12 日,中共中央电示正在突围的新四军军部:"一切军事、政治行动均由叶军长、饶漱石二人负总责。"与此同时,叶挺命令傅秋涛率领的第 1 纵队坚守裘岭一带,掩护军部及第 2、3 纵队突围。

延至 14 日,叶挺率新四军军部机关突围至茂林西坑。这时,中共中央东南局副书记饶漱石,提议军长叶挺下山与国民党军队谈判,致使叶挺在带少数随从到国民党军第 108 师谈判、在从敌 108 师转到第 52 师师部后被扣,被押在大康村的一座"大夫第"中。

叶挺被扣后,国民党顽军又于 1 月 14 日晚向坚守在西坑的新四军余部发起了总攻,新四军将士在弹尽粮绝时四散突围。

孤军奋战,浴血拼搏,弹尽粮绝;

英勇壮烈,感天动地,人神共愤!

1941 年 1 月 14 日,在这个阴霾密布的寒冷之日,悲剧告终。从 1 月 7 日到 1 月 14 日,9000 多名新四军将士与 8 万多国民党顽军在茂林展开了生死搏斗,除 2000 余人幸得突围外,数千名新四军将士倒在顽军的枪口之下;这些优秀的中华儿女,没有倒在日寇的枪口之下,却含恨长眠于茂林的山谷野地;数千名正要奔赴前线的新四军热血健儿,没有来得及走上抗日的战场,却含冤被囚押进了黑暗的牢房……

同室操戈,致使亲者痛仇者快;千古奇冤,难让生者安死者眠!

在抗日战争的紧要关头,国民党顽固派蓄意制造的"皖南事变",引起了海内外关注中国抗战事业的人士无比的震惊!

皖南9000名新四军将士,在茂林与国民党顽军7个师、8万余军队奋战了整整7个昼夜,最后弹尽粮绝,3000余名将士壮烈牺牲,近5000人被俘(其中有600余名干部)并被关入上饶集中营,仅傅秋涛、黄火星、江渭清等率领约2000人突围。军长叶挺在下山与国民党军谈判时被扣押,副军长项英、政治部主任袁国平、副参谋长周子昆、第2纵队司令员周桂生、第3纵队政委胡荣等,皆在战斗中牺牲或遇难;第3纵队司令员张正坤、军政治部秘书长黄诚、军政治部组织部长李子芳、第2纵队副司令员冯达飞等,被俘后皆被害遇难。

皖南事变中的新四军

这便是国民党顽固派制造的"皖南事变"!

一月的鲜花洒遍了皖南,
雪花掩盖着战士的鲜血。
为了向敌寇心脏进攻,
我们曾顽强地战斗不歇。

沉重的锁链,已拖了一年,

我们天天在熬煎痛苦中

为了民族的生存和自由,

我们在受尽那无情的皮鞭!①

"小小泾县城,大大茂林镇",这是皖南千年来所留传的一句古老的俗语。但不管这大大小小,都无法掩饰国民党顽固派残害新四军的滔天罪恶,更无法表达新四军将士抗日的爱国情怀和不屈的英雄意志。

泾县皖南事变死难烈士纪念碑(苏克勤/摄)

皖南泾县茂林,无数新四军将士的鲜血洒在了这里,无数新四军将士的遗体也安葬于此,为这浓密的茂林增添了精神和魂魄。

九、皖南挽歌

(一)"皖南三英"

1941 年 1 月 9 日,项英在空中电讯中得知国民党已下了在 12 小时内聚

---

① 引自《五月的鲜花》。

歼皖南的新四军命令的情报后，即与身边的袁国平、周子昆等相商，决定一面派军部参谋叶超去找军长叶挺，一面分头布置突围工作。但是，叶超去后一直未回，再加上时间紧迫，项英、袁国平、周子昆便趁着夜晚天黑带着少数随从悄然出走，试图突围。翌日，叶挺在得知项英、袁国平、周子昆等离队出走后，即致电中共中央、毛泽东和中原局刘少奇。项、袁、周等突围未果，在遇到第五团官兵时便一起返回了军部。回军部后，项英致电中央对自己的行为作了检讨，并称自己"此次行动甚坏，以候中央处罚。我坚决与部队共存亡"。项英、袁国平、周子昆三人回到军部临时指挥所与叶挺相会后，都对自己离队出走表示出深深的悔意。特别是对新四军负有重要领导责任的项英，表示愿意接受党中央的最严厉处分。《回顾新四军军部》一书中有段叙述，兹引之如下：

　　谢忠良、张益平突围后和项英、周子昆在一起活动，据原军部侦察科长谢忠良在《沉痛的回忆》一文中有以下叙述："在突出重围遇见项英、周子昆后，项英拉着我的手，头一句话就说：'新四军这次失败，我要负主要责任的，把你们搞成这个样子。'周子昆也插话说：'我也有责任。'项英又说：'将来到延安以后，我会向中央检讨自己的错误的，不管指责我是什么主义，我都接受。'据张益平（1934 年参加工农红军，皖变时是军部侦察排长）说："项英因自己的错误给革命造成严重损失，非常痛心，多次自责。有一次在党小组会上，他沉痛地流泪说：'我们要团结，同生共死。我们突围出去到无为就好了。这一次失败的损失，不能怪老叶（挺），主要由我负责。到延安后，中央给任何处分我都接受。'"①

　　1 月 12 日，中共中央致电新四军军部："一、中央决定一切军事、政治行动均由叶军长、饶漱石二人负责，一切行动决心由叶军长下。项英同志随军行动北上。二、中央此决定向部队干部宣布。"是日，中共中央再次致电叶、饶："如有可能，似以突围出去分批东进或北进（指定目标，分作几个支队分道前进，不限时间，以保存实力达到任务为原则）为有利，望考虑决定为盼。

---

　　① 转引自《回顾新四军军部》，北京新四军暨华中抗日根据地研究会军部分会编，解放军出版社 2012 年 8 月版，第 270 页。

因在重庆交涉恐靠不住,同时应注意与包围部队首长谈判。"

1月13日,叶挺派军部敌工部部长林植夫到国民党军第108师谈判被扣。是日下午,在石井坑敌我双方的激战中,袁国平身负4处枪伤,倒在血泊中不能行走,战士们只得抬着他突围。为了方便其他同志的突围,他对身边的同志们说:"你们走你们的,赶快突围出去,不要管我了。"在打得只剩最后一颗子弹时,他也不愿当俘虏,毅然向自己的头颅扣动了扳机,饮弹壮烈牺牲。这时,新四军队伍被打散,项英、周子昆也与叶挺等人失散。

袁国平,原名袁幻成,后易名袁裕,因钟爱夫人邱一涵而取字醉涵。1906年(清光绪三十二年)5月26日生于湖南省宝庆县袁家台村,1922年在湖南省立第一师范读书期间开始领导学生运动,1925年10月考入黄埔军校,同年加入中国共产党,先后参加过北伐战争、南昌起义、广州起义。1927年后历任工农红军师党代表、军政治部主任、军团政治部主任兼政治委员等职,并曾当选为中华苏维埃第二届中央执行委员会委员,参加中央苏区反"围剿"斗争和长征。红军到达陕北后,任西北革命军事委员会后方政治部主任、红军学校政治委员、抗日军政大学第二分校政治委员。新四军组建后,他被任命为军政治部主任、中共中央东南分局委员、中央军委新四军分会委员兼新四军教导总队政治委员,对新四军政治工作的建立和加强以及干部的培养做出了积极的贡献。1955年6月19日,人民政府将他的遗体移葬在南京城南雨花台望江矶,与项英、周子昆二人的墓毗邻,现称"皖南三烈士墓"。

袁国平的夫人邱一涵,原名邱信贞,曾用名李晏温,1907年12月27日生于平江县芦洞乡丁家源,1926年参加革命,1929年与袁国平结为夫妻,1930年加入中国共产党,后历任红三军团政治部青年干事、万载县委书记、湘赣省委妇女部长、红大政治教员、中共陇东特委妇女部长、抗大总校副主任教员、新四军教总队宣传科长、组织科长、华中局后方政治部干部科科长、抗大4分校组织科长和政治部主任、华中雪枫大学政治部主任、华东军政大学政治部主任等职。她还参加过中央苏区历次反"围剿"斗争和长征,称得上是一位对革命有很大贡献的女革命家。新四军组建后,袁国平、邱一涵被中共中央派到皖南,夫妇感情甚笃,互敬互爱,互助互谅,为全军指战员树立了光辉的榜样,并在1940年新四军全军纪念三八妇女节大会上被评为"模范夫妇"。"皖南事变"前夕,邱一涵因事先随宋裕和、汤光恢等所率的先遣团过江而幸免于难。中华人民共和国成立后,她先后担任中共南京市学区党委书记、市委常委兼组织部部长、市人事局局长、中央妇女委员会委员、华东妇联主任、上海市妇委书记、中共江苏省委兼江苏省纪委书记、监委书记、省政府监委主任、华东行政委员会监察委员等职。1956 年 11 月 2 日,邱一涵因病逝于南京,一双子女将母亲与父亲袁国平安葬在一起。

周子昆,原名周维宽,字仲和,1910 年(清光绪二年)生于广西桂林。1920 年参加桂军,1925 年参加孙中山的"建国陆海军大元帅府铁甲队",同年 10 月加入中国共产党。北伐战争期间,他在叶挺的独立团担任排长,参加过汀泗桥、贺胜桥等著名战役,屡立战功,后升为连长、教导大队大队长、营长等职。1927 年 8 月 1 日参加南昌起义,翌年随朱德等参加湘南暴动,后又随朱德、陈毅上井冈山,并历任红军团长、师长、军参谋长、军长、军团参谋长、江西军区参谋长和福建军区司令员兼红军第 34 师师长、军委第一局局长,参加历次反"围剿"斗争和长征。新四军组建后,周子昆被任命为新四军副参谋长兼教导总队总队长,组织部队奔向敌后抗日前线。他重视司令部机关建设,亲自编写军事教材和授课,曾两次主持召开新四军参谋工作会议,并协助叶挺指挥了 1940 年的春、秋两季反"扫荡"并取得胜利,1941 年 3 月 14 日凌晨与项英一同被叛徒刘厚总杀害。

袁国平牺牲的第二天,叶挺下山谈判被扣,项英、周子昆率队突围侥幸得脱,并与突围出去的数十位同志一起隐藏在泾县赤坑山蜜蜂洞中。不幸的是,3 月 14 日夜,项英、周子昆却被军部副官刘厚总①杀害。1955 年 6 月

---

①　刘厚总,1904 年生于湖南省耒阳县江头乡曾家冲,早年在家乡以挖煤为生,后参加中共领导的耒阳赤卫队,先后任班长、中队长、大队长等职,以枪法出众闻名。1932 年,他经邵宗海等介绍加入中国共产党,成为耒阳地区三年游击战争负责人。新四军组建时,耒阳游击队改编为新四军特务营第五连,刘厚总任副营长。1938 年 5 月底入延安抗大学习,因生活不惯而退学,回新四军后改入军部教导总队学习,结业后分配到新四军军部副官处任副官。"皖南事变"期间,他在杀害项英、周子昆后投靠了国民党。但国民党军队和政府对他均不信任,因生活无着,只得于 1948 年 5 月 10 日给蒋介石写信以求救济。此信现存于中国第二历史档案馆。关于刘厚总的最后结局,社会上众说不一,但主要有二种:一说是他在 1952 年被江西省新余县政府镇压,一说是他在 1949 年 11 月随国民党溃军撤退时死于乱军当中。

19日,项英、周子昆的遗体被移葬在南京城南雨花台望江矶公墓,与袁国平烈士墓毗邻。

关于项、周二人被害的经过,兹引《回顾新四军军部》如下:

据李志高、谢忠良二人在突围皖北后,给刘少奇写的关于项英、周子昆被害的专报中说:"皖南失败后,职率干部及士兵二十余人,坚决护卫项、周,在艰难严重的环境下,业经两月。不幸在3月12日夜,在茂林东南约三十里之廉坑蜜蜂洞,突被项相信之副官刘厚总(与项同住一洞,我在相隔一里处警戒)所枪杀,项、周及卫士当场毙命,并将项、周身上之款四万余元,金子一斤,全数劫抢,带驳壳枪二支,手枪三支,向太平方向逃走。"①

以上是新四军司令部作战科科长李志高②、侦察科长谢忠良在事变突围并安全抵达江北新四军第七师后向刘少奇写的专报,时间为4月份。李、谢在专报中述及项英、周子昆被害一事大致不差,只是因为他们躲藏于山中两月有余,故时间上略有出入,并将项英、周子昆牺牲的时间误记为"3月12日"。此外,李、谢所述陪伴在项英、周子昆身边的卫士黄诚也有出入。当时,因刘厚总的枪法出众,故项英让他替代自己的卫士夏冬青,而周子昆身边的卫士也叫黄诚③,刘厚总先将项英打死,后又向周子昆开枪,接着见黄诚

---

①　转引自《回顾新四军军部》,北京新四军暨华中抗日根据地研究会军部分会编,解放军出版社2012年8月版,第269页。

②　李志高,湖南省平江县人,1929年参加红军,曾参加中央苏区反"围剿"斗争和长征。文武兼资,以才而深得叶挺、项英等人器重,曾任新四军侦察科长、作战科长等职。"皖南事变"中,他与谢忠良、张益平、郑德胜、夏冬青、李元等同志历经千辛万苦,最后终于抵达江北新四军第七师,并被任命为七师参谋长。后有人告发李、谢二人与叶挺被俘有关,新四军军部为甄别敌我而成立审查委员会,对从皖南来的新四军指战员进行调查,军部锄奸部门为此还专派负责同志前往七师调查,并对李、谢二人先行关押。审查期间,李志高思想不通并产生抵触情绪,遂于1942年1月13日的"皖南事变"周年之际自杀身亡,年仅28岁。当时,有关部门也已调查证明,李、谢二人确非内奸,且与叶挺被俘也无关系,但李志高此时业已身死,无可挽回,遂铸成大错,成为冤案。对此,刘少奇等新四军领导还带头作自我检讨,并为李志高平反昭雪,恢复名誉。详见《云岭》第32期中杨刚所撰《李志高受屈始末》一文。此外,时任新四军参谋长的赖传珠在其日记中对此事也有详细的记载。

③　此黄诚与新四军政治部秘书长黄诚同姓同名,并非一人。

醒来摸枪便顺手也向他开了两枪。项、周二人当场牺牲,黄诚中枪后昏迷却并未牺牲。刘厚总走后的第二天,在山下另一山洞里躲藏的李志高、谢忠良等人到蜜蜂洞看望项英、周子昆时,但见项、周均已牺牲,只得将他们草草安葬,之后便抬着尚有气息的黄诚转移到数十里外的铜山隐蔽下来。后来,李、谢等人辗转到了江北,而黄诚在伤好以后,则与军部工兵连副连长刘奎等人一起,仍坚守于皖南地区坚持斗争。

(二)江南挽歌

"皖南事变"中,除新四军军长叶挺下山谈判被扣,袁国平壮烈牺牲,项英、周子昆被叛徒杀害遇难外,在事变(包括上饶集中营)中尚有 19 名团、科以上干部先后牺牲或被国民党顽固派杀害。据《回顾新四军军部》一书统计,这些团、科级以上干部是:李子芳、朱镜我、黄诚、杨志华、陈惠、雷耿、王怀生、徐赞辉、林高峰、周桂生、冯达飞、杜剑秋、张正坤、胡荣、项永章、肖正冈、徐锦树、林开凤、任光等人。①

李子芳,福建晋江人,1931 年参加反帝大同盟和革命互济会,翌年参加红军,1933 年 4 月加入中国共产党,历任红四军政治部组织干部、红一军团政治部组织部长等职,参加中央苏区反"围剿"斗争和长征。1941 年调任新四军政治部组织部部长,参与新四军的组建。"皖南事变"时,他因病行动不便而被俘。入狱之后,他坚贞不屈,写下了"铁军战士不弯腰,岂能怕死去求饶。人生百年终一死,留得青山上云霄"的动人诗章。此外,他还与军政治部秘书长黄诚等建立了狱中秘密党支部并任支部书记,领导被俘的新四军指战员同国民党顽固派进行顽强的斗争。1942 年 4 月 23 日被国民党特务下毒后又秘密勒死遇难。

黄诚,河北省安次县人,1935 年在清华大学读书期间参加"一二·九"运动,翌年秘密加入中国共产主义青年团,同年转为中国共产党党员,曾担任北平学联主席和学联党团书记,是北平学生运动的领导人之一。1937 年 1 月被反动军警逮捕入狱,出狱后继续领导学生运动。抗战爆发后,他奉命南

① 引自《回顾新四军军部》,北京新四军暨华中抗日根据地研究会军部分会编,解放军出版社 2012 年 8 月版,第 269 页。

下并担任第七战区中共特别支部书记,率青年学生宣传队抵达皖南岩寺,举办青年训练班,1938 年任中共皖南特委部长,是年秋又奉调为新四军政治部任秘书长,协助袁国平、邓子恢等开展政治组织工作,1939 年当选为新四军出席党的七大代表,"皖南事变"中被俘后囚禁于上饶集中营和石底监狱,并担任狱中秘密支部副书记,同国民党反动派进行了坚强不屈的斗争,1942 年 4 月 23 日与李子芳等同时被难。

张正坤,原名张乐典,1899 年(清光绪二十五年)出生于湖南浏阳,1925 年加入中国共产党,1929 年参加红军,曾任湘鄂赣红军独立第 1 师 3 营营长、红 19 军第 156 团团长、红 6 军团第 18 师师长兼政委,参加中央苏区反"围剿"斗争和长征。抗战爆发后,任湘鄂赣人民抗日红军游击队支队副司令员,后改任新四军第 1 支队第 2 团团长,后任第 1 支队任参谋长、皖南第 3 纵队司令员,"皖南事变"中被俘后,在上饶集中营狱中继续坚持斗争,并组织越狱暴动,1941 年秋在七峰岩被国民党反动派杀害。

冯达飞,1899 年(清光绪二十五年)出生于广东连县(今连州市),毕业于黄埔军校第一期,翌年加入中国共产党,后被党组织派往苏联留学。1928 年奉命回国并赴南宁从事地下工作,翌年参加百色起义并任红 7 军营长、第 2 纵队司令员等职。1930 年任红 7 军第 20 师第 58 团团长,随部转战到中央苏区后任红军大学 4 分校校长、独立师师长、红 8 军代理军长等职。长征结束后任抗日军政大学第 4 大队大队长。新四军组建后,奉调担任军教导总队任教育长。"皖南事变"前夕被任命为第 2 纵队副司令员,在事变突围时被捕,1942 年 6 月 8 日在上饶集中营的茅家岭惨遭杀害。

朱镜我,浙江鄞县(宁波市鄞州区)人,1927 年毕业于日本帝国大学,1928 年 5 月在上海加入中国共产党,1930 年春参加发起筹建中国社会科学家联盟并任党团书记,后任江苏省委、上海局宣传部长等职。1935 年 2 月在上海被捕,在狱中坚贞不屈,大义凛然。1937 年抗战爆发后出狱,1938 年秋任新四军政治部宣传部部长兼军部《抗敌》杂志主编,"皖南事变"中因病行动不便,后因突围无望为不拖累其他同志毅然纵身跳崖,壮烈牺牲。

任光,杰出的音乐家,1900 年(清光绪二十六年)生于浙江省嵊县(今嵊州市),1917 年入上海震旦大学读书,1919 年赴法勤工俭学,1928 年回国后任上海百代唱片公司音乐部主任,参加中国左翼文化总同盟、中国电影文化协会等进步文化团体,创作了《渔光曲》《打回老家去》《抗敌歌》等著名歌曲。抗战爆发后,他前往法国、新加坡等地,积极宣传中国的抗战斗争。1940年7月9日,叶挺偕夫人李秀文同袁国平、饶漱石、钱俊瑞等由重庆回皖南,任光与徐韧一同参加新四军并担任军部秘书,后谱有《新四军东进曲》(又名《别了,三年的皖南》)等,在"皖南事变"中英勇牺牲。他的夫人徐瑞芳在事变中被俘并被关入上饶集中营,后被敌人杀害①。叶挺在《囚语》中曾这样痛悼任光、徐韧夫妇:"挚友任光,为中国音乐名家,《渔光曲》《王老五》等均其杰作,随我至军中后,新作甚多,别有风格,对群众心理及大众化问题均深切明朗,军中均以'王老五'呼之,此次率其新爱伴随余行军,备受危苦。10日晨在高坦乡,正值激战中,教导队奉我令加入前线作战。我作简短演说后,群情激动,任君即指挥唱其新歌《东进曲》,与四周机关枪及手榴弹声融成最伟大战斗交响曲。及是夜,全军转移至拾锦(石井)坑,沿途数遭机关枪扫射。任君夫妇在余后被截击,落荒逃至一民家。翌日(11日)晨,余知之,使人觅之归。观其狼狈困惫之状,深恸民族天才随余受难,惭感无已。及12日,终日重围苦战中,情况万分紧张,余忙迫无暇关照其夫妇。入夜,四面燎火漫烧,曳光弹如萤箭四面飞来,侧后方阵线已为击破。余等已不得不移动,见余侧数尺伏卧人堆中,忽有两人辗转地上,在激战声中不能闻其哀号。有人高呼:'王老五'受伤了!余近视之,知其重伤在腹部,时萤箭蝗飞,余心痛如割,无语足以慰之,无法足以助之。及后闻战士言,'王老五'老婆亦受伤了。任君夫妇当作同命鸳鸯矣。悲乎!愿后世有音乐家为我作一哀歌以吊之。"可以说,叶挺、徐韧都是音乐家任光的真正知音。

在"皖南事变"中壮烈牺牲的还有另外一位音乐家,云岭人都亲切地呼

---

① 徐瑞芳,南洋华侨,聪明美丽,曾就读于上海同济大学医科,爱好文学和音乐。抗战爆发后,她从昆明辗转到了重庆,希望投军杀敌,并在重庆通过八路军办事处找到前往重庆办事的袁国平,并与袁国平一道来到皖南云岭,成了一名光荣的新四军战士。徐瑞芳与任光一见钟情,并在叶挺的主持下结为夫妇。任光牺牲后,徐瑞芳在事变中被俘,改名徐韧。在上饶集中营期间,她始终坚贞不屈,多次拒绝反动派的威胁利诱。赤石暴动后的1942年6月20日下午,徐韧与李捷、杨瑞年、瞿淑等7位新四军女战士被国民党反动派杀害。

他为"阿毛哥",他就是浙江宁波人毛中玉。毛中玉在生命的最后还声色俱厉地怒斥敌人:

　　你们这群无耻的民族败类!不去打日本鬼子,却来屠杀抗战有功的新四军,天理难容!天理难容! ……我没战死在日本鬼子手里,却死在你们这些民族败类、历史罪人的手里! ……历史会找你们清算这笔帐的……①

　　被誉为"音乐天才"的毛中玉,是军教总队的文化教员,能歌善画,很讨人喜欢。他在事变中负伤不能行动,他的妹妹毛薇卿也在此次突围中负伤,最后侥幸安全突围出去。面对前来搜身的敌人,他大义凛然,怒骂不绝,最后竟被敌人用刺刀刺死。这位有志于写《战斗交响曲》和《英雄赞歌》的青年音乐家就这样在风华正茂时被敌人残酷地杀害了,牺牲时年仅23岁,他用自己的鲜血,谱写出了他生命中最后一部震撼人心的辉煌杰作!

十、狱中斗争

(一)囚徒情怀

　　"皖南事变"期间,新四军军长叶挺于1941年1月14日到国民党军第108师谈判时被扣押。不久,叶挺即被转送到上饶第三战区司令长官部,先是单独关押在集中营七峰岩的一座旧庙之中,后又送到第三战区司令长官部所在地李村软禁。蒋介石还特地授意第三战区司令长官顾祝同,以保定陆军军官学校同学的名义,以第三战区副司令长官的职衔作为诱饵,企图让叶挺屈服,却为他所坚拒。上官云相也以老同学的身份前来劝降,但叶挺始终不为所动,上官云相见叶挺大义凛然,誓死不屈,只好叹气作罢。原新四军参谋处处长赵凌波在"皖南事变"中被俘,叛变后当了上饶集中营的政治教官,也前来劝说昔日的老上级,但叶挺丝毫不留情面,将赵凌波臭骂了一通,骂完后随手又拿起案上的香炉向赵掷去,吓得赵凌波仓皇逃出了门外。

---

①　引自《云岭交响曲》,邵凯生著,解放军文艺出版社1997年9月版,第366页。

在被软禁上饶李村的日子里,叶挺在囚室的墙上还写下了"富贵不能淫,威武不能屈! 正气压邪气,不变应万变! 坐牢三个月,胜读十年书。三军可夺帅,匹夫不可夺志!"的豪言壮语,借以表现和激励自己坚持"把牢底坐穿"的磐石信念。

1941年2月12日,正是"皖南事变"满月之期,叶挺在囚室中还给蒋介石写了一封快电,"一述其志"。他在电文中写道:

请即遵钧令交军法审判,并在上饶组织军事法庭,立付判决,并以明令公布,以免周折迟延。二、恳准判挺以死刑,而将所部被停干部不问党籍何属,概予释放,复其自由。彼辈在此次意外行动中,概奉命而行,无责可言,且其党籍问题在挺部合法存在之日,不属违法。在事败被停之后,假若横加追究,备受折腾,于法于理于情,均欠恰当。挺闻之,凡自爱其人格者,必能尊重人之人格,宝贵自己之政治节操者,必能尊重他人之政治节操,今委座方以尊重道义节操人格为天下倡,且执政党以宽大为群伦楷模,则挺愿以一死为部曲赎命。三、或判挺以无期徒刑,并准所部少数高级干部伴随禁锢,其余概行释放。……从此长隐于牢狱以研读终其残年,……若准予前者,挺当从容引颈就戮,必无悔;若准予后者,尚望明令宣判后移渝执行。①

当叶挺得知隔壁被关的是新四军政治部组织部长李子芳、政治部秘书长黄诚和敌工部部长林植夫等人,且他们都有病在身时,即以自己有病为由,让顾祝同将关在别处的新四军军医处副处长王聿先要到身边,让他首先为黄诚等人治病。此外,他还卖掉了随身多年的相机等用品,想方设法买来食品,转送给隔壁的李子芳、黄诚、林植夫、张正坤等战友们。

1941年7月,叶挺被转押到广西桂林军统局办事处,送进七里岩一个山洞囚禁。翌年1月,叶挺复被移送到重庆林森路望龙门22号关押。5月12日晚,蒋介石亲见叶挺,并劝说要他服从自己,自然会给他一个美好的前程,但叶挺就是不肯答应,并坚决要求"愿以一死为部曲赎命","窃念个人之操

---

① 转引自《新四军抗战实录》,姜遵五编著,厦门大学出版社1995年7月版,第210页。

守,亦有至死不变者在",并庄严地声明:"挺不愿苟且偷生,以玷前修,愿保
其真情而入地狱。"国民党第六战区司长长官陈诚,也先后两次以保定陆军
军官学校同学的身份,劝其出任第六战区副司令长官,但均被叶挺所拒。蒋
介石见叶挺"毫不识相",于是就命特务将他移送到重庆白公馆和歌乐山下
"中美特种技术合作所"的红炉厂关押起来。

　　自"皖南事变"被扣押后,叶挺便一直留须明志,并在《囚语》中豪迈地写
道:"我已发愿,我一日不得自由,必不理发剃须,这是我的自由。""我今幸为
囚徒,为人生所难逢的境遇。须发蓬蓬,是囚徒的本色,为什么不保持这个
本色呢?"1942年11月21日,囚禁于中美合作所的红炉厂的叶挺还自谑为
"六面碰壁居士",并在囚室的墙壁上还题写了一首自由体诗《囚歌》,借以明
志,此诗后来经前来探监的夫人李秀文转交给了郭沫若。诗云:

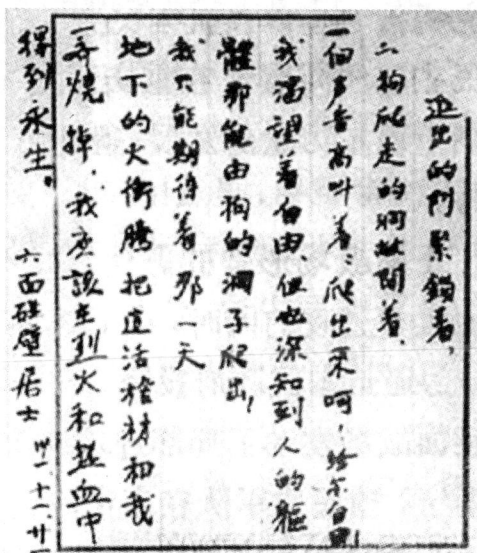

叶挺的《囚歌》手迹

为人进出的门紧锁着,
为狗爬走的洞敞开着,
一个声音高叫着:
爬出来呵,给尔自由!
我渴望着自由,

但也深知到（道）——

人的躯体那（哪）能由狗的洞子爬出！

我只能期待着，

那一天——

地下的火冲腾，

把这活棺材和我一齐烧掉，

我应该在烈火和热血中得到永生！

——六面碰壁居士，四二、十一、廿一

叶挺这首《囚歌》，情真意切，振聋发聩，既是他人格魅力的充分体现，也是新四军将士英勇不屈的豪迈誓言。1941 年 1 月 21 日，叶挺在被软禁室里还写有《囚语》一文。他在文中以备尝艰难的亲身经历，回顾了新四军建军前后的光辉历程，抒发了对蓄意制造"皖南事变"凶手的强烈愤慨，对在事变中的死难者表示了深切的哀悼，表达了新四军将士宁死不屈的坚强决心，真切地记录了新四军将士英勇抗战的英雄主义精神和威武不屈的大无畏气概，并对新四军将士在"皖南事变"前后的表现也予以高度的评价，此书还以其独特的视角及真实性，从而成为新四军将士积极抗战的一部史录。他在文中写道："由重围苦战流血的战场，又自动投入另一个心灵苦斗的战场了，后者比前者令人提心吊胆更加几倍。一个人，当可能到达他生命最后一程的时候，他的感情与理智，或感情与感情，或理智与理智（意识），一切矛盾是最容易一齐表现在他的心头激烈争斗着，比血的战场还要利（厉害）。他需要眼泪，好似后者需要血一样，这不是女人、懦夫的眼泪，是壮士哭战友的眼泪。他需要狂歌，需要狂笑，最后一个意识，一个感情战胜一切了，他会发出凯旋的微笑。"[①]

为了防止叶挺在重庆与外界联系和影响扩大，国民党第六战区司令长官的陈诚也顾念保定陆军军官学校的同学之谊，邀叶挺到自己的战区担任高级参议。为此，他还面陈蒋介石，让叶挺到第六战区休养，并答应叶挺不

---

① 转引自《云岭交响曲》，邵凯生著，解放军文艺出版社 1997 年 9 月版，第 286—287 页。

与任何军政机关和人员发生关系,不挂任何职务,平时只与夫人李秀文和孩子们生活在一起,不涉入任何外面的应酬场所。1942年12月中旬,叶挺在军统特务的"护送"下来到了陈诚的第六战区驻地——湖北恩施。翌年5月,侵华日军大举进犯鄂西,时在重庆的周恩来,让新闻记者陆诒借采访之机,利用自己的特殊身份,向战区司令长官陈诚提出面见叶挺。陆诒见到叶挺后,向他转达了中共中央和周恩来对他的慰问和信任,希望叶挺时刻要以民族的抗日大局和中国人民的解放事业为重,保养好自己的身体,并转告他一定要相信中共中央有能力为他争得自由,争取早日将他营救出狱。叶挺听后,备为感动地说:"我深信有党中央和毛主席的领导,必定获致胜利!"

后来,叶挺又被移到了广西桂林。关押于桂林期间,叶挺虽然"两耳不闻窗外事",过着一面读书、一面养羊种菜的生活,但心中时刻都在惦记着外面的抗日战况。1943年12月26日,军统桂林办事处又将他转送到半年前居住的恩施。抗战胜利后,军统又奉蒋介石之命,将叶挺转押到重庆的中美合作所。此时,毛泽东应蒋介石之邀来重庆谈判,毛泽东与中共中央在与国民党谈判期间,也在积极地营救叶挺出狱,并以国民党高级将领马法武等为交换条件,叶挺在1946年3月4日重获自由,得以新生。

叶挺在《囚语》中曾写道:"'自由'像水和空气一样,得之不觉可贵,失之则难堪,或至于死。只有在沙漠中才觉得水的可贵,只有在病中才觉得康健的可贵。屠格涅夫说:'我爱自由胜过世上的一切。'"冲出长达5年多牢笼的叶挺如何能不激动万分?! 周恩来也感叹地对他说:"十年流亡,五年牢监,虽苍白了你的头发,但更坚强了你的意志。"

出狱的当天,叶挺即搬到重庆红岩村的中共中央办事处住。翌日,他即满怀热情地致电中共中央和毛泽东,请求加入中国共产党。7日,中共中央复电叶挺,决定接受他为中国共产党党员。中共中央的电文如下:

亲爱的叶挺同志:

5日电悉。欣闻出狱,万众欢腾。你为中国民族解放与人民解放事业进行了20余年的奋斗,经历了种种严峻的考验,全中国都已熟知你对民族与人民的无限忠诚。兹决定接受你加入中国共产党,并向你致热烈的慰问与欢迎之忱。

中共中央

3月7日

　　新四军将士得知叶挺军长出狱并恢复自由后,无不欢欣鼓舞。时在山东临沂的陈毅、张云逸等新四军领导闻讯,即于7日联名电函叶挺并表示慰问。函内谨称:

　　皖南事变钧座身陷图圄,正义不屈,5年冤狱,饱尝摧残,海天怅望,无任关注。顷得钧座已恢复自由之消息,全军将士悲喜交集,谨电慰问,并祈珍摄,早日返部,为盼为祷。

　　3月9日,在临沂召开的山东党政军干部庆祝叶挺出狱与光荣入党的大会上,陈毅还致辞庆贺。4月8日,叶挺偕夫人李秀文和儿子阿九、女儿扬眉,与王若飞、秦邦宪、邓发、黄齐生及其他随行人员,乘美军飞机从重庆飞往延安,在途经山西省兴县黑茶山时不幸失事,遇难殉国。叶挺等人遇难后,中共中央在延安为叶挺等"四八烈士"举行了隆重的追悼大会,并将他们一同安葬于延安的"四八"烈士陵园。4月12日,当叶挺军长罹难的消息传到新四军军部后,陈毅与其他军部领导及全军将士无不悲痛万分,陈毅当即作《痛悼与奋勤》一文,沉痛悼念"四八"诸烈士,号召新四军将士"变追悼的悲痛为奋勉","高举和平民主的光明的旗帜,去粉碎黑暗势力",之后又赋《哭叶军长希夷同志》等诗。4月19日,山东解放区军民在临沂大众剧场召开"四八"遇难烈士追悼大会,由陈毅担任主祭,他号召军民继承叶挺等烈士的遗志,努力工作,为争取和平民主事业的彻底胜利而奋斗。陈毅还与饶漱石、张云逸、黎玉等联名题写了这样一副挽联:"顾现实,国家多事,人民多难,反动多狂,诸先烈在九泉安能瞑目?想当年,富贵未淫,贫贱未移,威武未屈,给同志作一贯无上典型!"

（二）狱中斗争

1. 坚贞不屈

"皖南事变"后，国民党第三战区司令长官顾祝同在密电重庆国民政府军委会请示派员前来的同时，抽调刘夷华、侯荫黎和陈淡如3名上校军官前往皖南，并以"训练"之名，将被俘的新四军将士分编为3个"训练大队"，刘、侯、陈分别担任第一、第二、第三训练大队大队长。为了统一管理这3个"训练大队"，顾祝同还于1月26日在上饶成立了"第三战区司令长官司令部训练总队"①，同时抽调国民党第67师少将副师长唐肃担任训练总队总队长，陈淡如任副总队长；又调三战区军统特务头子、政治部情报室上校专员张超②任"军官大队"大队长，副总队长陈淡如兼任"军士大队"大队长，后又将原第三训练大队撤销，该大队中被俘的新四军士兵分别编入原第一训练大队和第二训练大队，改称第一士兵大队和第二士兵大队，仍由刘夷华、侯荫黎分任大队长。

"皖南事变"后，国民党第三战区奉蒋介石之命，对事变中俘虏的新四军指战员集中关押，这便形成了有名的上饶集中营。上饶集中营主要由上饶城及其附近的七峰岩、周田村、茅家岭、李村及铅山附近的石塘等组成，新四军军长叶挺便被软禁于李村。

在上饶第三战区集中营中壮烈牺牲的新四军女战士除杨瑞年、瞿淑等人外，还有一个名叫施奇的美丽小姑娘。施奇是上海煤业救护队参加新四军中年龄最小的姑娘，她在军部教导总队第八队学习毕业后分配到军部担任机要员，因工作出色而甚得领导的表扬和信赖。"皖南事变"中，施奇在被捕后关进了上饶集中营。其间，她虽被国民党兽军轮奸致伤，但始终不肯屈服，始终保持着一个共产党人的崇高气节，顽强不屈，大义凛然。1942年6月3日，敌人因惧怕像她这样意志坚决的共产党人，竟将她拉出去活埋。当泥土埋没了她的下半身时，敌人又逼问她："投降不投降，投降就把你挖出

---

① "第三战区司令长官司令部训练总队"，实为国民党第三战区上饶集中营，后又改为"战时青年训导团东南分团"，这里关押被俘来的皖南新四军将士共4000余人。

② 不少史料中称，张超此时实为国民党军统情报少将专员。

来。"但施奇毅然坚定地答道:"不投降!"敌人见此,继续向她的身上填埋泥土。面临死亡,施奇视死如归,毫不畏惧,直到剩下最后的一口气时,仍使尽全身力气高呼:"共产党万岁,打倒国民党反动派!"施奇等新四军女战士的壮烈之举,为中国人民的解放事业谱写了一曲英雄的赞歌。

宁愿死,不退让;宁愿死,不投降!

这就是新四军将士的豪迈誓言!这就是中华优秀儿女崇高胸襟的真实写照!

"皖南事变"中被俘的新四军指战员,在被关押到上饶第三战区的集中营后,绝大多数人仍能秉承共产党人的坚强意志,做到"贫贱不移,威武不屈",与国民党反动派进行不屈不挠的顽强斗争,粉碎了国民党反动派企图软化和收买的目的。此外,他们在牢狱中还组成了很多秘密党组织,领导狱中难友向反动派作各种形式的斗争,并多次策划越狱暴动,正式举行了3次,2次获得了成功,即茅家岭暴动和赤石暴动。

2. 茅家岭暴动

1942年5月,侵华日军越过浙赣铁路占领金华,接着又向江西大举进攻并逼近上饶。驻扎于上饶的国民党第三战区司令长官部被迫向福建方向撤退,上饶集中营也奉命跟随转移。5月25日下午,囚禁于茅家岭等监狱的26位新四军难友,在王传馥、李胜等5人的领导下组成暴动委员会,乘敌看管力量薄弱之机举行暴动并取得成功。此次暴动,除王传馥、钟袁平2人负伤被捕并遭到杀害外,陈子谷、李胜等24人在冲出牢笼后,向闽北的武夷山区转移。与此同时,关押于茅家岭的赖少奇、邵宇、汪海粟、丁公量等人,也在历尽艰辛后成功地逃脱虎口,先后奔赴苏北抗日根据地并回归新四军。

3. 赤石暴动

关押于上饶集中营的新四军难友们,继1942年5月25日的茅家岭暴动后,在赤石又举行了第二次暴动并获得成功。

1942年6月5日,关押于上饶集中营周田监狱的新四军难友,在国民党宪兵的武装押送之下,分成6队向福建方向转移。17日,当队伍行至闽北崇安县赤石镇时,由陈念棣、王达钧等人组成的秘密支部,乘押送人员松懈之机,利用渡崇溪河的有利时机,与难友们举行暴动。此次暴动,除当场牺牲的数十位勇士外,仍有 80 余名新四军难友逃出了牢笼。这些同志在历经千辛万苦后又回到了华中抗日根据地,回到新四军投入新的战斗。参加赤石暴动的李涤非、蔡敏、于一定、叶钦和等 40 余人,在中共福建省委的帮助下,与茅家岭暴动出来的陈子谷等 20 余人,在闽北武夷山会合并参加游击队。后来,游击队一部在闽北原地坚持斗争,另一部则分别投奔到苏南、苏北的新四军根据地。

十一、英灵的纪念

(一)皖南事变烈士陵园

为了更好地纪念在皖南事变中壮烈牺牲的新四军将士,中华人民共和国成立后,人民政府在安徽省泾县城郊的水西山上辟建了皖南事变烈士陵园。

皖南事变烈士陵园占地 15 万公顷。陵园傍依泾川河,紧邻城区,风景优美,环境优雅,入口公路旁辟建有一座高达 7 米的石阙,形成壮观的入口空间。进入陵园后,沿台阶前约 3000 米处是一小型广场,广场正对面的墙上镶嵌着抗日名将叶飞亲题的“皖南事变烈士陵园”字碑。从广场右转经过 50 米长神道,拾级而上,再通过两个石阙形成的神门,便进入主碑纪念广场。纪念广场由纪念碑、纪念廊、无名烈士墓等组成。从山顶向下俯视,纪念广场与外围的花圃组成一个巨大的献给烈士的花圈;从远处眺望,纪念廊和名人题字廊高低错落,形态各异,白色的马头墙簇拥着巨大纪念碑身。纪念碑高 12.36 米、宽 27 米,碑面上镶邓小平亲撰的“皖南事变死难烈士永垂不朽”题词。碑的下方是一汉白玉雕刻的花环,环周白色纪念廊内,还镌刻着《新四军军歌》和《皖南事变烈士纪念碑碑记》。碑后是一座无名烈士墓,墓室四壁钢筋水泥浇铸,中间为墓池,池中还有一个洁白的大理石石棺,池后是祭坛,坛上燃烧着常年不息的火焰,象征着皖南先烈们的革命精神永不熄灭。整个陵园庄严肃穆,浑厚凝重。现在,皖南事变烈士陵园不但被列为全国重点烈士纪念建筑物保护单位,还是一所真切动人、环境优美的爱国主义教育基地。

（二）皖南新四军军部旧址纪念馆

皖南新四军军部旧址是国务院公布的首批全国重点文物保护单位，位于安徽省泾县城西40华里的云岭镇。

云岭是黄山的余脉，海拔500余米，在云岭与四顾山之间，有一条东西长30华里的山冲，新四军军部及直属机关即分布于山冲两侧的罗里村、汤村、高岭村、新村、南堡村、章家渡、中村等15个自然村中。1938年8月2日，新四军军部进驻云岭，到1941年1月4日撤离，新四军军部在此历时2年4个月。

为了更好地纪念新四军将士英勇杀敌的爱国情怀，展现当年新四军艰苦奋斗、英勇杀敌的光辉业绩，并为今天宣传优良革命传统提供良的好场所与实物教材，人民政府在云岭修建了新四军军部旧址纪念馆，目前有以下几处：

（1）司令部旧址：位于罗里村，拥有两座清末建筑的地主庄园，一名"种墨园"，由三进47间和1座花园组成；另一名"大夫第"，有房64间，总建筑面积2000多平方米。军长叶挺、副军长项英以及副参谋长周子昆、军部秘书长李一氓等均在此办公居住办公，在此办公的还有军司令部参谋处、秘书处及参谋处下设的作战、侦察、通讯、文书、训练5科等机构。1939年2月23日至3月15日，时任国民政府军事委员会政治部副部长的周恩来曾到此视察，并下榻于"种墨园"叶挺军长的办公室。

（2）政治部旧址：位于罗里村西5华里的汤村，原是一座清末建筑，3间两厢，前后两进，建筑面积255平方米，军政治部正、副主任袁国平、邓子恢分别在后进两厢办公和居住，政治部下设的组织、宣传、民运、敌工和《抗敌报》社等机构也都设于此地。

（3）军部大会堂旧址：位于罗里村西2华里处。这里原为云岭村陈氏宗祠，始建于1668年（清康熙七年）。该祠规模宏大，分前、中、后共3个大厅，占地面积10亩有余，现存面积尚存5亩，是现今泾县最大的两座古祠之一。前厅为木质舞台，是新四军进驻云岭后在古戏台的基础上搭建而成，后来成了军部集会、开展文化娱乐活动、举办战利品展览的场所。1939年2月23

日,周恩来到新四军军部视察时,在此曾为新四军将士做《新阶段的新关键》等即兴演说。

(4)修械所旧址:在大会堂东侧300米处,原为关帝殿,始建于明末万历年间。砖木结构、保存完好。大殿前是一座花戏楼,造型美观,多饰砖雕木刻,艺术精湛,建筑面积452平方米。当年,修械所设于此地,为军部小河口兵工厂的分支机构,主要任务是修理各种军械,被称为"中国的保尔"的吴运铎曾在此工作,殿内墙上尚保留有当年书写的标语多处。

(5)战地服务团俱乐部旧址:位于云岭脚下的新村内,系陈氏新村尚文厅,5间两民居,始建于1858年(清咸丰八年),面积约500平方米。门前镌有"佑启人文"石额。1938年冬,军部俱乐部设于此,翌年9月迁至六甲村。

(6)叶挺桥:位于罗里村村东的叶子河上。1938年冬,由叶挺军长提议并亲自设计,副官处负责建造。该桥长8米、宽2米,为木质结构,当时叶挺还在木桥两侧的栏栅上亲笔题写了"军民合作,抗战到底"8个大字。新中国成立后,当地群众称之为"军民桥",后又因对叶挺军长的怀念而易名"叶挺桥"或"将军桥"。该桥一度被洪水冲坏,1984年4月修复,桥面也改为砖石结构。

(7)中共中央东南局旧址:址在罗里村西8华里处的丁家山村。1938年1月,新四军军部在江西南昌成立时,中共中央东南分局也同时成立。当时称为中共中央东南分局,属中共中央长江局领导。1938年10月25日,武汉失陷,长江局撤销,成立以重庆为中心的中共中央南方局,此时中共中央东南分局改为东南局,直属中央领导,项英任书记,曾山任副书记兼组织部长。

(8)教导总队旧址:1938年1月,新四军军部进驻岩寺,教导队扩建为教导营。1938年9月,经中共中央、中共中央军事委员会批准,在教导营的基础上又扩编为新四军教导总队。教导总队设在云岭中村乡董家村,教导总队队长周子昆,副总队长兼教育长冯达飞均在此办公和居住。

(9)新四军抗日殉国烈士纪念碑:位于云岭罗里村东首6华里处的黄龙岗。墓前立碑一座——新四军抗日殉国烈士纪念碑,现为安徽省重点文物保护单位。

(10)总兵站:在章家渡,新四军军部自1938年4月进驻岩寺后,曾在此设立总兵站,负责新四军的物质供应运送、存储及来往将士的接待工作,首任站长为张元寿。

(11)战地服务团:位于云岭脚下的新村,距罗里乡3华里,团长朱克靖、副团第谢云晖、秘书长白丁等与服务团的团员们均在此办公和居住。

(12)后方医院:在小河口。

(13)印刷厂:在小河口徐家祠堂。

(14)后方办事处:在小河口。

十二、"皖南事变"前夕军部组织与战斗序列编成

(一)"皖南事变"前军部组织编成(1940年12月至1941年1月)

司令部秘书长	李一氓
秘书处处长	李一氓(兼)
秘书科科长	童世杰
机要科科长	杨保生
参谋处处长	赵凌波(军部至茂林后改任张元寿)
第一科(作战科)科长	李志高
副科长	叶　超
第二科(侦察科)科长	谢忠良　陈铁君(后)
副科长	扬　帆(军部至石井坑时任命)
第三科(通信科)科长	胡立教
第四科(教育科)科长	冯　隆(冯少白)
电台台长	曹丹辉
副官处处长	黄序周(北移前调三纵队)
一科科长	张经武
二科科长	梅文鼎
三科科长	叶钦和
军法处处长	李一氓(兼)
副处长	汤光恢

一科（部队科）科长	杨家保 雷 耿（后）
二科（地方科）科长	扬 帆
三科（预审科）科长	汤光恢（兼）
四科（教育科）科长	高 原
典狱长	倪南山 冯北达（后）
军需处处长	宋裕和
副处长	罗湘涛 张元培
军需科、会计科	
军医处处长	沈其震
副处长	戴济民 王聿先
总务科科长	王××
保健科科长	杨 光
医疗科科长	宫乃泉
药材科科长	吴之理
医院院长	李振湘
协理处主任	张友来
战地服务团团长	朱克靖
副团长	谢云晖
秘书长	徐平羽（白丁）
章渡总兵站站长	叶进明 忻元锡（后）
政治部秘书长	黄 诚
秘书处处长	黄 诚（兼）
管理科科长	刘 丹
财务科科长	郭义鸿
文书科科长	杨志华
组织部部长	李子芳
组织部副部长	汤光恢
干部科科长	符确坚
组织科科长	李子芳（兼）

青年科科长	陈　惠
统计科科长	汤光恢（兼）
宣传部部长	朱镜我
宣传科科长	汪海粟
教育科科长	冯　定
艺术科副科长	吕　蒙
民运部部长	夏征农
民运部副部长	余再励
一科（动员科）科长	江靖宇
二科（组织科）科长	曾如清
三科（武装科）科长	陈茂辉
敌工部部长	林植夫
敌工科科长	许或青
统战部部长	袁国平（兼）
统战部副部长	夏征农
抗敌报社长	朱镜我（兼）
抗敌报总编	刘思明（洪雪村）
教导总队总队长	周子昆（兼）
副总队长	冯达飞
教育长	冯达飞（兼）
政治处主任	余立金
组织科科长	邱一涵
统计科科长	张雍耿　丁公量（后）
队列处处长	朱　毅
队列处副处长	张元寿
训练处处长	赵希仲
训练处副处长	薛暮桥
军事教育科科长	王太然

（二）新四军皖南部队北移编队序列（1941年1月）

军　长	叶　挺
副军长	项　英
参谋长	张云逸（时在新四军江北指挥部）
副参谋长	周子昆
政治部主任	袁国平
政治部副主任	邓子恢（时在新四军江北指挥部）
秘书长	李一氓
第1纵队司令员	傅秋涛
政治委员	傅秋涛（兼）
副司令员	赵凌波（在皖南事变中被俘叛变）
参谋长	赵希仲（在皖南事变中被俘叛变）
政治处主任	江渭清
老一团团长	熊应堂
政治委员	萧辉锡
参谋长	王怀生
副参谋长	刘世相
政治处主任	汪克明
政治处副主任	黄吉民
新一团团长	张铚秀
政治委员	丁麟章
参谋长	徐赞辉
政治处主任	李彬山
政治处副主任	徐志民
第2纵队司令员	周桂生
政治委员	黄火星
副司令员	冯达飞
参谋长	谢忠良

政治处主任　　　　　钟德胜

老三团团长　　　　　周桂生(兼)

政治委员　　　　　　黄火星(兼)

参谋长　　　　　　　谢忠良(兼)

政治处主任　　　　　钟德胜(兼)

新三团团长　　　　　熊梦辉

参谋长　　　　　　　张日清

政治处主任　　　　　阙中一

政治处副主任　　　　洪季凯

军特务团团长　　　　刘别生

政治委员　　　　　　张闯初

参谋长　　　　　　　杨采蘅(代)

政治处主任　　　　　汪大模

教导团(教导总队)

总负责　　　　　　　余立金

第3纵队

司令员　　　　　　　张正坤

政治委员　　　　　　胡　荣

参谋长　　　　　　　黄序周

政治处主任　　　　　吴奚如

老五团团长　　　　　徐金树

政治委员　　　　　　林开凤

参谋长　　　　　　　梁金华

政治处副主任　　　　何志远①

---

① 　以上两表根据《回顾新四军军部》相关内容编写。《回顾新四军军部》,北京新四军暨华中抗日根据地研究会军部分会编,解放军出版社 2012 年 8 月版。

第五章

新四军军部在盐阜

"皖南事变"后,根据中共中央指示,新四军军部于1941年1月在苏北的盐城重建,到1942年12月25日新四军军部从盐阜地区迁驻淮南黄花塘,新四军军部大本营在盐阜地区共驻扎整整2年时间,故研究专家称这一时期是新四军发展史上的"盐阜时期"。

新四军于盐城重建军部之后,在指挥华东地区和苏北盐阜地区的反"扫荡"战役中,为了便于指挥反击日伪军的夏季大"扫荡",采取在运动中歼灭敌人的作战方针,其间进驻地方较多。其大致情形如下:

1941年7月10日上午,新四军军部主动撤离盐城,跳出日军包围圈,并于是日晚上进驻苏北湖垛东北10华里处的北左庄(即左家庄,今江苏省建湖县建湖镇)。7月21日,军部转移到刘家舍(今江苏省阜宁县南部)。7月23日,军部转移到任家桥附近宿营。翌日,进驻田家河东南之袁家庄宿营。30日,军部为便于指挥反"扫荡"分为两部,刘少奇、赖传珠率一部,陈毅率一部活动。8月3日,军部两班指挥人马在张家码头会合,翌日在苏北洲门的北路马村开会,研究下一步作战方案。8月19日,军部继续转移并进驻陈家集以南之佴周庄(今江苏省阜宁县阜城镇西南25华里处)。11月10日,军部由佴周庄进驻停翅港(今江苏省阜宁县阜城镇西南35华里处),不久又转移到单家港(今江苏省阜宁县阜城镇西北40华里处)。1942年3月20日,新四军军部再次进驻停翅港。到12月25日撤离,翌年1月10日进驻淮南盱眙黄花塘。

新四军军部在指挥所属部队反击日军"扫荡"的战役中,军部大本营在盐阜地区相继还进驻过阜宁的单家港等地,因军部大本营经常转移,常于转移途中暂安营寨,进驻时间都不是很长,且均为大本营转移途中的临时住所,故一般略去不谈。新四军军部在盐阜地区共2年时间,进驻时间较长且具有重要意义的地方主要有两处：盐城、停翅港。所以，研究专家便将盐城称之为新四军军部大本营的第七站，而阜宁县陈集乡停翅港则是新四军军部大本营的第八站。

新四军在盐城、阜宁期间，是中国人民的抗日战争最为艰苦的 2 年，新四军在此经受住了最严峻的考验，从而为后来的发展壮大奠定了基础。

第一节　愤怒声讨"皖南事变"的凶手

"皖南事变"发生不到一周，中共中央即决定在军事上坚决自卫、政治上展开猛烈反攻，同时还于 1941 年 1 月 13 日以朱德、彭德怀、叶挺和项英的名义发出《抗议皖南包围通电》，向全国各界披露皖南事变的真相。蒋介石则以国民政府军事委员会的名义，于是年 1 月 17 日发布通令："着将国民革命军新编第四军番号即予撤销，该军军长叶挺着即革职，交军法审判，依法惩治；副军长项英，着即通令各军严缉归案讯办，藉伸军纪，而利抗战。"①与此同时，最高当局再次密令华中、华北各战区，继续部署重兵向新四军、八路军实施大举进攻。与此同时，国民党第三战区还在上饶等地设立集中营，残酷迫害在"皖南事变"中被俘的新四军将士；国民党军第 32 集团军司令上官云相又秉承最高当局的旨意，发布"清剿"新四军零散人员部署，并责令所辖部队"各搜剿部队务须配合当地党政机关人员努力剿办，并须于最短期内肃清散匪及一切化匪设施"。②

当晚，时在重庆的周恩来在得知国民党顽固派所发布的反动命令和谈话后，立即打电话给国民政府军事委员会参谋长何应钦并怒斥道："你们的行为，使亲者痛，仇者快！你们做了日寇想做而做不到的事。你何应钦是中

<hr>

① 《新四军·参考资料》(2)，中国人民解放军历史资料丛书编审委员会编，解放军出版社 1991 年 11 月版，第 416 页。
② 《新四军·参考资料》(2)，中国人民解放军历史资料丛书编审委员会编，解放军出版社 1991 年 11 月版，第 418 页。

华民族的罪人!"是夜,他还满含悲愤地写下"为江南死国难者志哀"的题词和"千古奇冤,江南一叶;同室操戈,相煎何急!"的挽诗。周恩来的题词和挽诗冲破国民党当局的阻挠发表在第二天的《新华日报》上,有力地控诉了国民党顽固派的血腥罪行。是日下午,叶剑英还主持起草了《新四军皖南部队惨遭被围歼的真相》一文,19 日印成传单后广为散发,深刻揭露国民党顽固派蓄意制造"皖南事变"的真相,痛斥国民党顽固派对新四军的诬蔑,声讨国民党顽固派摧残抗日力量的滔天罪行。

1941 年 1 月 18 日,发表于重庆《新华日报》上的周恩来和中共中央声讨制造皖南事变的祸首的题诗和文章

　　针对国民党顽固派制造的"皖南事变",中国共产党进行了有力的回击,除指示八路军、新四军在军事上自卫、在政治上反攻外,中央中共发言人又发表谈话,揭露国民党顽固派蓄意制造"皖南事变"的罪行,采取从抗战大局出发、有理、有利、有节的斗争策略,并要求八路军、新四军在政治上、军事上应充分提高警惕性和作战准备。

　　为应对蒋介石1月17日发布的通令,中共中央发言人在1月18日就"皖南事变"也发表谈话,提出的第一个要求就是"立刻释放叶军长,释放一切被俘将士",全面揭露国民党顽固派制造"皖南事变"、摧残抗战力量、残杀爱国将士的罪行,要求国民党当局"释放所有被俘之新四军将士"。20日,时在延安的毛泽东就蒋介石发布解散新四军的命令后国共关系的变化及对策等问题,致电周恩来、彭德怀和刘少奇,指出:蒋介石已将我们推到和他完全对立的地位,中共中央决定目前在政治上采取猛烈攻势,而在军事上暂时采取守势。中共中央还决定将原驻国统区的各办事处逐步撤销,八路军总部此后不再向国民党当局呈报任何文电。同日,中共中央军委还发布了重建新四军军部的命令。

　　1月22日,中共中央军委发言人再次发表谈话,提出解决"皖南事变"办法"十二条":①悬崖勒马,停止挑衅;②取消1月17日的反动命令,并宣布顽固派自己是完全错了;③严惩"皖南事变"的祸首何应钦、顾祝同、上官云相3人;④恢复叶挺自由,继续充当新四军军长;⑤交还皖南新四军全部人枪;⑥抚恤皖南新四军全部伤亡将士;⑦撤退华中的"剿共"军;⑧平毁西北的封锁线;⑨释放全国一切被捕的爱国政治犯;⑩废止一党专政,实行民主政治;⑪实行三民主义,服从"总理遗嘱";⑫逮捕各亲日派首领,交付国法审判。①

　　"皖南事变"发生后的1月12日,时在香港的国民党中央执行委员宋庆龄、何香凝和中央监察委员柳亚子、彭泽民等人尚未得知,但他们也深知内战迫在眉睫,忧心如焚,遂联名致长信蒋介石及国民党全体中委、监委,并在长信中写道:"最近则有讨伐共军之声甚嚣尘上,中外视听为之一变,国人既

―――――――――――

　　①　史称"老十二条"。

惶惶深忧兄弟阋墙之重见今日,友邦亦窃窃私议中国之势难保持。倘不幸
而构成剿共之事实,岂过去所历惨痛又将重演,实足使抗建已成之基础堕于
一旦。而时势所趋又非昔比,则我国家民族以及我党之前途,将更有不堪
者!"①对中国局势深表忧虑,殷殷之情溢于言表。此时,国内外舆情鼎沸,同
声谴责,消息传到香港后,宋庆龄、何香凝即与陈友仁等联名,遂于 1 月 18 日
再次致电蒋介石并发出紧急呼吁:"必须绝对停止以武力攻击共产党,必须
停止弹压共产党的行动。"

　　著名民主人士柳亚子,在得知"皖南事变"的消息后,于 3 月 24 日发电
拒绝出席即将召开的国民党第五届八中全会,并怒斥质问当局道:"士君子
出处大节,自有本末,闻量而后入者矣,未闻入而后量也。此次新四军不幸
事变,中枢负责人借整顿军纪之名,行排除异己之实。长城自坏,悲道济之
先亡;三字含冤,知岳侯之无罪。舆论沸腾,士民切齿,而当事者犹未闻有悔
祸之心,何也!"②

　　4 月 5 日,何香凝也对记者发表谈话并主张"息内争、固团结以收抗建实
效","虽非在朝诸公所乐闻,但自信可代表人民公意,海外同胞当有同感。
此事可称为违反国策,则何为国策? 国策何在?"③

　　兄弟阋墙,国祸顿生,著名美洲爱国华侨领袖司徒美堂、阮杰方、吕超然
等人,也对国家前途命运深表忧虑,并云:"国共分裂形势严重,祖国将有内
战爆发之虞。"并分别致电蒋介石和毛泽东,怒斥国民党当局"自坏长城,自
促亡国","言念及此,谁不痛心"!

　　国民党顽固派蓄意制造的"皖南事变",不但引起了中国人民的极大愤
恨,也引起了各国人民和友好国家政府及关心支持中国人民抗战事业的外
国记者的深切关注。著名记者埃德加·斯诺在报道文章中指出:"从所有反
映出来的情况看,这场战斗是事先经过极为周密策划的大规模伏击战。"并

---

　　① 《新四军·参考资料》(1),中国人民解放军历史资料丛书编审委员会编,解放
军出版社 1992 年 6 月版,第 314 页。

　　② 《新四军·参考资料》(1),中国人民解放军历史资料丛书编审委员会编,解放
军出版社 1992 年 6 月版,第 374 页。

　　③ 1941 年 4 月 1 日《华商报》刊登的何香凝对新闻记者的谈话。

讽刺和谴责那些外战外行、内战在行的国民党顽固派将领道:"这次战斗是自 1937 年以来,上官云相参加的最大的一次战斗。从伤亡和俘虏数量看,这次消灭新四军后卫部队的战斗,是自 1938 年台儿庄战役以来所取得的最大的一次'军事胜利'。"①

曾数次赴皖南、皖东、鄂中的新四军驻地采访的英国《曼彻斯特卫报》记者、美国进步作家艾格尼丝·史沫特莱,在文章中也愤怒地写道:"官方报纸发布的第一批消息,荒诞而又愚蠢。"他们"指控叶挺将军和全体新四军阴谋占领京沪之间三角地带","我不明白为什么官方报纸不指控叶挺将军还阴谋占领南京和东京!"②

此外,《密勒氏评论报》记者蔼斯,《美亚评论》记者凯特·米奇尔,《基督教科学箴言报》记者根室·史坦因,以及费尔特、西奥多·怀特、安娜·雅各布、爱泼斯坦、汉斯·希伯等外国记者和文化人士,也都对中国的抗战事业表示出了极大的关注,对国民党顽固派排除异己、惨杀新四军将士的罪行也予以了有力的揭露和痛斥,同时还对国民党顽固派蓄意制造内战、分裂抗日阵营的罪恶行径进行了严厉的谴责。

第二节　新四军军部大本营第七站——盐城

江苏省盐城市,是新四军军部大本营进驻的第七站。盐城是重建新四军军部的发祥地,在新四军的发展史上具有十分重要的意义。

从 1941 年 1 月 25 日新四军在盐城召开军部重建大会,到 1941 年 7 月 10 日新四军军部大本营转移到苏北阜宁,在盐城历时近 5 个半月。

一、重建新四军军部

1 月 20 日,中共中央革命军事委员会发言人对新华社记者发表谈话,再

---

① 引自埃德加·斯诺《这是中国的内战吗?》,刊于美国《亚洲》杂志 1941 年 4 月号。

② 艾格尼丝·史沫特莱《中国的战歌》,作家出版社 1986 年 9 月中译本。

次严正要求"恢复叶挺自由,继续任新四军军长","交还皖南新四军全部人枪"。与此同时,中共中央还发布命令,在苏北盐城重建新四军军部,并保留了叶挺将军的新四军军长的职务,任命陈毅为新四军代理军长,刘少奇任政治委员,张云逸任副军长,赖传珠任参谋长,邓子恢任政治部主任①。命令还要求:"陈代军长等悉心整饬该军,团结内部,协和军民,实行三民主义,遵循《总理遗嘱》,巩固并扩大抗日民族统一战线,为保卫民族国家、坚持抗战到底、防止亲日派袭击而奋斗!"②中共中央发言人还发表谈话,进一步揭露国民党顽固派、亲日派蓄谋消灭共产党及其领导的八路军、新四军的罪行,并向国民党政府提出了取消1月17日的反动命令,严惩"皖南事变"的罪魁祸首,办理善后事宜及坚持团结抗战等12条平复事态的办法。

重建新四军军部的陈毅、刘少奇等领导人,也先后发表通电、文章和演讲,各抗日根据地军民纷纷举行隆重集会,揭露和声讨国民党顽固派蓄意制造"皖南事变"、背叛民族利益的行径,痛斥制造事变的国民党顽固派是"丧心病狂倒行逆施之徒,虽逞志于一时,必难逃于覆没"。

中共中央命令下达后,华中抗日根据地的全党、全军上下一致拥护。

1月23日,新四军代理军长陈毅、政治委员刘少奇、副军长张云逸、参谋长赖传珠、政治部主任邓子恢联名通电全国,表示拥护中共中央的决定并宣誓就职。电文略曰:

全国各友军公鉴:

奉中国共产党中央革命军事委员会号日③命令开:"任命陈毅为国民革命军新编第四军代理军长,张云逸为副军长,刘少奇为政治委员,赖传珠为参谋长,邓子恢为政治部主任",等因奉此,遵即宣誓就职。当此寇氛弥漫、秦桧横行之际,毅等誓遵三民主义,服从总理遗嘱,与万恶敌人日本帝国主义及其走狗中国亲日派奋斗到底。惟望全国袍泽,共矢抗日之忠诚,勿为奸

---

① 因邓子恢当时在安徽而未能兼顾,故于1941年5月20日后由饶漱石代理,复于是年7月11日正式改任饶漱石为政治部主任,邓子恢则担任新四军第4师政治委员。

② 《毛泽东选集》第2卷,人民出版社1991年6月第2版,第771页。

③ 号日,系指电报日期,即20日。

邪所蒙蔽,拒绝内战,一致对敌,民族国家之前途,实深利赖。特电奉闻,敬候明教。[①]

　　1月25日下午,在苏北盐城原大戏院旧址改建而成的游艺园召开新四军、八路军华中指挥部机关排以上干部和盐城县政府及社会各界群众代表大会,新四军军部重建正式宣布成立。大会由赖传珠主持,刘少奇宣读中共中央军委关于重建新四军军部的命令,陈毅代表新四军新的领导集体发表就职演说,并郑重宣布:"反共顽固派1月14日消灭了军部,但是1月25日我们的军部又成立了!""新四军是取缔和消灭不了的!""皖南事变我们损失了军部,现在军部又恢复了。皖南事变我们有几个指战员牺牲,但我们今天还有9万人的强大力量。""我们相信,有了军民一致团结的力量,我们是一定能够胜利的","一定有把握打倒日本帝国主义,一定有把握打倒亲日派、反共顽固派"。

　　新四军在盐城重建军部,将华中新四军、八路军统一整编为新四军的7个师和1个独立旅,在华中敌后各抗日根据地坚持斗争,这是新四军发展史上的一个重要转折,标志着新四军"从此由游击兵团进行到正规兵团,活跃在江淮河汉广大地区,纵横数千里",对于坚持华中敌后抗战,粉碎国民党顽固派的反共阴谋具有非常重要的意义。从此,华中军民在华中局、新四军的领导和指挥下,坚持敌后抗战,建立武装根据地,为中华民族的解放而奋勇杀敌,痛击日寇。

　　关于新四军重建军部的具体时间,中共中央军委发布重建新四军军部的命令是1941年1月20日,而召开重建军部暨宣誓就职大会则为1月25日。对于这两个日子,专家们虽然各执一词,但多数研究者倾向于以召开重建军部大会的1月25日为准较为合理。

　　1月28日,盐城的中共中央中原局机关报《江淮日报》上,正式刊登了"陆军新编第四军代军长陈毅率全体将士"的就职通电:

---

　　① 此电原文发表于1941年2月1日延安《解放》周刊第124期,转引自《新四军·文献》(2),中国人民解放军历史资料丛书编审委员会编,解放军出版社1994年9月版,第200页。

……遂于一月敬日①应本军将士之推选,本人就职并代理军长,克日于苏北盐城恢复军部,统率全军九万之众,誓与日寇、汉奸、反共投降派奋斗到底! 本军志以至诚推行革命之三民主义,坚持抗日民族统一战线之政策方针,绝无因皖南事变及反共投降派之大举进攻,而放弃抗日救国之神圣职责。急盼全国抗战党派,全国抗战将士,各界同胞,与本军团结一起,为争取中华民族之解放而共同奋斗。本军一息尚存,斯志不容稍懈。谨此宣言。敬布肺腑,幸进而教之。②

新四军军部重建时,中共中央决定以华中八路军、新四军总指挥部为基础,将陇海路以南的新四军、八路军统一整编为7个师和1个独立旅,此外还有军部直属特务团、总兵站、抗日军政大学华中第5分校、鲁迅艺术学院华中分院等,总兵力达9万余人。新建的新四军军部下设司令部、政治部、供给部、卫生部、军工部、财经部、兵站部等7个部。

重建后的新四军完善了军部的机构,选配优秀干部充实到军部机关的各部、处、科、室当中。军部直属机构及其负责人如下:

司令部:驻城南2华里的熊家祠堂,下设参谋处和直属政治处,参谋处下设作战、侦察、通信、机要、训练、管理6个科,由陈锐霆担任参谋处处长;

政治部:驻城西4华里的仓头,下设秘书处、组织部、宣教部、锄奸部、敌工部和直属政治部。秘书处秘书长邓逸凡,组织部部长饶漱石,宣教部部长钱俊瑞,锄奸部部长汤光恢,敌工部部长刘贯一,直属政治部主任由张凯兼任;

供给部:驻城西护城河桥畔,下设军实、粮袜、会计、管理4科,部长宋裕和,副部长叶进明;

卫生部:驻城东南海神庙,下设医政、保健、材料、管理4科,部长沈其震,戴济民任第一副部长兼后方医院院长,崔义田任副部长,齐仲桓任副部长兼

---

① 敬日系指电报的日期,即24日。
② "就职通电"实际所署日期是1941年1月24日,次日召开的重建军部大会上陈毅又代表新四军将士宣读誓师。详见《新四军·文献》(2),中国人民解放军历史资料丛书编审委员会编,解放军出版社1994年9月版,第201—202页。

医务主任,顾问为奥地利著名医学专家罗生特;

军工部:驻龙凤镇南寺大庙内,下设工务、材料、人事4科,韩振纪任部长,吴师孟、孙象涵、喻嵩岳任副部长;

财经部:下设稽征、生产建设、审计、会议、总务5科,朱毅任部长,李人俊、骆耕漠任副部长。

兵站部:部长宋裕和(兼),副部长叶进明(兼)。

新四军在盐城重建军部,宣告了国民党顽固派取缔新四军目的的破产,保证了新四军在中共中央的正确领导下沿着健康的轨道发展前进,对坚持和发展华中抗战和建设根据地、夺取抗战胜利奠定了全面而又坚实的基础,从而使新四军的发展也进入到了一个新的历史时期,在新四军发展史上具有里程碑式的意义。

中共中央通令在盐城重建新四军军部后,新四军军部相继进驻盐城的文庙、熊家祠堂、许家巷等地。3月8日,陈毅、刘少奇率司令部移驻盐城城西泰山庙①。泰山庙是一座四进古典建筑,原有第一进是山门,左右对称各有4间房屋,是军部警卫排住所;第二进为大殿已毁,改作军部露天会场;第三进为正殿,是军直司令部作战科办公室;第四进为藏经楼,楼上为藏经室;刘少奇、陈毅在楼下办公居住,刘少奇居东房,陈毅居西室。

新四军军部驻地盐城泰山庙全景

①　泰山庙,当地也称东岳庙,位于今盐城市城西登瀛桥的西侧。

　　一般认为,位于盐城城西的泰山庙,今为盐城亭湖区建军西路126号,是新四军重建军部旧址,这里现已辟为新四军建军部陈列馆纪念馆。此外,人民政府还在盐城城东建军东路159号另行建有新四军重建军部纪念馆,并与城西的泰山庙和城中的新四军纪念雕塑合为一体。

　　1941年2月19日,中共中央军委对新四军所属各师领导正式发布委任命令:新四军第1师,师长粟裕,政委刘炎,政治部主任钟期光;第2师,师长张云逸,副师长罗炳辉,政委郑位三,参谋长周骏鸣,政治部主任郭述申,政治部副主任张劲夫;第3师,师长兼政委黄克诚,参谋长彭雄,政治部主任吴法宪;第4师,师长兼政委彭雪枫,参谋长张震,政治部主任萧望东;第5师,师长兼政委李先念,参谋长刘少卿,政治部主任任质斌;第6师,师长兼政委谭震林;第7师,师长张鼎丞①,政委曾希圣,参谋长李志高,政治部主任何伟;独立旅由八路军第5教导队编成,旅长梁兴初,政委罗华生。不久,中共中央军委对新四军各师、旅、团干部的任命也下了委任令。

　　“皖南事变”引起了全国人民的共愤。中国共产党的针锋相对、义正词严的斗争和处理此次事变的严正立场、合理主张,以及以德报怨、团结抗日的决心,也赢得了全国人民、各民主党派、爱国华侨和国际进步力量的广泛同情和支持。为了减轻国内外各方面的责难,摆脱政治上孤立的困境,蒋介石还授意参政会一再邀请共产党员参政员出席3月1日召开的第二届国民参政会,以图达到粉饰国共之间紧张关系的目的。中共中央洞察一切,既要揭露这些阴谋,又要进一步争取中间力量,故从挽救时局、团结抗战的大局出发,提出了《临时解决办法十二条》②,要求立即停止向八路军、新四军的全面军事进攻,立即停止全国的政治压迫;承认陕甘宁辖区的合法地位,承认敌后的抗日民主政权;释放皖南事变中被俘的新四军将士,抚恤死难者的家属;释放皖南事变中所有被捕兵员,发还所有枪支等,作为共产党参政员出席参政会的条件。

　　中国共产党针锋相对的斗争,不仅得到了左派力量的支持,也赢得了广大中间势力的同情,在全国人民的怒骂声讨下,迫于国际舆论的压力,国民

---

　　①　后由傅秋涛代理并接任。
　　②　史称“新12条”。

党顽固派不得不收敛其反共行为,蒋介石被迫在3月8日召开的第二届国民参政会的演说中一再声明并表示:"以后亦绝无剿共的军事。"至此,国民党顽固派掀起的第二次反共高潮终于被击退,而从皖南事变中突围出来的新四军将士,为了民族的解放事业,纷纷奔赴前线,又开始了新的战斗。

为了适应皖南事变后形势发展的需要,中共中央于1941年3月27日又做出决定:中原局由刘少奇、饶漱石、曾山、陈毅4人组成,刘少奇任书记。同时,成立中共中央军委华中军分会,刘少奇任书记,陈毅、饶漱石、邓子恢、赖传珠为委员,旋又增补张云逸为委员。4月27日,中共中央又决定:中原局与东南局合并组建成立中共中央华中局,刘少奇任书记,饶漱石、陈毅、曾山为委员,饶漱石为副书记,曾山任组织部部长,饶漱石兼宣传部部长,彭康为宣传部副部长,钱俊瑞为宣传部下属文化事业委员会书记。

刘少奇,著名的职业革命家、革命理论家和工人运动活动家。他原名刘绍选,字渭璜,1898年(清光绪二十四年)11月24日出生于湖南省宁乡县花明楼乡炭子冲,1916年考入长沙宁乡中学,中途辍学后又考入湖南陆军讲武堂,1919年9月入保定育德中学勤工俭学留法预备班学习,1921年4月赴苏联入莫斯科东方大学,是年年底转为中共党员,曾任中共旅欧支部委员和书记。翌年回国后,他在中华全国总工会书记处工作,8月被陈独秀派往湖南,在毛泽东任书记的中共湘区执行委员会领导下做工运工作,9月与李立三等领导了安源路矿工人大罢工,因罢工取得胜利而闻名。1925年5月,刘少奇任中华全国总工会副委员会,并在上海和广州领导了"五卅"运动和省港大罢工。1928年又与李立三、项英等领导了全国总工会组织工人和市民收回汉口英租界的斗争。大革命失败后,刘少奇先后在上海、天津、东北和华北等地从事地下工作和领导工作,1929年7月任中共满洲省委书记,1931年在中共六届四中全会上当选为中央政治局候补委员和中共中央职工部部长、全国总工会党团书记。1932年奉命进入中央革命根据地,1934年春任福建省委书记,同年10月参加中央苏区的红军长征,先后任军团、第5军团党代表和第3军团政治部主任等职,1936年春任中共中央代表赴天津领导北方局工作并担任中共中央北方局书记。1939年春奉命返回延安,不久即发表《论共产党员的修养》,同年9月与徐海东等率数十军政干部从延安出发到中原,担任中共中央中原局书记和华中局书记,组织和领导中原地区和华中地区的抗日武装斗争,在苏皖广大敌后建立了抗日民主根据地。

在重建新四军军部时,时任中共中央华中局书记的刘少奇,又被中共中央任命为中共中央新四军军分会书记、新四军政委。刘少奇以出色的才能和智慧,领导了华中新四军坚持敌后抗日斗争并建立根据地,取得了一系列不凡的战绩,历史证明他是中共中央的明智选择。

陈毅,原名世俊,字仲弘,著名的军事家和诗人。1901 年出生于四川省乐至县复兴场张安井村,小学毕业后就读于成都甲种工业学校,1919 年赴法国勤工俭学,1921 年因与周恩来、赵世炎、李立三等发动和领导留法学生的爱国运动而被驱除回国。翌年,他由蔡和森介绍加入社会主义青年团,1923 年进入北京中法大学学习,不久转为中共地下党员。1924 年任中法大学学生会主席,翌年任中共北京市学生联合会党团书记,并代表中共任国民党北京特别市执行委员会委员兼《革命周报》编委。1926 年受中共北方区委李大钊派遣,回四川与朱一起做兵运工作,翌年参与杨闇公、吴玉章、刘伯承等领导的顺泸起义,1927 年由党组织介绍到武汉中央军事政治学校政治部并任该校党委书记。1927 年 8 月 1 日,陈毅率部分干部学员赴南昌参加起义,因中途受阻而未果。翌年 1 月,陈毅与朱德一起发动湘南暴动,成立工农革命军第 1 师并担任党代表。4 月,与朱德率军与毛泽东领导的秋收起义部队会师于井冈山,成立工农革命军第 4 军并任第 12 师师长。1929 年 1 月与毛泽东、朱德率领队伍进军赣南,先后任红 4 军第 1 纵队党代表(林彪任纵队长)、红 6 军政委、红 20 军军长、红四军政治部主任、代理前委书记及中共赣西南特委书记、江西省比尔森区总指挥兼政委。因 1934 年 8 月在江西兴国指挥作战时受伤而留在苏区,与项英等人一道,在极端困难的条件下,领导南方游击区红军游击队的 3 年游击战争。新四军成立后,他被任命为第 1 支队司令员,率部东进开赴抗日前线,建立武装抗日根据地,为革命立下了赫赫的战功。

二、抓好军政干部培训

抗战爆发后,陕北的红军大学改名为中国人民抗日军事政治大学,简称"抗大",总部设于延安。新四军成立后,1 师、2 师、3 师、4 师、5 师先后创办了抗大分校,军部还成立了总分校,为新四军和华中抗日民主政府输送了大批的人才,确保了华中抗日民主根据地的稳固与发展。

新四军成立后,陈毅率部东进苏北,并于1940年上半年在苏北创办苏北抗日军政学校,陈毅兼任校长,冯定任副校长,谢云晖任政治部主任,并在泰兴县(今泰兴市)的营溪首次招生开学。此外,江北新四军指挥部也成立了以张云逸为校长、赖传珠为副校长、谢祥军为教育长、刘毓标为政治部主任的江北军政干部学校。1940年11月,苏北抗日军政学校和江北军政干部学校奉命与南下的八路军第5纵队的教导队合并,并正式成立抗大5分校,校址设于盐城孔庙附近的盐城中学旧址,陈毅兼任校长和政委,赖传珠兼副校长,冯定任副校长主持日常工作,洪学智也任副校长,谢云晖任政治部主任(后由余立金接任),刘毓标、吴胜坤任政治部副主任,谢祥军任教育长,贺学敏任副教育长,薛暮桥任训练部长。

新四军军部在盐城重建后,原属新四军第3师的抗日军事政治大学5分校改由军部直接领导。1941年1月,在抗大5分校的基础上又另行成立抗大华中总分校,简称总分校,并由陈毅兼任校长,赖传珠兼任副校长,韩振纪任副校长,谢祥军任教育长,薛暮桥代理政治部主任。总分校的任务是:统一领导华中各抗大分校的工作,建立华中统一的军事学校教育制度,专门培养营以上指挥员及特种人才。1942年6月1日,总分校在阜宁县空寺阴举行开学典礼,首次招生296人,共分5个队,1943年初新四军军部迁至淮南后停办。在1941年全年当中,抗大第5分校共举办两期学员培训级学员3004人。此外,第3师又另行组建新的抗大第5分校①,后相继又成立了第8

_____

① 抗大5分校属新四军第3师。军部直属抗大5分校改为华中总分校时,曾留下6个排和1个由马来西亚归国华侨组成的青年班。1941年10月,在苏北阜宁县郭墅张庄正式成立抗大5分校,黄克诚兼校长,吴胜坤任政委,张兴发任副校长,庄林任教育长(后由王信虎接任),于辉任政治部主任。共办2期,培训干部1600余名。

分校①、第九分校②和第 10 分校③,再加成立较早的第 4 师第 4 分校④,新四军共有 1 个总分校和 5 个分校。各师下属的旅、团级单位,也都根据实际情况分别办起了形式多样的教导队和训练培训班等,师级以培训连排干部为主,旅、团以培训班排干部为主,学习军事、政治、文化知识,建立完善干部教育体系,有效地提高了全军各级干部的军政素质,这些措施的实施,也极大地促进了全军的正规化建设,使全军由原来的游击兵团逐步向正规化兵团迈进,全面提高了全军的军政素质和战斗力。

为了发挥全军队伍共产党员的战斗堡垒作用,新四军还推广了第 3 师最先开展的创建模范连党支部活动,注重发挥各级党组织的领导作用和保证作用,充分发挥共产党员在部队中的骨干作用、模范带头作用和战斗堡垒作用。为加强党对军队的领导,各部队严格了党的组织生活制度,还注重对共产党员进行党的基本知识和增强党性教育,从而保证了党对军队的领导。1941 年,新四军还在盐城创办了华中党校,对军队团处级干部、地方县级以上干部,分期分批进行轮训,确保了军队、地方干部队伍的纯洁,提高了干部

---

①　抗大 8 分校属新四军第 2 师。1941 年 5 月 4 日,以原江北指挥部军事政治干部学校一部为基础在天长县张公辅扩建而成,后相继迁至龙冈、葛家巷等地,张云逸兼任校长(后由罗炳辉接任),罗炳辉兼任副校长,冯文华任教育长,高志荣任政治部主任(后由何泽洲接任)。实行精兵简政后,第 8 分校奉命改编为新四军第 2 师教导团。共办 4 期,培训干部 2667 余名。

②　抗大 9 分校属新四军第 1 师,1942 年 5 月在海门县海复镇成立,粟裕兼任校长,刘季平任副校长,张日清任教育长(后由杜屏接任),谢云晖、符确坚、张崇文先后任政治部主任。共办 5 期,培训干部 3200 余名。

③　抗大第 10 分校属新四军第 5 师,1941 年 10 月在该师随营学校的基础上扩编而成。李先念兼任校长(后由肖远久接任),徐付祥任副校长(后由杨焕民接任)兼教育长,黄春庭任政委(后由郑绍文接任)兼政治部主任,张水泉任训练部长,冷新华任政治部副主任。共办 5 期,培训干部 5000 余名。

④　抗大第 4 分校属新四军第 4 师。在新四军游击支队随营学校基础上扩建而成,1938 年 11 月 26 日,彭雪枫率领的新四军游击支队在河南省杞县创办随营学校,彭雪枫兼任校长,吴芝圃兼任副校长,萧望东兼任政治部主任。1940 年 3 月 18 日,随营学校适应形势发展需要在河南省永城县麻冢集(后相续迁至涡阳、泗洪、淮宝等地)扩建为抗日军事政治大学第 4 分校,彭雪枫任校长兼政委(后由邓子恢兼任政委),吴芝圃兼副校长(后由陈锐霆接任),刘作孚任教育长(后由方中铎、刘清明、陈锐霆、冯文华等接任),萧望东任政治部主任(后由李干辉、邱一涵接任),1944 年 9 月 11 日彭雪枫牺牲后,校长由张爱萍兼任,其他领导也有一些变动,共办 7 期,培训干部 4500 余人。

队伍的综合素质,加强了共产党对军队、地方的领导作用。

新四军除拥有1个抗大总分校和5个抗大分校外,还有中共中央华中局党校和鲁迅艺术学院华中分院。

中共中央华中局党校,简称华中党校。1941年初由刘少奇提议成立于盐城,刘少奇兼校长(后由彭康、饶漱石接任),彭康任副校长,温仰春任教育长(后改任副校长),柳岗(吕振羽)、宋亮(孙冶方)分任教育科长。傅秋涛任总队长兼一队队长,李雪山任党支部书记。华中局党校主要学习内容是哲学、政治经济学和党史3门课,此外还有其他一些辅助性选修课。党校在盐阜时期仅举办过两次,第一次是1941年夏初,第二次则在1941年7月军部转移到阜宁县汪朱集后开始举办。刘少奇时常到党校为学员们上课,主要讲授《论共产党在组织上和纪律上的修养》《人为什么犯错误》《人的阶级性》《论党内斗争》《论抗日民主政权》《哲学的范畴》《战略与策略》等。

1941年2月8日,鲁迅艺术学院华中分院在盐城成立,简称华中鲁艺,刘少奇兼任院长,邱东平任教导主任(邱东平牺牲后由黄源接任)。是年8月,由于形势的变化,鲁迅艺术学院华中分院停办,部分人员转隶新四军鲁迅艺术工作团,团长由何士德担任,另一部分人员则加强并充实到战斗部队当中。鲁艺华中分院被华中根据地军民誉之为"艺术之花",学校在抗战最艰苦的岁月里,加强学习,为军内外培养了大批的优秀的艺术人才,为华中抗日根据地建设做出了贡献。1941年7月下旬,日寇对盐阜地区进行大"扫荡",华中鲁艺分院随奉命转移。当邱东平带着一部分师生行至离北秦庄时,在冲出敌人的包围圈时,校教导主任邱东平和戏剧系主任许晴等20余名师生不幸牺牲,新安旅行团成员张平、张杰等人也同时被难。

在苏北抗日民主根据地,新四军重视文化艺术和教育,紧急时刻不但担负着与敌作战的任务,平时还与当地人民打成一片,为民造福,与民同乐,军民关系非常融洽,从而使根据地的文化艺术生活呈现出了繁荣的局面,并吸引了全国各地的知识分子的到来。如著名新闻出版家、"全国各界救国会"领导人之一的邹韬奋先生等,也都被新四军的生活所吸引并前来体验生活。

三、两次重要的会议

新四军重建军部后,根据中共中央指示,先后召开了3次重要会议,并围绕建军3年来坚持敌后抗战所取得的战绩,认真总结经验教训,统一思想,提高认识,明确目标,从而提出了今后全军的发展战略,为华中地区的抗战斗争取得更大的胜利奠定了基础。

(一)华中局高干会议

1941年5月15日至19日,中共中央华中局在盐城召开高级干部会议,参加会议成员主要是华中局委员及部分区党委、师和华中局、新四军军部直属单位主要负责人共92人。

此次会议的中心议题是总结新四军在皖南事变中的经验教训。会上传达了中共中央《关于项英袁国平错误的决定》、中共中央军委参谋部《关于新四军在泾县茂林地区被顽军聚歼的军事方面的教训》,刘少奇作《皖南事变的经验教训》。

此次会议结合华中敌后抗战历史发展的实践,总结了经验教训,为今后避免发生类似的错误提供的借鉴,对华中局高级干部是一次非常及时的思想路线教育,统一了思想认识,提高了执行中共中央正确路线的自觉性,使华中全党全军走上健康发展的道路,具有深远的意义和影响。

(二)新四军军分会扩大会议

根据中共中央指示精神,新四军军分会于1941年6月6日至7日在盐城召开扩大会议,参加会议的有新四军军分会委员和各师旅级以上干部、军直属队主要领导。

此次会议的工作和任务是解决新四军的建军路线问题。会议根据中共中央和毛泽东的指示,检查和总结了新四军成立以来的建军工作,清算了前期在建军工作中削弱共产党的领导、过早实行"精兵主义"、追求形式上正规化等错误。会上,陈毅、刘少奇都发表了重要的讲话,明确地提出了新四军建设成为一个正规化的党军的方向。

这次会议是新四军建军史一次重要的建军会议,其意义在于:进一步明确了新四军建军的目标和要求,有力地促进了新四军的建设,为新四军未来的发展指明了方向。

新四军在盐城重建军部后不久,即遭受到日伪大规模的"扫荡",彭雪枫领导的豫皖苏辖区根据地也在顽固派的重兵挤压下被迫撤离出来,转移到淮北洪泽湖北岸。但是,新四军在新军部的领导下,在中共中央的指导下,坚强不屈,英勇战斗,多次击溃敌人的"扫荡",赢得了人民的拥护,巩固了根据地。在对付国民党顽固派的斗争中,撤出豫皖苏边区根据地的第4师,在彭雪枫、邓子恢等人的领导下,于1941年10月中下旬发起程道口战役,一举击垮了侵犯淮北根据地的韩德勤所部。此役共击毙国民党顽固军数百人,俘虏1230人,缴获大量武器弹药。经此一役,将苏北地区的淮南、淮北、淮海、盐阜4个根据地连成了一片,稳定了苏北和华东的整个抗日局势。

1941年初,是新四军发展史上最困难、最受磨难的一年。这一年,新四军虽然在皖南事变中遭到了重创,且在夏初丢失了豫皖苏边区根据地,但经过全军将士的共同努力和浴血奋战,抗日局势仍然得以稳固,敌后抗日民主根据地非但没有缩小,反倒日益扩大,正规武装和地方武装也都得到加强,对敌斗争的战绩也较往年有所提高。所有这些,都有效地巩固了整个华东敌后抗日根据地的阵营。

四、新四军重建军部旧址纪念馆

盐城新四军重建军部旧址纪念馆位于江苏省盐城市建军西路126号泰山庙。

1941年1月,新四军于皖南事变后在盐城重建军部,同年2月27日军部驻庙内。泰山庙建有三殿两厢:前殿曾被日军焚毁,现已修复。正殿为新四军司令部作战室。后殿为藏经楼,东西厢房各三幢。

纪念馆内分别辟设了刘少奇、陈毅、黄克诚等新四军著名将领的生平图片陈列,此外还有新四军纪念馆馆藏书画展。附近还另建有新四军纪念馆、建军广场、重建军部纪念碑、军部旧址、抗大5分校旧址等。

盐城市建军东路的新四军纪念馆。（苏克勤/摄）

第三节　新四军大本营第八站——停翅港

江苏省阜宁县停翅港，是新四军军部大本营进驻的第八站。

1941年11月10日，新四军军部暨华中局机关进驻阜宁停翅港，前后历时1年零3个月。

在1941年下半年的反"扫荡"中，新四军军部四处转战，不断迁徙，曾在阜宁县的许多村庄都进驻过，但因入驻时处于部队转移途中，故大都时间不长，其中以陈集乡停翅港进驻的时间最长，且两度进驻其中，故研究者便将新四军军部进驻阜宁这段时间统以阜宁或停翅港作为代表。

停翅港地处苏北平原的盐阜地区，这里地形复杂，周围皆是芦荡，便于隐蔽；地势虽然偏僻，但傍倚阜淮公路，交通便捷，能攻能守。据当地百姓历代沿传，停翅港村中有3个水塘，其中最大的水塘中间有一个面积数亩的小岛，曾有凤凰翔集于小岛之上，因而这个土墩子就称作凤凰墩，这个村子也就称作停翅港。1941年7月，日伪军对盐阜区发动了第一次大的"扫荡"，鉴于敌我力量悬殊，新四军决定与敌周旋，在运动中歼灭来犯之敌，军部遂于7

月9日从盐城泰山庙撤出,同年9月5日转移至停翅港,直到1942年12月25日,为了粉碎日伪军对盐阜区发动的第二次大"扫荡",决定撤离停翅港向淮南盱眙黄花塘转移,前后历时1年零3个月。

新四军军部进驻阜宁期间,军部和华中局机关及直属单位都驻扎在停翅港周围。陈毅代军长、赖传珠参谋长都住在停翅港,刘少奇政委则住在汪朱集。代军长陈毅还在此倡导并成立了两个著名的文艺团体——苏北文化村和湖海艺文社,认真贯彻中共中央关于知识分子的政策,吸收了大批的爱国知识分子和文学艺术家,积极宣传抗日救国思想,充分发挥他们的特殊作用,极大地鼓舞和激发了盐阜军民的抗日斗志。1941年,朱德总司令还特赠陈毅诗曰:"尽收勇士归麾下,压倒倭儿入笼中。"

新四军军部进驻苏北盐阜地区期间,大批著名文化人士来到这里。如:上海著名文化人士钱杏邨(阿英)全家5口人于1942年7月14日来此,入住军部停翅港附近的卖饭曹文化村;著名新闻出版家、"全国各界救国会"领导人之一的邹韬奋,于1942年11月下旬来到了停翅港;著名记者、作家范长江,也于1942年8月底抵达新四军军部,俟后他还在此创办了《新华日报》分社;新安旅行团在完成了宣传任务后,也来到了新四军军部;等等。这些文化艺术界人士的到来,大大地活跃了新四军和华东抗日民主根据地的文化生活,鼓舞和振奋了华东抗日根据地军民的斗志。

1942年9月16日,在陈毅倡导下成立苏北文化村,作为各阶层文化人士之间互相交流的场所。文化村设立在军部驻地停翅港以南3华里处的卖饭曹村。停翅港为文化艺术界人士所居,名曰"文化村",文化人士居此专心从事文学艺术创作,是全军和盐阜地区文化活动中心,杨帆任村长兼村文化教育领导小组组长,曹立新任副村长兼副组长,下设文化教育和文艺宣传两组。在此居住的有钱杏邨夫妇、范长江、胡考、池宁、铁婴、天然、徐雪寒、李明、孙冶主(宋亮)等人,文化村附近还住鲁艺华中分校工作团的贺绿汀、行政学院的车载、抗大中总分校的薛暮桥、《盐阜大众报》的王阑西、苏北文协负责人钱俊瑞及吴蔷(吴强)、沈其霞、骆耕漠、孙克定、林山等人。陈毅常常到文化村来,与文化艺术人士聚会酬唱,吟诗下棋。

1941年4月7日新四军第3师第7旅全体指战员在东沟集会

　　湖海艺文社是抗战期间盐阜地区一个著名的文艺社团,创设于阜宁县停翅港邻近的文化村。1942年10月27日,在盐阜区首届参议会期间,陈毅与黄源、范长江、钱杏村、彭康等22人,同访当地的庞友兰、杨芷江等进步士绅,并倡议成立"湖海艺文社",杨芷江还起草了《艺文社缘起》。同年11月1日,陈毅约钱杏邨、李亚农、戴伯韬、王阑西及庞友兰、杨芷江、唐碧澄、乔耀汉、杨幼樵、计雨亭等进步士绅,讨论通过《艺文社缘起》,湖海艺文社于是在停翅港正式成立。湖海艺文社的成立,对广泛团结各阶层文化人士,发挥文艺团结各阶层抗战起到了不小的作用。对于当时的创作情况,陈毅还写诗称赞道:"斗争在前茅,屈伸本正义。此中真歌哭,情文两具备……"

　　1941年7月,日军为彻底消灭在盐城重建的新四军军部和华中抗日武装力量,猖狂发动了对盐阜抗日根据地的第一次扫荡。7月7日至17日,日军频繁出动飞机对新四军军部驻地的盐城进行狂轰滥炸,并纠集第12混成旅和第15、17师团各一部及伪军共1.7万人,于7月18日分别从东台、兴化、射阳、陈家洋等4路向盐城扑来,企图一举消灭新四军军部。中共中央华中局与新四军军部及其直属机关陆续撤离盐城,转移到阜宁。

　　面对日军的猖狂进攻,新四军军部针对敌军的动向,根据"敌进我退、敌驻我扰,敌疲我打、敌退我追"的游击战术,于7月7日在军部作战会议上迅速调整部署,新四军军部与中共华中局领导机关避其锋芒,并于7月10日首先跳出敌人的包围圈,离开盐城向西北方向转移,指挥驻盐城机关撤离盐城,向湖垛北左家庄及上冈方向转移,同时组织军队进行反"扫荡",保卫和巩固盐阜抗日民主根据地。

1941 年 4 月 20 日,苏中军区成立,粟裕任司令,刘炎任政治委员。图为召开庆祝大会时的情形。

　　7 月 21 日拂晓,新四军军部和华中局领导机关由湖垛北左家庄转移到刘家舍附近;23 日,军部转移到十字港以西任家桥一带;24 日,转移到田家河东南之袁家营;25 日经永兴集到硕家集,29 日拂晓转移到了董村的原 3 师师部所在地,又经殷家桥、曹家凹转移到岔头,30 日转移至小兴庄,31 日由北路马出发,沿旧黄河大堤进至大高庄。8 月 3 日,新四军军部和华中局领导机关由大高庄再进至达张家码头,4 日抵达周门、北路马等地,19 日又由北路马出发,到陈家集以南之板湖侉周庄。到达宿营地后,刘少奇即集合军部机关和直属队讲话,重申纪律、保守军事机密等问题。新四军等领导机关进驻侉周庄历时 2 月。至此,新四军军部与华中局领导机关由盐城移驻阜宁县,并取得了盐阜区第一次反"扫荡"的胜利。

　　同年 11 月 10 日,新四军军部与华中领导机关又从板湖侉周庄进驻阜宁县陈集乡停翅港。

　　1942 年 1 月 5 日,新四军军部与华中局领导机关迁至阜宁县羊寨西的单家港,并在此召开了著名的华中局第一次扩大会议。

　　3 月 19 日,新四军军部送刘少奇等同志奉命回延安后,于 20 日迁回停翅港。

盐阜地区人民欢送子弟参加新四军

1942年冬,日军再度纠集重兵,对盐阜地区进行新的"扫荡",新四军军部与华中局领导机关遂于1942年12月25日,从停翅港出发,分三批向淮南的黄花塘转移。

新四军军部及华中局领导机关进驻阜宁县陈集乡停翅港1年零5个月,其间正是抗战最为困难的时期。军队贯彻执行党中央的各项方针政策,按照华中局第一次扩大会议所确定的各项任务目标,领导华中敌后抗日根据地军民粉碎了日伪顽的夹击,保卫和发展了华中敌后抗日根据地,全面加强了根据地的各项事业建设,从而顺利地渡过了难关,并为准备战略反攻和夺取抗日战争的最后胜利奠定了坚实的基础,建立了光辉的业绩,做出了重要贡献。

一、华中局第一次扩大会议

1942年1月20日至3月5日,中共中央华中局第一次扩大会议在苏北抗日根据地阜宁县羊寨乡单家港小学举行。出席此次会议的有:华中局委员、各省委、区党委、各师的领导26人,列席会议25人,临时旁听43人,鄂豫辖区党委、第5师和第7师因路途遥远交通阻隔而未能出席,刘少奇、陈毅、饶漱石、曾山、刘炎、罗炳辉、黄克诚、邓子恢、刘子久为主席团成员。

早在1941年11月14日,为了总结3年来华中敌后抗日斗争的经验,部署各根据地今后的工作和任务,中共中央华中局向各部队和根据地各级政府发出了决定召开第一次扩大会议的通知。

1941年12月,日军偷袭美国珍珠港的太平洋舰队,太平洋战争爆发。由于太平洋战争爆发,国际反法西斯斗争形势相应也发生了新的变化。面临新的形势,中共中央及时告诫并号召全党和八路军、新四军和游击队及其抗日民主根据地军民,蒋介石集团仍然不会放弃其消极抗战、积极反共的政策,投降分裂的危险依然存在;我敌后抗战的总方针依然是长期坚持游击战争,以良好的战斗姿态迎接将来的反攻。党中央还特别强调,敌后军民必须咬紧牙关,渡过目前的困境,充分做好一切准备迎接反法西斯斗争的全面胜利,争取在战后建立一个独立、自由、和平、民主的新中国。

为了适应太平洋战争爆发后的新形势与新要求,中共中央华中局根据党中央的指示,及时在苏北阜宁县的单家港召开了第一次扩大会议。

单家港位于阜宁县城西北,是一个坐落在废黄河南滩上的小村庄,隔河与涟水县相望。自夏季日军反"扫荡"后,华中局、新四军机关即辗转北移至此。

会议期间,刘少奇代表中共中央华中局党委作《目前形势,我党我军在华中三年工作的基本总结及今后任务》的报告,陈毅作《论军事建设》的报告,饶漱石作党的建设与群众工作报告,曾山作政权建设报告,黄克诚作部队政治工作报告。会议通过决议,以刘少奇报告中提出的今后任务作为华中今后的奋斗目标和行动路线,通过了《关于四师及豫皖苏边区党委在摩擦自卫斗争中的错误的决定》。此外,还通过了各工作委员会起草的军、政各种工作条例。刘少奇在报告中提出"继续坚持华中敌后抗战,完全巩固根据地,与加强聚集力量以准备反攻敌人",是我党我军今后工作工作的总方针、奋斗的总目标。陈毅报告的要旨如下:①论华中情况及其战略动向,主要论述敌军、伪军、友军的情况,战略方向、斗争形势和我们下决心的基础等5个问题。②实战的经验教训。主要论述敌后工作与反"扫荡"的经验教训,苏南及清乡斗争的初步总结、水上战斗问题,民兵战术问题,应付夹击与反摩擦的自卫战斗的问题、梅花战术问题等8项内容。③军事建设的各项工作,论述包括一年来建军工作的一般检讨,纠正建军中的几种不正确的倾向、军事建设的新方针、建设办法和工作等4项内容。

此次会议总结了华中3年来工作的主要成绩是:①坚持了华中敌后抗战,有力打击了日伪军,3年来作战5094次,歼灭日伪军6万余人(不含第5师)。②建立了抗日根据地,开辟抗日根据地18万平方公里,其中较为巩固的地区有10万平方公里,另有游击区7万余平方公里。③发展了抗日武装,主力部队86720人,地方部队41000人,民兵51万人。④建立和发展了共产党组织,有共产党员10万余人;组织了群众,组织起来的群众有100万人。

1942年华中地区的民兵自卫队已发展到近30万人

　　会议通过决议,以刘少奇报告中提出的今后任务作为华中的奋斗目标:①加强对日伪的政治攻势,团结一切抗日阶层和人士,坚决粉碎日伪军的"扫荡",保卫抗日根据地。②做好统一战线工作,联合友党友军共同抗日,同时警惕与粉碎亲日派的进攻。③加强军队建设,继续强化主力军,加强与扩大地方武装。④普遍深入地发动与组织根据地的基本群众,切实改善群众生活,建立真正广大的群众团体。⑤彻底改造根据地政权,使之成为真正的抗日民族统一战线政权。⑥加强财政经济和粮食工作,保障人民的需要和部队的供给,在经济上与日伪作斗争。⑦发展根据地内的文化教育事业。⑧健全根据地保安处和锄奸机构。⑨加强党的建设。

　　此次会议即将结束时,还对下属各师及其根据地的工作进行了评述,同时也布置了今后的主要工作和任务:

　　1 师与苏中党今后的任务,是切实的迅速的巩固苏中根据地,坚持苏中抗战,并聚集与加强我之雄厚的力量,以便将来能应付国内外的伟大事变。现在即应准备以部分兵力能够随时转移,担负新的任务。因此,除继续粉碎敌之扫荡外,应设法制服伪军,争取与瓦解伪军,加紧对敌军的工作,及对附近友军的工作。今后应集中力量,建立独立作战与负担任务的地方军,在主力与地方军之间已不应有严格的区别,主力应该地方化。同时广泛建设群众性的游击队与不脱离生产的民兵,切实建立兵工生产。只有这样,才能在严重情况下长期坚持斗争,并发展与聚焦力量。同时应切实进行群众工作、政权工作及地方党的工作,以便进一步的巩固根据地。在执行上述各项余种,应寻求机会加紧部队的整训,建立与健全各种组织和制度,继续严格的反对浪费贪污,并增强在财政上援助全国及各根据地。

　　2 师及皖东(路东、路西)区党委今后的任务,是彻底完成根据地的建设工作,使之达到完全巩固的程度。继续功亏一篑部队,使主力精干化,加强与扩大地方军,并以最好的地方干部来领导地方部队,真正组织根据地内人民大多数,发展与加强人民武装,吸收青年参加。大批训练干部特别是本地干部,加强友军工作与敌伪工作。继续切实向敌后发展,在路西侧则继续坚持原来阵地,这是一个很艰苦很重要的任务。并经淮南路两侧与 7 师联系,经江浦、和、含与 7 师联系。如反共军从皖东向我进攻,2 师则担负坚决阻击之任务。

新四军教导总队的学员们在苦练杀敌本领

今后 3 师、独立旅及盐阜、淮海地方党的任务，是深入的巩固根据地，并向敌占区开展工作。切实实行三民主义，在政治上赛过反共派，以便争取广大的各阶层人民在自己的周围。和反动派进行长期的各种形式的斗争，很好进行友军工作与伪军工作，以便促成反共派的觉悟或自己的溃灭。同时还应随时准备以主力之一部西进担负在战略上更关重要的任务。而普遍深入地发动与组织群众，发行政权与建立人民武装，建立有力的地方军及兵工生产,切实争取青年,训练与提拔干部等,以打破根据地工作落后的现象,则是今后更重要的任务。

4师与淮北苏皖边区党今后的任务,是大量的组织与发动群众,建立地方军与人民武装,并很好地团结抗日各阶层人民,以巩固根据地。同时肃清最坏的土匪与伪军,开辟敌后地区工作,使我之根据地打成一片,并向铁路以西发展。如果反共军东进向我进攻的话,则须不顾一切坚决的击退之。对于路西失败的经验,则需要进行很好的平心静气的深入的研究与学习。

今后5师与鄂豫边区党委的任务,是整训部队,加强与发展地方军及人民武装,严格建立各种组织与制度,巩固与发展根据地,切实进行群众工作,改造政权机构,广泛地进行友军工作,并高潮以适当的名义向长江以南敌后地区发展,及沿江而下与7师联系。

今后苏南部队与党的任务,仍然是用一切方法坚持苏南的斗争与阵地,并广泛地进行敌伪工作与友军工作,严格执行党的统一战绩政策,我交结更多的朋友,减少敌人,孤立敌人,并适当的执行隐蔽政策。在武装组织上,应使主力切实地方化,不应再有主力与地方军之分,特别注意地方游击队之建立与加强,注意不脱离生产之群众游击部队的普遍建立,注意培养与训练地方干部,并给那些可靠的地方干部以本地的负责工作。群众组织与群众斗争的策略,都要特别适合游击的环境,某些地区并可用灰色名义去建立武装及其他组织。

今后7师与巢无地方党的中心任务,是巩固与发展巢无根据地,深入群众工作,扩大部队,加强地方党员和干部的训练,发展地方武装,发展敌伪工作,并特别注意进行友军工作。7师今后应以含、和、江浦为主要行动方向,以便与2师打通,同时向巢北发展。在皖南及桐庐地区,则设法坚持与发展现有阵地。[①]

华中局第一次扩大会议,是新四军及华中区建设的一次承前启后的重要会议,既总结了过去3年多的成绩和问题,又提出了今后的奋斗目标和具

---

① 以上转引自《新四军的组建与发展》第300—301页,中国新四军和华中抗日根据地研究会编,军事百科出版社2001年3月版。

体任务,有力地促进了华中根据地的各项工作的顺利开展,在新四军及华中根据建设史上产生了深远的意义和积极的影响。

二、实行精兵简政政策

精兵简政是中共中央根据抗日战争的形势与策略,以及华中抗日根据地建设所提出的一项重大决策。

1942年前后,世界反法西斯战争有了进一步的发展,中国的抗日战争也进入最为艰苦的阶段。在华中敌后,由于日伪军加紧对抗日根据地实施军事进攻与经济封锁,再加上国民党顽固派军队又不断地制造摩擦,根据地面积和人口日益减少,根据地军民处于空前的困难之中。为了克服困难,坚持抗战,减轻根据地人民的负担,渡过艰苦的抗战岁月,确保抗战的有生力量,华中局和新四军各部根据中共中央指示和华中局扩大会议精神,实行精兵简政政策。

1942年4月1日,中共中央军委发布了《关于精兵简政方针的指示》,要求在"敌后艰难困苦条件下英勇斗争的全体同志,咬紧牙关,度过今后两年最困难的斗争"时期,"在组织上、机构上,力求精干,力求合理,注意效率,爱惜时光,纠正过去机关庞大、头重脚轻、组织重复、分工不明、手续麻烦、效率极小的现象。在干部的配备与使用上,是抽调上层,加强下层,务使配备适当,各得其所,人尽其才,才尽其用。在财政上,注意取之合理,用之有节。在完成任务上,要抓住中心,不是百废俱兴"①。中共中央华中局、新四军军分会在接到通知后,认真组织学习,积极抓好贯彻,力求落到实处。1942年4月17日、5月21日,陈毅等先后两次就新四军和华中根据地精兵简政的情况电报中共中央军委,报告实际情况。9月26日,中共中央华中局和新四军军分会联合发出了《关于精兵简政的通知》,要求全军及地方政府的精兵简政工作分以下三个步骤:第一步是政治教育与动员;第二步是调查研究和制订精兵简政方案;第三步是抓好具体实施,并要求1943年2月以前力求完成华中的全部精简工作。同时又指出:"精兵简政必须进行深入的政治教育与

---

① 《新四军·文献》(3),中国人民解放军历史资料丛书编审委员会编,解放军出版社1994年11月版,第947页。

动员。必须使党、政、军、民一切干部和群众了解今后敌后的严重困难与斗争的复杂和曲折，而精兵简政则正是克服困难，和蔼力量，准备将来胜利反攻的唯一的出路；了解精兵简政不是简单裁兵减员、拆台散伙，而是充实主力加强部队战斗力量，做到以少胜多，短小精干；了解精兵简政正是为了关心民众，照顾群众利益，进一步依靠群众，建立军民血肉不分的联系，不致造成人民负担过重，与民争食的困境。"并进一步强调："在计划精兵简政中当注意下列基本方针，即精兵方面，应注意在提高部队质量与加强战斗实力的原则下，调整编制，缩减编并某些单位，充实连队"；"在简政方面，应注意在紧缩行政机构，提高行政效率的原则下，裁减骈枝机关，合并单位，达到各级短小精干适合敌后游击战争环境，严格遵照政府脱离生产干部及杂务人员不得超过居民 1% 的规定"。①

阜宁县陈集乡停翘港新四军军部旧址纪念馆（苏克勤／摄）

新四军与华中抗日根据地实行精兵简政后，还陆续向部队和地方下发

①《新四军·文献》(3)，中国人民解放军历史资料丛书编审委员会编，解放军出版社 1994 年 11 月版，第 954—956 页。

了《精兵简政文选》和《解放日报》有关社论、华北精兵简政经验等材料,使华中抗日根据地的精兵简政落到了实处,抓好了各级机构的精简工作,改进了各级领导的工作作风,提高了工作效率和战斗能力,减轻了人民的负担,密切了党群、干群和军民关系,抗日根据地建设也得到的空前的稳固,军民团结、共同抗日的凝聚力也得到了进一步的加强,提高了全军部队的战斗力和地方政府的行政执行能力,为迎接抗战的最后胜利奠定了良好的基础。

新四军在盐城重建军部的两年,正是华中抗日战争处于最艰苦的时间,全军将士同仇敌忾,奋勇杀敌,并先后经历了"三个月反顽战役"、朱家岗战斗、盐阜反"扫荡"、苏中反清乡等残酷的斗争,在日伪顽的夹击中求生存、求发展,并得以进一步发展壮大。

1942年12月上旬,新四军第4师第9旅第26团,在配合外线主力拔除金锁镇的日军新建据点后,转移到朱家岗①地区待机。12月9日夜,驻守于泗县青阳镇、洋河、归仁集等地的一千余日、伪军,分兵三路偷袭朱家岗,并于翌日凌晨包围了该团。

面对凶恶的敌人,26团指战员在团长罗应怀、政委谢锡玉和副团长严光的率领下,与敌人展开激战。激战过程中,26团指战员依托村庄圩墙,沉着应战,激战18小时,先后击退敌人10余次的猖狂进攻,共毙伤日、伪军280余人,最后迫使敌人狼狈逃窜。在这次战斗中,作为26团预备队"小鬼班",均是14至16岁的未成年人,10余人在战斗中组成两个突击组,发挥大无畏的英雄主义精神,勇敢杀敌,不怕牺牲,为赢得最后的战斗胜利立下了战功。战斗结束后,淮北苏皖边区党委和4师党委决定在朱家岗修建烈士陵园,4师师长彭雪枫亲自为在战斗中牺牲的72位烈士撰写了碑文,称他们的鲜血是凝成反"扫荡"的胜利之花,并称"在三十三天反'扫荡'全战役过程中,喋血鏖战,惨壮悲烈,惊天地,泣鬼神,以击败敌寇,使其一蹶不振之决定性战斗则为我九旅二十六团之朱家岗守备战焉","死难诸同志之黄尘侠骨,碧草忠魂,乃蒙各界袍泽之思慕爱戴,扼腕凭吊,仰余烈而沐流光,庶可永安于九原"。

朱家岗战斗是一次阵地战,粉碎了日军对淮北地区的33天大"扫荡",

①　朱家岗,今属江苏省泗洪县所辖,位于泗洪县东北。

重创了日军。此战过后,新四军第 4 师在彭雪枫师长的指挥下,乘胜先后又收复了青阳、马公店、金锁镇等地,恢复和巩固了淮北抗日根据地。

第四节　新四军军部在盐城时期的历史功绩

新四军自 1941 年 1 月在盐城重建军部,到 1942 年 12 月 25 日迁移到淮南黄花塘,历时近 2 年。这段时间是世界法西斯势力最为猖獗的时期,也是中国的抗日战争相持阶段中最为艰苦的时期。所以,新四军自从盐城重建军部的这天起,就面临着十分严峻的考验。在这两年中,新四军正确地执行了中共中央制订的抗日方针、政策,领导华中敌后军民克服艰难困苦,度过艰难时光,胜利地坚持了华中的敌后抗日斗争。

一、主要历史功绩

一是不失时机地加强主力军、地方军和人民武装建设,增强了华中抗日武装的战斗力,并在全面制订建军工作计划、整训和扩大主力兵团、提高全军的政治、军事素质、“建立铁的党军”、建立各军区军分区、努力扩大地方军和大力发展人民抗日武装等方面都成绩斐然。

二是领导华中敌后军民,以坚强的信念和意志,粉碎“敌伪顽”的夹击,胜利地保卫和扩大了华中抗日根据地。

三是全面深入地进行根据地的各项建设,巩固华中抗日根据地,并在党的建设、抗日民主政权、发动组织群众、建立和巩固统一战线、经济建设、文化教育等方面都取得了重大的成绩。

二、新四军重建军部组织编成及战斗序列(1941 年 3 月)

(一)军部首长

代军长　　　　　陈　毅

政治委员	刘少奇
副军长	张云逸
参谋长	赖传珠
政治部主任	邓子恢

(二)军部机关

司令部

参谋长	赖传珠	
参谋处处长	陈锐霆	

一科(作战科)

科长	朱茂绪	

二科(侦察科)

科长	马步英	王培臣(副)

三科(通信科)

科长	颜　伏　黄　荣　曹丹辉(后)	

四科(管理科)

科长	杜立保	

五科(教育科)

科长	贺敏学	

六科(人事科)

科长	陈烙痕	汪晓云(副)
机要科	薛丹浩	

测绘室

书记室

司令部政治处	刘毓标　胡立教

政治部

主任	邓子恢　饶漱石(后)
秘书长	邓逸凡
组织部部长	饶漱石(兼)

组织部副部长　　　张　凯

宣传部部长　　　　钱俊瑞

锄奸部（原军法处改制）

部长　　　　　　　汤光恢

副部长　　　　　　梁国斌　扬　帆

一科科长　　　　　冯北达　李　革（后）

二科科长　　　　　马　宾　陈庭槐（后）

三科科长　　　　　盛　同

敌工部

部长　　　　　　　刘贯一

副部长　　　　　　李业农

直属政治处

主任　　　　　　　刘毓标

副主任　　　　　　胡立教

供给部

部长　　　　　　　宋裕和

副部长　　　　　　叶进明

军实科、会计科、粮秣科、管理科等

兵站部

部长　　　　　　　宋裕和（兼）

副部长　　　　　　叶进明（兼）

财经部

部长　　　　　　　朱　毅

副部长　　　　　　李人俊　骆耕漠（后）

办公室、稽征科、生产建设科、审计科、会计科、总务科、金库、江淮银行、江淮印钞厂等

军工部

部长　　　　　　　韩振纪

副部长　　　　　　孙象涵　吴师孟

政治部

工务科、材料科、总务科,另有机械、手榴弹、枪弹、铸造、零件、木工、修机7个厂

卫生部

部长	沈其震
副部长	崔义田 戴济民

保健科、医政科、管理科、材料科、后方医院、疗养所、华中医院、卫校等

江淮银行

华中党校

校长	刘少奇(兼)

抗大五分校

校长	陈 毅(兼)
政治委员	陈 毅(兼)
副校长	赖传珠(兼)
第二副校长	冯 定 洪学智
政治部主任	谢云晖 余立金(后)
政治部副主任	刘毓标 吴盛坤
教育长	谢祥军
副教育长	贺敏学
训练部长	薛暮桥

鲁迅艺术学院华中分院

院长	刘少奇(兼)
教导主任	丘东平
教务科长	孟 波
总务科长	芦良诚
军事大队长	汪 星
军事副大队长	胡辛人
党总支书记	孙 湘(兼教导员)

鲁艺分院下设:文学系、戏剧系、音乐系、美术系、普通班、少年队

(三)战斗部队

第1师

师长　　　　　　粟　裕

政治委员　　　　刘　炎

政治部主任　　　钟期光

第1旅

旅长　　　　　　叶　飞

政治委员　　　　叶　飞(兼)

第1团、第2团、第3团

第2旅

旅长　　　　　　王必成

政治委员　　　　刘培善

第4团、第5团、第6团

第3旅

旅长　　　　　　陶　勇

政治委员　　　　刘先胜

第7团、第8团、第9团

第2师

师长　　　　　　张云逸(兼)

政治委员　　　　郑位三

副师长　　　　　罗炳辉

参谋长　　　　　周骏鸣

政治部主任　　　郭述申

政治部副主任　　张劲夫

第4旅

旅长　　　　　　梁从学

政治委员　　　　王集成

第10团、第11团、第12团

第 5 旅

旅长　　　　　　　成　钧

政治委员　　　　　赵启民

第 13 团、第 14 团、第 15 团

第 6 旅

旅长　　　　　　　谭希林

政治委员　　　　　谭希林(兼)

第 16 团、第 17 团、第 18 团

津浦路东联防司令部

司令员　　　　　　杨梅生

政治委员　　　　　刘顺元

独立第 3 团、独立第 4 团

津浦路西联防司令部

司令员　　　　　　郑抱真

政治委员　　　　　谭光廷

第 3 师

师长　　　　　　　黄克诚

政治委员　　　　　黄克诚(兼)

参谋长　　　　　　彭　雄

政治部主任　　　　吴法宪

第 7 旅

旅长　　　　　　　彭明治

政治委员　　　　　朱涤新

第 19 团、第 20 团、第 21 团

第 8 旅

旅长　　　　　　　田守尧

政治委员　　　　　吴信泉

第 22 团、第 23 团、第 24 团

第 9 旅

旅长　　　　　　　张爱萍

政治委员　　　　　韦国清

第 25 团、第 26 团、第 27 团

盐城卫戍区

司令员　　　　　　洪学智

政治委员　　　　　冯　定

政治部主任　　　　杨光池

淮海军区

司令员　　　　　　覃　健

政治委员　　　　　金　明

皖东北保安司令部

第 4 师

师长　　　　　　　彭雪枫

政治委员　　　　　彭雪枫(兼)　邓子恢(后)

参谋长　　　　　　张　震

政治部主任　　　　萧望东

第 10 旅

旅长　　　　　　　刘　震

政治委员　　　　　康志强

第 28 团、第 29 团

第 11 旅

旅长　　　　　　　滕海清

政治委员　　　　　孔石泉

第 31 团、第 32 团、第 33 团

第 12 旅

旅长　　　　　　　饶子健

政治委员　　　　　赖　毅

第 34 团、第 35 团

萧县独立旅

旅长　　　　　　纵翰民

政治委员　　　　李中道

特务团、睢杞独立团

第5师

师长　　　　　　李先念

政治委员　　　　李先念（兼）

参谋长　　　　　刘少卿

政治部主任　　　任质斌

第13旅

旅长　　　　　　周志坚

政治委员　　　　方正平

第37团、第38团、第39团

第14旅

旅长　　　　　　罗厚福

政治委员　　　　张体学

第40团、第41团、第42团

第15旅

旅长　　　　　　王海山

政治委员　　　　周志刚

第43团、第44团、第45团

第1纵队

司令员

政治委员　　　　张执一

第2纵队

司令员　　　　　黄　林

政治委员　　　　刘子厚

第3纵队

司令员　　　　　何耀榜

政治委员　　　　何耀榜（兼）

鄂豫边区抗日保安司令部

司令员	郑绍文
政治委员	夏忠武

第 6 师

师长	谭震林
政治委员	谭震林（兼）

第 16 旅

旅长	罗忠毅（兼）
政治委员	廖海涛

第 46 团、第 47 团、独立第 2 团

第 18 旅

旅长	江渭清
政治委员	温玉成

第 51 团、第 52 团、第 53 团、第 54 团

东路保安司令部

司令员	何克希
政治委员	吴仲超

警卫第 1 团、警卫第 2 团

西路保安司令部

司令员	韦永义

第 7 师

师长	张鼎丞　傅秋涛（代、后任）
政治委员	曾希圣
参谋长	李志高
政治部主任	何　伟

第 19 旅

旅长	孙仲德

第 55 团、第 56 团、挺进团

独立旅

旅长	梁兴初
政治委员	罗华生
第1团、第2团	
军特务团	
团长	姜茂生(?)　熊应堂(后)
政治委员	邱相田(?)
参谋长	张云龙
政治处主任	吴骥闵　阙中一(后)①

三、阜宁新四军军部旧址纪念馆简介

1942年12月,新四军军从阜宁县陈集乡停翅港撤出后,日军第35师团一部即迅速占领了陈集乡,并在此广修工事,停翅港一带的村舍包括新四军军部住地等,也都不同程度地遭到了日军的破坏。1943年3月25日,新四军第3师副师长兼第8旅旅长张爱萍,率第3师第23团的5个连,在旅特务营和侦察队的配合下,一举攻下陈集,全歼驻守于此的日军中队长以下89人,缴获轻重机枪3挺,步枪40余支,弹药40箱,还有一批其他军用品。

新中国成立后,阜宁县人民政府在停翅港新四军军部旧址立纪念碑一座,碑的正面刻着张爱萍上将手书的"新四军军部旧址"题名,背面是碑文,记述了新四军军部在停翅港的这段历史。纪念碑东侧还建了3间坐东朝西的平房,陈列着新四军军部在停翅港时期的历史照片、文物和史料,供游人前来参观。

---

① 上表撰写据《回顾新四军军部》,北京新四军暨华中抗日根据地研究会军部分会编,解放军出版社2012年8月版。

第六章

新四军军部在淮南

　　1942 年 12 月 25 日,华中局及新四军军部机关及直属队分为 3 个梯队,依次向淮南黄花塘转移,并于 1943 年 1 月 10 日全部安全抵达安徽省盱眙县黄花塘①。

　　新四军军部大本营进驻黄花塘后,于 1945 年 2 月 28 日又根据形势需要进驻距黄花塘不远的千棵柳,历时共 2 年零 8 个月,这是新四军历史上军部进驻时间最长的一个驻地。因此,研究专家将新四军军部进驻黄花塘、千棵柳这段历史统称为"黄花塘时期"。军部进驻黄花塘的时间为 1943 年 1 月 10 日—1945 年 2 月 28 日,历时约 2 年零一个半月;军部进驻千棵柳的时间为 1945 年 2 月 28 日—1945 年 9 月 14 日,历时约 7 个月。

黄花塘新四军军部纪念馆(苏克勤/摄)

---

　　①　盱眙县当时属安徽省所辖。

新四军军部大本营进驻黄花塘时期,是世界反法西斯战争转向反攻的转折时期,也是中国的抗日战争由战略相持阶段转向战略反攻阶段的关键时期。这一时期,正处于新的发展时期的新四军,在中共中央和中央军委的正确领导下,先后取得了刘老庄、山子头等著名战斗或战役的胜利,巩固了华中敌后抗日根据地,为赢得抗战的最后胜利创造了条件。

第一节　新四军军部大本营第九站——黄花塘

淮南地区盱眙县黄花塘,是新四军军部大本营进驻的第九站。

新四军军部从1943年1月10日进驻黄花塘,到1945年2月28日进驻到盱眙县千棵柳,历时约2年零一个半月。

一、新四军军部进驻黄花塘

"皖南事变"前后,国内外形势都发生了一系列的重大变化,特别1941年12月太平洋战争爆发后,日本帝国主义明显表现出兵力不足的弱点,为了在整个战场上摆脱困境,获取更大的战略优势,在中国战区全面推行"三光"政策,残酷屠杀中国军民,使中国的抗日战争面临着更加严重的局面,中国人民遭受着更多的痛苦,民主根据地面积也在日益缩小,各根据地都不同程度地面临着极端艰苦的境地,华中抗日民主根据地也由于日伪顽匪的夹击,最后被迫放弃了豫皖苏边区根据地,转移到津浦路东的淮北地区。

鉴于国内外的严峻形势,以及新四军军部所在地盐城所处的地理位置和军事环境,新四军代军长陈毅针对1941年夏季日军对盐阜地区大"扫荡"的实际,于8月10日致电中共中央和毛泽东,提出:在日伪对盐阜地区的第一次大"扫荡"过后,主要交通要道及水网地区已被敌人控制,主力部队活动非常困难,无法跳出敌人"扫荡"的圈子,因此,华中局及新四军军部发展方向应转向西,以皖东为基础,特别是沿长江两岸的西部地带,以求得生存与发展。

新四军军部黄花塘时期的军部卫生院（苏克勤/摄）

　　另外，华中局和新四军军部的其他领导也都认为，盐城地势平坦，南、北、西三面都处于敌人势力的范围之中，且东临黄海，不利隐蔽，容易暴露目标，特别是在敌人大规模来犯的情况下，新四军首脑机关作战回旋余地不大，紧急情况下更无退路。为了有利于指挥华中地区各抗日民主根据地的抗日斗争，陈毅等领导对华中局和新四军军部未来的驻地也有过多次的考虑，并将研究的结果上报中共中央。

陈毅在黄花塘的旧居（苏克勤/摄）

　　早在 1942 年 9 月,原在上海的中共江苏省委和省委所属的工委、职委、文委、教委和学委等机关的领导人 200 余人,相继越过津浦铁路,秘密转入淮南根据地中心黄花塘附近的泥沛湾,并在此举办培训班、进行整风学习,总结经验教训等。前来于此的中共江苏省委及各机关领导人有:刘晓、刘长胜、刘宁一、潘汉年、王尧山、沙文汉、陈修良、梅益、吴学谦等。

　　中共中央根据华中局和新四军领导的研究结果和实际情况,同意华中局和新四军军部机关向西迁移,并拟迁至淮南盱眙东南的黄花塘地区。

　　1941 年 12 月 25 日,中共中央华中局、新四军军部决定向淮南盱眙黄花塘秘密转移。事前,为避免华中局和新四军军部首脑机关在迁移过程中突遭敌人的袭击,华中局和新四军军部机关及直属队分为 3 个梯队,代号"黄河大队",依次向淮南盱眙县黄花塘进发,并于 1943 年 1 月 10 日安全抵达淮南黄花塘地区。

　　黄花塘地处淮南抗日根据地的中心地带,地属安徽省盱眙县所辖,是一个普通而又不大为人所注意的小村庄,新四军军部进驻以前,第 2 师师部驻扎于此。新四军军部进驻时,2 师将黄花塘移交军部使用,2 师迁往距黄花塘不远的大刘郢①,黄花塘于是也就成了新四军军部大本营的第九站。

张云逸在黄花塘的旧居(苏克勤/摄)

───────────

　　①　也作大柳郢、大柳营和大刘营,当时属安徽省天长县所辖。

　　相对苏北的盐城、阜宁地区来说,新四军军部大本营进驻黄花塘有着诸多的有利因素,其主要表现在以下几个方面:一是处于华中敌后抗日的中心地带;二是这里的群众基础较好;三是这里的地理位置和自然条件较为优越;四是这里的根据地较为巩固。

　　1月10日下午3时左右,新四军代军长陈毅、代政委饶漱石、参谋长赖传珠率队先后抵达黄花塘,副军长张云逸则先期到达。于是,黄花塘这个默默无闻的小村庄,此后便成了华中敌后抗日民主根据地的指挥中心。

　　黄花塘是一个不到20户人家的小村庄,人口也仅有70人左右。村庄的西北侧有一个面积300平方米左右的枯水塘,原名黄晖塘,亦名黄昏塘。在开展大生产运动之初,新四军第2师将士与当地村民一起将该塘深挖扩充,使之增加了蓄水量。新四军军部进驻到黄花塘后,副军长张云逸和2师师长罗炳辉提议将村名改为"黄花塘",村庄的新名于是也就沿称了下来。如今,当年张云逸、赖传珠等军部领导人居住的农家草屋尚保存完好,并成为新四军军部旧址纪念馆的主要组成部分之一。

1942年陈毅(中高者)与第2师、第3师领导合影

　　新四军军部进驻黄花塘期间,军部领导住在黄花塘,军部直属机关也分驻于黄花塘附近,华中局和军部直属队则分驻于黄花塘周围的村庄;军部对

外代号仍称"黄河大队",军部直属机关和直属单位都以"中队"代之,下设12个中队,依次为:一中队为参谋处,二中队为侦察科,三中队为通信科,四中队为调研室,五中队为军警卫连,六中队为军通信连,七中队为军政治部,八中队为军供卫处,九中队为军电讯队,十中队为军直政治部,十一中队为军直供给处,十二中队为城工部、社会部和新华分社。其大致情况如下:

陈　毅:住村东新塘埂原二师搭建的一处小房;

饶漱石:住芦柴塘西岸临时搭建的两间小草房;

张云逸:住村民王俊山家中,后迁至村民徐景流(也作徐景刘)家中;

曾　山:住黄花塘村东南一户民房;

赖传珠:住村东南一户农民家中,与参谋处和机要科同住一起;

彭　康:住黄花塘西侧不远的一处民房;

潘汉年:住黄花池塘南岸的一处民居;

司令部:先住黄花塘,后住千棵柳;

政治部、城工部、联络部和新华分社:先住常庄,后迁至葛家巷;

供给卫生部、军医学校:住常庄;供给部与卫生部分开后,供给部住枣园庙,卫生部住双庙;

锄奸部:住大王庄;

情报部:住李庄;

军直特务团:住岗村;

军部通信连:住小李庄(又作下李庄);

军直电讯队:住北桥庄(又作北乔庄);

军直侦察科:先住梨园,后迁至锅底塘;

军直政治部:住大小王庄;

军直供给处:住小周庄;

调查研究室:即华中局城市工作部,简称城工部,先住大小王庄,后迁至双庙村;

军部休养所:住姚庄;

新四军抗大总分校:住泥沛湾;

江苏省委驻地:住泥沛湾;

江苏省干部培训班(学校):住顾家圩子;

华中局机关和华中局党校:住新铺,党校后更名为华中建设大学;

华中建设大学:住新浦(上铺);

华中局联络部:住小王庄;

新华社分社:先住大小王庄,后迁至锅底塘。

新四军军部于 1943 年 1 月 10 日进驻黄花塘后,这里成了华中抗日根据地的指挥中心,中共中央得知军部顺利抵达于此后,当即发电指示:"整个抗战尚需要两年,要保持我军基本骨干,不怕数量减少,只要骨干存在就是胜利。苏军冬季反攻胜利极大,希特勒崩溃为期不远,应利用这样好的形势,鼓舞军心民心,达到坚持目的","根据中日战争形势,华中敌后形势可能日趋严重,根据地中一切工作应避免张扬,应采取各种可能的方法来尽量保存我之力量,以度过今后最危险的两年","克服困难,准备反攻"。

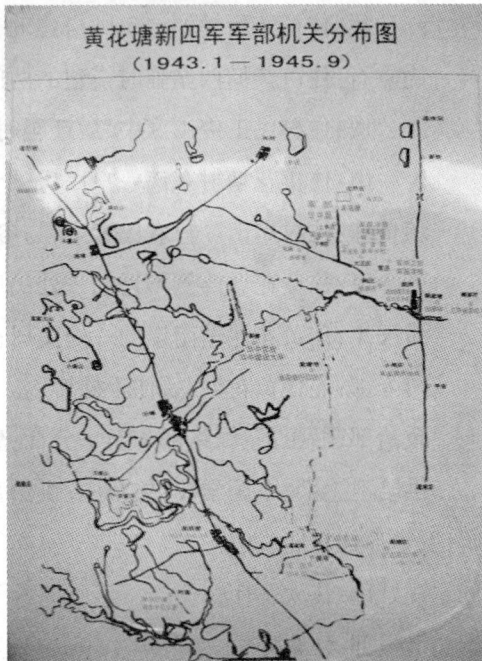

黄花塘新四军军部机关分布图
(1943.1—1945.9)

　　新四军代军长陈毅和其他军部领导及华中局领导来到黄花塘后,根据中共中央指示,结合实际情况,提出了"继续坚持华中敌后抗战,完全巩固各根据地,加强与聚焦力量,以便在适当时机反攻敌人,争取中国抗战的最后胜利和中国人民的彻底解放"的总方针和总任务,向华中抗日根据地军民部署了"整风、生产和整训"等主要工作和任务,领导华中根据地军民在整风、大生产和军政建设等三大运动建设中,取得了一系列的成绩,为夺取抗战的最后胜利在思想上、组织上和物质上,都做好了充分的准备工作。

黄花塘新四军军部旧址

二、黄花塘时期新四军军部组织编成

新四军军部进驻黄花塘时,陈毅为代军长,饶漱石为政治部主任兼政治委员,张云逸为副军长,赖传珠为参谋长。

由于刘少奇于 1942 年春即奉命赴延安参加筹备"七大",陈毅也于 1943 年 11 月 25 日奉命赴延安参加整风和筹备"七大",中共中央军委发布命令,由新四军副军长张云逸代理陈毅的代理军长一职;1945 年 8 月 26 日,鉴于新四军军长叶挺已于是年 4 月 8 日遇难去世,原政治委员刘少奇也因工作需要留在中共中央驻地延安,中共中央军委遂正式任命陈毅为新四军军长,饶漱石为政治委员兼政治部主任。

黄花塘时期,新四军军部机关及直属队组织编成如下。

司令部:

参　谋　长:赖传珠

参谋处处长:陈锐霆

政治协理员:钟嘉华

一科(作战科)科长:朱茂绪(后由谭知耕接任),副科长:叶　超

二科(侦察科)科长:马步英　副科长:王征明

三科(通讯科)科长:曹丹辉　副科长:黄　荣

四科(管理科)科长:石裕田　副科长:杜立保

五科(教育科)科长:洪　隆(冯少伯)

六科(人事科)科长:汪晓云

机要科科长:薛丹浩　副科长:左金祥　肖　光

调查研究室主任:胡立教(兼)

政治部:

主　任:饶漱石(兼)

秘书长:邓逸凡

总务科科长:张和清

组织部部长:张　凯

宣传部部长:钱俊瑞

干部部部长:徐海珊

锄奸(保卫)部部长:汤光恢　副部长:梁国斌

敌工部部长:刘贯一　副部长:李亚农

新华社分社社长:范长江　副社长:于毅夫

军直政治部主任:张　凯(兼)

　　　组织科科长:刘志诚　副科长:荣　义

　　　宣传科科长:顾　前　副科长:张　望

　　　锄奸科科长:胡福瑶

　　　生产民运科科长:刘志诚(兼)　副科长:储精益

供给部(原供给部和卫生部合并)部长:宋裕和

　　　副部长:崔义田　戴济民　官乃泉

　　　供给科科长:甄　峥(甄子明)　副科长:胡　铮

　　　兵站科科长:黄　河

　　　医政科科长:薛　和(后由马万菜接任)

　　　保健科科长:唐　求

材料科科长:胡　山

管理科科长:袁　序

医务处主任:齐仲桓

直属休养所所长:宋文静(后由朱灵接任)

军医学校校长:江上峰　副校长　宫乃泉

医干训练队队长:崔义田(兼,后由宫乃泉接任)

直属供给处处长:甄　峥　副处长:胡　峥

政治委员:钟剑平

特务团

团　长:谭知耕(后由谢祥军、朱国华接任)

政　委:张闯初(后由黄祖炎接任)

参谋长:易　峰(后由傅彪接任)

主　任:汪大漠(后由刘志诚接任)　副主任:许登寿

三、黄花塘时期的重要战役

(一)血战刘老庄

刘老庄之战是新四军战史上最为壮烈的一次战斗。这次战斗是新四军第3师19团2营4连的82名指战员,为掩护主力部队和群众的安全转移,在消灭日军近200人、伤敌200余人情况下,最后全部壮烈牺牲。

刘老庄是苏北平原上一个普通的村落。1943年3月16日,日军第17师团1600余人对淮海区进行"梳子式的扫荡",并采用分兵合击的战术,对新四军第3师第7旅第19团实施攻击。该团灵活机动地跳出了合围圈。日军继续跟踪追击。17日,第19团复与敌在涟水城西的老张集相遇,激战半日,19团趁黄昏突围而去。18日凌晨,敌军对19团进行第三次合围,企图一举消灭19团。驻守于刘老庄的19团2营4连指战员,奉命担任后卫,掩护全团和当地群众转移。在得悉敌军分兵数路扑来的情况下,连长白思才、指导员李云鹏指挥全体官兵,在刘老庄村外的交通壕与敌展开了激战。面对凶恶的敌人,4连指战员毫不畏惧,与敌展开了殊死搏斗。日军连续向4连阵地发动了进攻,但都被英勇的4连击退。在子弹打光的情况下,4连指战员与日军展开了白刃战。激战一直持续到当天下午,凶恶的日军见攻不下4连的阵地,就改用炮火轰击。最后,4连全体指战员全部壮烈牺牲。当日军冲到4连坚守的阵地时,看到的不仅无一件完整的枪支,就连一颗未用的子弹也没有。

战后的第三天,淮阴军民在刘老庄的田野上找到死难的82具尸体,为他们举行了公葬,并修建了"新四军抗战八十二烈士墓",墓前的纪念碑上镌刻着他们的英名,墓碑上是淮海区党委书记李一氓题写的挽联:"由陕西,到苏北,敌后英名传八路;从拂晓,达黄昏,全连勇战刘老庄。"

新四军第3师师长在获悉4连全体指战员全部遇难后,怀着十分悲痛的心情,为4连写下了"英勇战斗,壮烈牺牲;军人模范,民族光荣"的题词,他还不无惋惜地说:"在战术上,今天这种拼死是不适当的,然其为国尽忠、为民族尽孝的精神可歌可泣。"朱德总司令员也称赞4连指战员的战斗精神是"我军指战员的英雄主义的最高表现"。八路军总部还将命名4连为"刘老庄连"。

(二)山子头之战

1943年3月15日,陈毅接到周恩来从重庆发来的电报,告知:蒋介石已令韩德勤、王仲廉东西夹击新四军,企图将新四军消灭于苏北的洪泽湖畔。此后,陈毅又得知韩德勤已率部进入淮北的金锁镇、界头集和山子头一带,扣留地方干部,公然叫嚣在洪泽湖畔建立新的反共基地。陈毅遂电令第4师师长彭雪枫,命他率4师主力及2师第5旅、3师第7旅和淮海分区部队,统一指挥,于3月16日开始行动,17日夜晚发起总攻,历经15小时的激战,于18日全歼韩德勤总部及独立第6旅、保安第3纵队,击毙国民党江苏省保安第3纵队司令王光夏,共歼敌1000余人,活捉韩德勤,缴获了全部武器。

韩德勤被俘后,4师师长彭雪枫电告陈毅,陈毅亲自到4师驻地半城处理善后事宜,并遵照中共中央的指示,将韩德勤秘密释放,最后由彭雪枫与韩德勤签订了《新四军陈毅军长与韩德勤会谈备忘录十条》。1943年4月1日,韩德勤在新四军的宽大政策的感召下,带着新四军送还的电台和枪支离开了半城,从此再也不敢与新四军为敌而制造摩擦了。山子头战役彻底消灭了韩德勤的顽军力量,稳定了淮北和苏北的抗日根据地,为后来彭雪枫率部西进和华中地区抗战的最后胜利创造了条件。

(三)车桥战役

1944年3月,新四军苏中部队在第1师长粟裕的率领下,发动了车桥战役并取得胜利,揭开了华中地区对日作战局部反攻的序幕。

车桥镇位于淮宝地区,原是国民党江苏省政府所在地,1943年被日本占领后,由日军第65师团第72旅团和伪军驻扎,计有日伪之敌700人左右,成为其封锁、进攻苏北、苏中抗日根据地的桥头堡。3月5日,新四军第1师师长粟裕指挥第1、第7、第52团和苏中军区教导团、第4军分区特务团共5个团的兵力,并由第1师副师长叶飞和参谋长刘先胜统一指挥,向车桥镇发起进攻。是日凌晨1时50分,第3旅旅长陶勇指挥担任主攻的第7团,率先向车桥外围之敌发起猛攻,在连续攻下敌人十余个碉堡后,继续向纵深街巷推进。战至6日凌晨,闻讯支援车桥镇之敌大部被歼,车桥镇终于被第1师攻占。

车桥战役前后历时20小时,共歼灭日军大队长山泽以下465人,俘日军队长山本一三以下24人;歼灭伪军483人,俘伪军公安局长、区长以下168人,摧毁敌人各种碉堡53座。此次战役是新四军抗战以来一次战斗中俘虏日军最多的战役,将苏中、苏北、淮南、淮北抗日根据地连成了一片,揭开了华中敌后大反攻的序幕。

第二节　新四军军部大本营第十站——千棵柳

淮南盱眙县千棵柳,是新四军军部大本营进驻的第十站。

为迎击敌伪对淮南路东地区的"扫荡",新四军军部于1945年2月28日撤离黄花塘,进驻葛家巷西南的千棵柳。至1945年9月14日开始陆续撤离并迁至淮阴,历时近 7 个月。新四军进驻千棵柳后,于是年 4 月 10 日一度迁至淮南津浦路西地区的大赵庄。军部抵达于此后,司令部设于千棵柳,政治部设于千棵柳东北的葛家巷,直属政治部设于船塘庄,电台设于张洪营的一座大庙内,其余机关和直属单位则分驻于千棵柳的周围。军部进驻千棵柳后,对外番号称为"八分校",千棵柳于是也就成了新四军军部大本营的第十站。

鉴于西路反顽战役告捷,新四军军部复于 4 月 24 日回驻千棵柳。又因新四军军部进驻大赵庄时间不足 2 个月,故作忽略不计。

千棵柳距盱眙县城 100 华里,距黄花塘 70 华里,当时属安徽省盱眙县所辖。这里地处江苏、安徽和盱眙、天长、来安的两省三县的交界地带,由卢家圩和吕家圩两个自然村庄所组成,现属江苏省盱眙县旧铺区张洪营乡所辖,今名长江村。新四军将军部大本营进驻后,在此指挥各部实施战略反攻以及夺取抗战的最后胜利。

因新四军军部进驻千棵柳仅半年有余,且距黄花塘不远,故军史专家在研究新四军在淮南这段历史时,往往又将进驻千棵柳这半年时间也笼统归之为"黄花塘时期"。

一、黄花塘时期的三大任务

黄花塘时期,华中敌后抗日根据地的党、政、军、民,从抗战大局出发,积极响应中共中央关于"克服困难,准备反攻"的号召,开展了整风、整训和大生产等三大运动的热潮,从思想上、组织上、物质上和军事上为抗战的战略反攻做好了充分的准备。

(一)整风运动

1943 年春,新四军军部转移到黄花塘后不久,即接到了中共中央关于继续开展整风运动的指示,华中局与新四军军部领导及时发出指示,并在宣传发动的基础上,认真抓好贯彻落实,同时还提出在 1942 年盐城整风的基础上,将整风运动进一步引向深入。

是年 4 月 10 日,华中局和新四军积极响应中共中央关于"克服困难,准备反攻"的号召,又发出了整风学习的指示,决定把整风学习作为全区、全军的中心任务之一,并提出此次整风运动的主旨在于:以思想改造为主要内容、以各级干部为主要对象、以自我反省为主要方针、以"惩前毖后、治病救人"为基本方针、以提高部队战斗力为根本目的。在此情况下,全军下属的各师、旅、团单位,为了加强对整风学习的领导,先后也都成立了整风领导小组,粟裕、谭震林、黄克诚、邓子恢、任质斌、曾希圣、张凯、彭康等将领都担任了各战略区暨军直机关整风学习委员会主任或书记,从而有效地保证了对整风政策的正确引导和成效落实。军部、各师及各根据地政府,还充分利用报纸、杂志、剧团等文化阵地,积极宣传整风政策;各级机关干部都轮流集中学习和培训,踊跃开展批评和自我批评,严格检查各人的思想意识和党性,从而也改善了党和军队及地方领导干部之间的团结。如1943年8月16日,华中局和新四军军部在黄花塘集中召开了所属师以上干部,饶漱石、刘炎、谭震林、黄克诚、彭雪枫、张云逸、邓子恢、粟裕、曾希圣、刘长胜、罗炳辉、赖传珠、曾山、张爱萍等参加的军部整风会,时间1个多月,达到了预期的目的,收到了良好的效果,并为各师和地方政府机关的整风运动做出了表率。

9月,陈毅在认真学习整风的22个文件和与同志交谈的基础上,自定了与同志们谈心的八条准则,先后还发表了《关于学习的意见》和《就会时局与整风》等笔记心得和学习体会,自觉运用马克思主义的基本观点,联系中国共产党的历史教训,深刻开展批评与自我批评,对新四军全军高级干部自觉改造思想、总结经验起到了积极的影响和推动作用。

新四军在整个整风运动中,成绩是十分明显的,但不可否认也出现了一些不和谐的因素。如在1943年10月16日召开的新四军全军整风委员会主任会议后,时任新四军代政委、政治部主任的饶漱石,刚从淮南检查工作回到军部,借整风之名,对陈毅进行打击报复,并罗织了陈毅反对毛泽东、对抗党中央、反对政治委员制度、破坏党的团结等"十大罪状",无限上纲上线,对陈毅进行人身攻击,致使军部某些高级干部受到一时蒙蔽。陈毅对这种无中生有的"莫须有"罪名大为愤慨,遂与饶漱石发生隔阂。陈、饶之间矛盾激化后,中共中央和毛泽东为缓解两人的工作矛盾,特调陈毅赴延安参加整风学习并参加筹备党的七大。黄花塘时期,陈毅与饶漱石之间的矛盾与隔阂,军史专家称之为"黄花塘事件"。此事件扑朔迷离,也是党史、军史中难以解开的谜团之一,军史上习惯上又称之为"黄花塘风波"。

新四军指战员在整风运动中参加学习

陈毅在黄花塘共住了 11 个月。他在赴延安之前,还特地看望了在黄花塘养伤的老部下、郭村保卫战和黄桥战役的功臣乔信明①。1943 年 11 月 15 日,陈毅在黄花塘抛妇别雏,踏上了前往延安的道路。而在此时,他的次子也才刚刚出生一个半月。上路之际,陈毅心情沉重,百感交集,特赋《赴延安留别华中诸同志》诗曰:

战斗相依久,初别意怆然。长记叮咛语,早去复早还。

知我二三子,情亲转无言。去去莫复道,松柏耐岁寒。

时局纵谈罢,举杯祝长征。明朝策骏马,萧瑟唯此心。

西去路漫漫,风物仔细看。不知霜露重,应悔着衣单。

行行过太行,迢迢赴延安。细细问故旧,星星数鬓斑。

①　乔信明曾任方志敏率领的北上抗日先遣队第 20 师参谋长,南方红军游击队改编后任新四军第 1 师第 1 旅第 1 团参谋长和团长及江南抗日义勇军总部参谋长、苏中军区二分区副司令等职。

众星何灿烂,北斗住延安。大海有波涛,飞上清凉山。

1944年3月7日,陈毅抵达延安,受到了毛泽东等中央领导人的热情接待,毛泽东还对陈毅说:"当年朱毛陈三人吃一口锅里饭,这是历史,谁也否认不了,虽然你现在在延安,但是军部的一切重大决策必须报你和少奇同志。"

陈毅赴延安学习后,新四军代军长一职便由副军长张云逸代理,直到抗战胜利后陈毅奉命从延安回到山东,这才正式接任新四军军长的职务。

1942年上半年,为了总结新四军成立以来为挽救民族危亡、浴血奋战的革命先烈,激励华中根据地军民的抗日斗志,新四军军部研究决定编辑全军战斗英烈集,并命名为《新四军殉国先烈纪念册》,同时责成军政治部组织科科长刘志诚收集编纂。由于敌伪不停地对根据地进行"扫荡",军情极其紧张,此事直到军部迁徙到黄花塘后方才告竣。1943年10月,在紧张的作战和整风间隙,陈毅亲自指导刘志诚编写,并对编纂后的《新四军殉国先烈纪念册》初稿进行润色。陈毅在赴延安之前,还对《纪念册》作最后审查定稿,并题写了《新四军殉国先烈纪念册》书名。该书共分题字(分别由饶漱石、张云逸、赖传珠、曾山等题字)、序言(分由饶漱石、陈毅作序)、本军抗战殉国将校题名录(殉国英烈姓名录)和本军抗战殉国先烈纪念文汇(共37篇纪念文章和传记)4大部分。审查通过后,由军政治部印刷厂承印,1943年年底出版。这本书出版后,极大地鼓舞了华中敌后广大军民的抗日热情,有力地批驳了国民党顽固派对新四军的"游而不击"的中伤和造谣,促进了华中军民团结一致,继承和发扬英烈的遗志,为夺取抗战的最后胜利而奋斗!

1945年3月,新四军政治部下发《对整风善后工作的指示》,号召各单位对不同形式对整风进行总结,并对审干中出现的问题逐一复查甄别,使之得以实事求是地妥善解决。时至8月,历时3年之久的整风运动终告结束,为中共中央七大的召开奠定了思想基础。

通过整风运动,新四军将士提高了思想认识和思想觉悟,部队的战斗力也得以增强,为后来的战略反攻奠定了坚实的思想基础。对于此次整风的效果,时任华中局城市工作部部长的王尧山同志曾撰有《往事琐忆》一文并作回忆道:"军部在黄花塘期间,华中抗日战争一天比一天发展,华中抗日政权一天比一天巩固,华中广大人民一天比一天更加坚强,与武装部队打成一片,形成一道钢铁长城。"①

新四军第4师师长彭雪枫(前中)与骑兵团历次战斗英雄合影

(二)整训运动

在抓好整风运动和大生产运动的同时,新四军军部根据中共中央1944年7月1日的《关于整训军队的指示》中"华中部队整训应着重练兵、带兵、养兵、用兵四大项,而以练兵为中心"的指示精神,积极开展"官教兵、兵教兵、兵教官"的群众运动的练兵法,干部整训则偏重于提高指挥艺术水平。

整训全面开始后,规定从1944年冬到翌年3月为第一期,其任务首先是进行政治整训,以尊干爱兵、改善官兵关系为重点,后转入提高射击、投弹、刺杀、土工作业等四大战术技术为主要内容的练兵运动。在抓好主力部队整训的同时,新四军还积极协助地方各级政府的地方部队和民兵的整组与

① 引自《战地旌旗红——新四军黄花塘部队研究》,中共江苏省委党史工作办公室、中共淮安市党史工作办公室编,群言出版社2003年4月版,第186页。

训练,并在乡级以上政府成立了武装委员会,由主力部队派出骨干对自卫队和民兵进行整训。据统计,仅淮北一地,1944年冬就组训了10万民兵,整个华中地区的整训练兵运动的收效明显由此也可得见一斑。

由于新四军上下抓整训练兵运动落到了实处,从而提高了部队的战斗力,军事干部的指挥能力也有了明显的进步,地方武装力量更是得以空前加强和提高。至1945年抗战胜利前夕,新四军主力部队已经发展到21.5万人,地方部队也发展到近10万人。

通过整训运动,新四军的主力作战部队和根据地政府地方武装及民兵等,战斗力得到了空前的提高,为后来的战略反攻奠定了坚实的基础。

(三)大生产运动

由于日寇对各根据地进行反复的"扫荡"和封锁,并在各占领区实行"三光"政策,再加连年的严重灾荒,华中抗日根据地出现了极端严重的经济困难。面对种种困难,新四军和华中局积极响应毛泽东于1942年12月的《抗日时期的经济问题和财政问题》中的指示精神,号召全军干部每人每天节约半斤粮食救济群众,渡过灾荒。是年9月30日,华中局还发下了《关于生产运动的指示》,决定将开展大生产运动作为根据地建设的中心任务之一,发动全军将士在作战之余,积极投入到大生产的第一线,从而掀起了大生产运动的热潮。

在大生产运动中,全军各师、旅、团、营、连各级都根据不同的实际情况,抓好种粮、种菜、养殖、纺花、开办作坊、筹办小工场等,积极开展生产自救、自给、自足活动;至1944年初,军部机关做到食油、蔬菜、牙刷、牙膏、毛巾等生活用品自给,每人每月还能吃到猪肉一斤,其他肉半斤。各师、旅、团先后还都创办了兵工厂、修械所、纺织厂、印刷厂等,以发展经济,保障供给,全军所辖各师也均有自己的军工厂,如第2师军工厂厂长吴运铎就是大生产运动中涌现出来的典型,他在研制军火时被炸瞎了眼睛,炸断了左手,但仍坚持工作,他的事迹真实感人,被人们称为"中国的保尔"。他在新中国成立后还写过《把一切献给党》并被拍成电影,主要拍摄外景就在黄花塘。据不完全统计,1945年7月底抗战胜利前夕,新四军全军已拥有各类工厂46个,军工生产人员近万人,修造各类武器弹药、步枪、迫击炮等以及大量的子弹和炮弹。苏中地区还提出了"家家纺纱,户户织布"的口号,一个县就有织布机9000余架。所有这些,都有效地保障了新四军部队的供给和群众所需。

新四军在黄花塘时期的大生运动中,军部及其所辖各师的军工生产也都呈现出繁荣的局面,为各战斗部队提供了有力的保障。为了促进全军军工生产有蓬勃开展,新四军军部还于1944年9月21日至10月初在黄花塘召开了了华中兵工厂生产会议。参加此次会议的有1师的程望,2师的王新民,3师的田汝孚,4师的李仲麟,6师的程铿,浙东纵队的朱连根等及各师代表。此次会议的主要议题是:调动数千名军工大军的积极性,交流生产经验,提高生产技术,努力生产武器弹药,保障抗日战争大反攻作战的需要。与会期间,会场上还展览了各师携带来的琳琅满目的各种武器,与会代表们相互学习,共同探讨,大开眼界,信心百倍。会议期间,新四军副军长张云逸、参谋长赖传珠等都在百忙中抽出时间参加并作报告,鼓励与会代表提高生产技术和质量,提高认识,开动脑筋,加快生产步伐,提高劳动效率,切实保障前方作战部队多打胜仗的需要,努力生产更多更好的武器弹药。此外,中共中央华中局城市工作部(又称新四军调查研究室)副部长刘长胜同志,还依据工会工作和工人运动方面等问题,详细地介绍了苏联工会工作的情况和一些好的经验,并号召全军的军工生产切实要做到工厂行政、党的领导和职工工会三位一体的领导,齐心协力,团结奋斗,努力支持前方将士多打胜仗。黄花塘军工会议的召开,对华中抗日根据地的军工生产是一个极大的推动和鼓舞,并为前方作战部队提供了可靠有力的保障。

在新四军所辖的7个师中,1师枪多,2师人多,4师马多,7师钱多。7师外贸局局长蔡辉,有经济头脑,他开办公司,经商做生意,军部在黄花塘期间的大部分财政支出,也都是由7师提供的,这与蔡辉的功劳是分不开的。

新四军在黄花塘时期的大生产运动,有效地保障了部队的物资供应,改善了官兵的生活水平,提高了部队的战斗力,减轻了人民群众的负担,使军民鱼水般的团结得到了更进一步的凝聚,为赢得抗战的最后胜利奠定了坚实的物质基础。

1944年至1945年上半年,新四军在华中敌后抗日根据地进行的大生产运动,减轻了根据地人民的负担,丰富了全军将士的物质生活,巩固和扩大了根据地的建设,并使主力部队、地方部队和民兵的素质有了明显的提高,为进行战略反攻、赢得抗战的最后胜利创造了物质条件。

二、以军政为中心,抓好全面建设

新四军在黄花塘时期,在政权、经济、文化、卫生等各方面都取得了重大成绩。为了加强地方政权建设,新四军还颁布了一系列的法令条例,其中包括参议员选聘条例。根据地的政权建设主要采取"三三制"的组织形式,由左派进步分子、中间分子、中共党员各占三分之一所构成,从而得到了社会各界的拥护,稳固了华中抗日民主根据地政权。

经济建设,在盱眙地区有淮南银行和淮南印钞厂,新四军发行有华中币。二师在淮南创办的新群卷烟厂(上海飞马卷烟厂的前身)不仅产量高,而且质量好,除满足根据地军民需要外,还热销到各大城市,成为知名品牌。

新四军对文化教育工作建设主要表现在以下两个方面:一是部队教育,二是学校教育。新四军创办有自己的报纸和剧团,像拂晓剧团、大众剧团等。在华中各抗日根据地,还创办了许多新的学校,包括大学、公学和中学等,招收了大批学员,作为补充干部的后备军,培养了各类技术人员,服务于根据地建设的各个方面。彭康任校长的华中建大①、韦悫任校长的江淮大学,此外还有淮北中学等,都是很受军民欢迎的名校。

新四军在抗战时期得到了很多国际友人的支持。新四军曾营救过很多美军飞行员,其中有的还被送到黄花塘军部疗养,得到了精心的照顾。德国记者汉斯·希伯,曾热情宣传中国的抗日战争;美国记者史沫特莱也曾到新四军的皖南等驻地进行战地采访,并称赞皖南的新四军后方医院"是世界上最简陋而最正规的医院",著名奥地利泌尿科和妇科专家罗生特,在黄花塘军部工作近两年,新四军将士誉之为"新四军中的白求恩"。

黄花塘时期,新四军各师积极响应援政爱民的号召,第4师师长彭雪枫还写了"政府卫队,保卫政府,乃是义务;人民护兵,爱护人民,原为本分"一

---

①　全称是华中建设大学,创建于1945年初,校址设于盱眙县新铺镇,后迁至淮阴,1946年10月再迁至山东莒南县,1947年复迁至山东海阳县等地。

联,要求各部队都贴在墙上。彭雪枫率领的第4师纪律严明,艰苦奋斗,为减轻人民负担,指战员吃饭都是杂粮,到了每人一天连5分钱的菜金也发不出时,他就下令卖掉军马来解决部队的菜金,以减轻人民的负担。当驻地群众挖河出现矛盾时,彭雪枫亲自组织调解,并派部队帮助地方兴修河道,受到了当地群众的欢迎,70多岁的开明士绅田丰,年轻时曾参加过武昌起义,也感动得向部队送来石刻的功德碑,立在新兴集东街路口,又向彭雪枫率领的新四军赠送了"天下文明第一军"金匾。在师部驻地南面的大柳巷,还有以彭雪枫的名字命名的"雪枫堤"。第5师师长兼政委李先念,规定5师官兵30里内一切运输概由部队自己负责,不准派用民夫。1943年11月,第2师驻地附近的山皇村村民的房子被日军烧毁,罗炳辉师长立即派部队帮助修房,并给每家派发了70块钱。

　　1944年7月,中共中央军委作出八路军、新四军各一部进军河南敌后的战略部署。8月5日,新四军第4师遵照中共中央华中局和新四军军部的命令,由师长彭雪枫、参谋长张震、政治部主任吴芝圃率领主力西进,向豫东地区作战,伺机收复原豫皖苏边区根据地。8月15日,彭雪枫率所部5个团,在4师师部驻地半城举行誓师大会,准备西进并恢复原豫皖苏辖区根据地。翌日,彭雪枫率骑兵团等街头部队出发西征。20日,西进部队越过津浦铁路进入路西地区;翌日,先头部队抵达安徽萧县,受到顽伪一体的国民党苏北挺进军第40纵队的无理阻拦,西进部队奋起自卫,并于23日将敌人围歼于小朱庄一带,歼敌1600余人,击毙敌司令王传绶等人。国民党军第28纵队吴信元支队两个团1700余人,迫于新四军的压力举行起义,并被编为萧县独立旅。8月28日,西进部队进至涡阳、永城地区,迅速恢复了萧宿永涡地区的抗日民主政权,并建立了萧县、永城、宿西3个县政府和15个区政府,组织地方武装,初步控制了萧永宿地区,为全面恢复豫皖苏边区建立了立足点。9月10日,西进部队在夏邑县八里庄、小楼子、张庄一带与阻我西进的国民党顽固军第28纵队等部发生战斗,全歼顽军1000余人,取得了路西八里庄反顽战斗的胜利,并俘敌支队长李光明、副支队李良玉、程青山以下527人,另有300余人投诚,打破了顽、伪的路西防线,对开辟夏永砀地区具有十分重要的意义。

1944年8月21日,彭雪枫指挥西进部队攻打小朱庄

但在11日清晨,亲临前线指挥的4师长彭雪枫,在八里庄战斗即将结束时,不幸被流弹击中,以身殉国。翌年2月8日,毛泽东、朱德、彭德怀、刘少奇、陈毅暨延安各界代表1000余人,在延安中央大礼堂为彭雪枫举行了隆重的追悼大会;淮北根据地军民1.6万人,在淮北根据地首府半城镇,也为彭雪枫举行了隆重的追悼大会,沉痛悼念彭雪枫同志。

彭雪枫将军牺牲后,中共中央军委为确保全军士气,秘不发丧,一面调令新四军第3师师长张爱萍任第4师师长,第9旅旅长韦国清任副师长,继续指挥西进部队作战。延至10月底,新四军第4师西征部队,基本上恢复了豫皖苏边抗日根据地原有地区。

新四军在黄花塘时期,全军上下开展的整风、生产、整训三大运动,根据地进一步扩大和巩固,主力部队、地方部队和民兵的综合素质有了明显的提高,为顺利进行战略反攻,争取抗日战争的最后胜利从思想上、组织上和物质上做好了充分的准备。

第三节　黄花塘时期新四军的历史功绩

一、功绩长留江淮间

新四军军部于 1943 年 1 月 10 日进驻黄花塘,至 1945 年 9 月 19 日迁往淮阴,历时 2 年 8 个月,是新四军军部进驻时间最长的一个军部驻地。其间,正是抗日战争从战略相持向战略反攻的转折阶段,新四军军部遵照中共中央和中央军委指示,指挥全军将士在"敌伪顽"的夹击中发展壮大,在大江南北战场上,在保卫和建设根据地的艰苦斗争中,严格执行中共中央的指示精神,掀起整风、整训和大生产等三大运动,领导根据地军民积极开展对反"扫荡"、反"清乡"和反蚕食斗争,多次粉碎国民党顽固派多次制造的摩擦事件,巩固和发展了华中敌后抗日根据地,为顺利进行战略反攻、夺取抗战的最后胜利做出了历史性的贡献。其历史功绩在于:

一是领导华中敌后抗日根据地军民的 3 年最艰苦的斗争,最后基本肃清了长江以北、津浦路以东、陇海路以南的日伪军,使淮北、苏北、淮南、苏中四大解放区连成了一片;二是领导开展了整风学习;三是组织大生产运动,发展根据地的经济,保障作战供需;四是大力开展军政训练活动。到 1945 年 7 月,新四军主力发展到 21.5 万人,地方部队发展到 9.7 万人。

二、新四军黄花塘时期军部组织编成(1945 年 1 月)

军长	陈　毅(代)
政治委员	饶漱石(代)
副军长	张云逸
参谋长	赖传珠
政治部主任	饶漱石
司令部参谋处处长	陈锐霆

第一科科长	谭知耕
副科长	叶　超
第二科科长	马步英
副科长	王征明
第三科科长	杜崇保
机要科科长	薛丹浩　左金祥(后)
通信科(电台)队	
队长	曹丹辉
副队长	黄　荣
调研室主任	胡立教
政治部秘书处秘书长	邓逸凡
组织部部长	张　凯
宣传教育部部长	钱俊瑞
锄奸部部长	汤光恢
副部长	梁国斌
敌工部部长	刘贯一
副部长	李亚农
直属政治部主任	张　凯(兼)
卫生部部长	崔义田
副部长	戴济民　周　波(周泉)　宫乃泉(后)
供给部部长	宋裕和
副部长	叶进明
军特务团团长	朱国华　张宜友(后)[①]

三、黄花塘新四军军部旧址纪念馆

黄花塘新四军军部旧址纪念馆,位于江苏省盱眙县东南黄花塘乡黄花塘村,与莲塘至泥沛公路毗邻。

---

① 上表编撰据《回顾新四军军部》,北京新四军暨华中抗日根据地研究会军部分会编,解放军出版社 2012 年 8 月版。

1982 年 3 月,黄花塘新四军军部旧址被江苏省政府列为省级文物保护单位,辟建的黄花塘新四军军部旧址陈列馆也于 1985 年建成。翌年 10 月 1 日对外开放后,陈列馆中陈列着新四军军部及第 2 师师部革命文物,至今仍保留着第 2 师师长罗炳辉、华中局代理书记、新四军代政委饶漱石,华中局组织部长曾山,副军长张云逸先后住过的民居和新四军参谋长赖传珠居住过的两幢草房,还保留着新四军军部主要生活用水源地、旱时为军部指战员操练场所的黄花塘,以及饶漱石、曾山和军部卫生院用房所在地的芦柴塘、陈毅住房所在地和夏季游泳场所的新塘遗址,1997 年被列为"全省爱国主义教育基地"。2002 年,为纪念新四军军部暨中共中央华中局进驻黄花塘 60 周年,由江苏省委、省政府批准,在黄花塘军部旧址左前方约 200 米处,又新建了更大规模的"黄花塘新四军军部纪念馆",馆内陈列历史图片资料 1000 余幅,展示革命文物 200 余件,此外还建有馆前广场及其他辅助景点,与军部旧址、新四军领导人住房遗址,共同形成了黄花塘新四军军部纪念地。2008 年,人民政府在新四军军部旧址陈列馆旁又另行建造了"新四军文化艺术馆"。

第七章

新四军军部在淮阴

江苏省淮阴市（今淮安市），是新四军军部大本营进驻的第十一站。

1945 年 9 月 6 日，新四军第 3 师第 10 旅攻克苏北重镇淮阴城，并易名为清江市。由于形势发展需要，新四军报请中共中央拟将军部迁往淮阴，以利于指挥华东整个战局。根据《赖传珠日记》记载，新四军军部于 9 月 9 日派司令部参谋处处长陈锐霆带人赴淮阴勘查军部进驻事宜。9 月 14 日，军部先遣梯队离开淮南向淮阴进发。9 月 19 日，军部中央梯队也离开淮南并于21 日上午 10 时进驻淮阴。1945 年 11 月底，新四军军部奉命迁往山东临沂，在淮阴历时约 2 个月。

淮阴是一座历史悠久的文化名城。新四军军部于 1945 年 9 月中旬从淮南盱眙县向淮阴转移，又于是年 11 月下旬迁往山东临沂。尽管新四军军部进驻淮阴的时间仅约两月，但因此时正处于抗战胜利之际，且又是新四军发展的转折时期，虽然这段时间较为短暂，但意义却非同寻常，故这段时间显得十分重要和颇具意义。此一时期，新四军军部和华中局根据中共中央指示和便于工作展开，前后进行了两次规模空前的战略转移。

新四军军部大本营进驻淮阴这段时间，正值中国的抗日战争刚刚取得胜利，因此这段时间既可以说是一段特殊的历史，又是新四军发展史上的一个转折时期。新四军军部进驻淮阴前后，相继取得了两淮战役大捷、第 3 师奉命进军东北、江南新四军主力渡江北移、组建苏皖边区政府、新四军主力挺进山东等重大事件。因此，不少军史研究专家都将新四军军部进驻淮阴这段时间称之为"淮阴时期"。

第一节　新四军大本营第十一站——淮阴

1945 年,中国人民经过长达 8 年的浴血奋战,抗日战争终于进入到了最后的胜利阶段。

一、举国欢庆抗战胜利

1945 年 7 月,世界反法西斯战争也进入最后阶段。26 日,中、美、英三国首脑发表《波茨坦公告》,敦促日本政府立即宣布所有日本武装部队无条件投降。8 月 6 日、9 日,美国分别对日本广岛、长崎投掷原子弹实施轰炸。8月 8 日,苏联正式向日本宣战;翌日,百万苏联红军分兵四路挺进到我国东北境内与日本关东军作战。8 月 9 日,中共中央主席毛泽东发表了《对日寇的最后一战》的声明,号召"中国人民的一切抗日力量应举行全国规模的反攻","八路军、新四军及其他人民军队,应在一切可能条件下,对于一切不愿投降的侵略者及其走狗实行广泛的进攻,歼灭这些敌人的力量,夺取其武器和资财,猛烈地扩大解放军"[①],同时号召该军队要密切而有力地配合苏联及其他盟军作战,取得抗战的最后胜利。

8 月 10 日,中共中央发出《关于苏联参战后准备进占城市及交通要道的指示》,要求各地党委应立即动员一切力量,向日、伪军进行广泛的进攻,迅速扩大解放区,壮大我军。同日,朱德总司令在延安总部也向解放军区所有武装部队发布命令,立即促令附近日、伪军投降,并坚持消灭拒降之日、伪军。其内容略谓:一、各解放区任何抗日武装部队均得依据《波茨坦宣言》规定向其附近各城镇交通要道之敌人军队及其指挥机关送出通牒,限其于一定时间向我作战部队缴出全部武装;二、各解放区任何抗日武装部队均得向其附近之一切伪军伪政权送出通牒,限其于敌寇投降签字前,率队反正,听

---

① 《毛泽东选集》第 3 卷,人民出版社 1991 年 6 月第 2 版,第 119 页。

候调遣,过期须缴出全部武装;三、各解放区所有抗日武装部队,如遇到敌伪武装部队拒绝投降缴械,即应予以坚决消灭;四、我军对任何敌伪所占城镇交通要道,都有权派兵接收,进入占领,实行军事管制,维持秩序,并委任专员负责地区之一切行政事宜。①

在敌后斗争中日益发展壮大的新四军主力部队

　　在苏、美盟军及中国人民武装力量的沉重打击下,日本统治集团为避免日本遭到毁灭,遂于8月10日的内阁会议上,决定接受《波茨坦公告》,在保留天皇体制下结束战争。15日,日本天皇裕仁通过广播宣读终战诏书,宣布无条件投降。

　　"日寇投降了!"

　　中华八年离乱,万家墨面,八年抗战,筚路蓝缕;

　　日寇烧杀掠抢,血债累累,八年逞凶,一朝覆亡!

---

　　①　《新四军·文献》(5),中国人民解放军历史资料丛书编审委员会编,解放军出版社1995年3月版,第41页。

"中国胜利了! 抗战胜利了!"和平的曙光就在前面!

英勇壮烈,长歌当哭;胜利的消息传来,全国军民无不欢欣鼓舞。

新四军军部在接到中共中央的命令后,及时向所辖各部发布命令,向华中各地日伪发出通牒,令其立即停止一切抵抗,向就近新四军部队投降。8月13日,伪首都警卫第3师师长钟剑魂在地下情报工作者徐楚光等人的策动下,率部3000余人在江北六合县(今南京市六合区)钟家集反正,起义部队改编为新四军华中独立第1军,钟剑魂任军长,刘贯一任政治委员,徐楚光任副政委、参谋长兼2师政委。

9月2日,日本外相重光葵、日本参谋总长梅津美治郎,分别代表日本天皇及日本政府、日本大本营,在停泊于东京湾的美国军舰密苏里号上,向盟国签署无条件投降书。同时,日本天皇也发布诏书,要日本臣民"速停止敌对行为,放下武器",履行投降书之一切条款。

接受检阅的新四军第3师部队

9月9日9时,日本侵略军中国派遣军总司令冈村宁次,在南京签署向中国投降书,国民党陆军总司令何应钦签字受降。因此,9月2日后来也就成了中国人民抗战胜利纪念日!

抗战胜利后,新四军军部为了阻止津浦路西的国民党军东进侵犯我根据地,特调第2师、第2师的第7、8旅和独立旅开赴淮南的路西集结,并准备在此与国民党军队展开决战。但是,国民党军此时已经抢占了徐州、蚌埠和津浦路沿线的重要城市和交通要道,再加上其他种种原因,因此暂时尚不大可能有向我解放区发动大规模进攻之举。

二、取得两淮战役大捷

1945年9月2日,日本政府正式签署向盟国无条件投降书。至此,坚持8年的中国人民抗日民族解放战争取得了最后的胜利。同日,中共出《关于日本投降后我党任务的决定》,指示:"日本已宣布投降,国民党已积极准备夺取抗战胜利果实,这一争夺将是极猛烈的","各地对蒋介石绝对不应存在任何幻想,必须在人民群众中揭露其欺骗。对蒋介石发动内战的危险,应有必要的精神准备,但目前阶段注意力应集中于解决敌伪,勇敢、坚决、彻底地争取最后胜利。"

根据抗战胜利后全国暨华中地区的形势,黄克诚、谭震林联名向中共中央提出建议,刘少奇也从延安来电指示新四军:黄、谭意见将第3师部队抽调(或再加二师之一部)向东扫清苏北敌伪据点,造成将来作战的有利条件,似乎是必要的;否则主力部队将陷入无事可做的被动地位。以前黄克诚主张第3师所部首先肃清苏北敌伪后再行西调的意见,似乎也是对的。接着又来电说:目前一时期,不论2师、3师、4师均以依照当前情况作适当之分散作战有利。据此,3师首先以位置距两淮最近的第10旅和地方武装攻取淮阴,然后以相继赶回的第7旅、第8旅和地方武装接替第10旅并攻取了淮安。

鉴于抗战胜利后对新四军发展十分有利的良好态势,新四军第3师第10旅在黄克诚师长兼政委的指挥下,迅速集结部队,兵指淮阴城下,并在地方部队的密切配合下,遂于9月6日一举拿下了江淮重镇淮阴,全歼伪军第28师等部,击毙伪师长潘干臣以下300余人,俘伪师参谋长刘绍坤以下8328人。接着,黄克诚、洪学智又率第7、第8旅与地方部队接替原围攻淮安的第10旅,并于9月22日发起了总攻。此次战役,仅用5分钟激战就攻破了淮安城,半小时之后将城内守敌全歼,一举占领了古城淮安,击毙伪旅长吴漱泉以下300余人,俘敌团长以下4354人。至此,两淮战役胜利结束,全歼淮阴、淮安守敌伪守军,给苏北各孤立据点的敌伪军以极大的震撼,伪第二集团军第18师师长杜新民(中共地下党党员)也适时率4000余人在河南永城县举行起义,起义部队改编为华中解放军第2军。

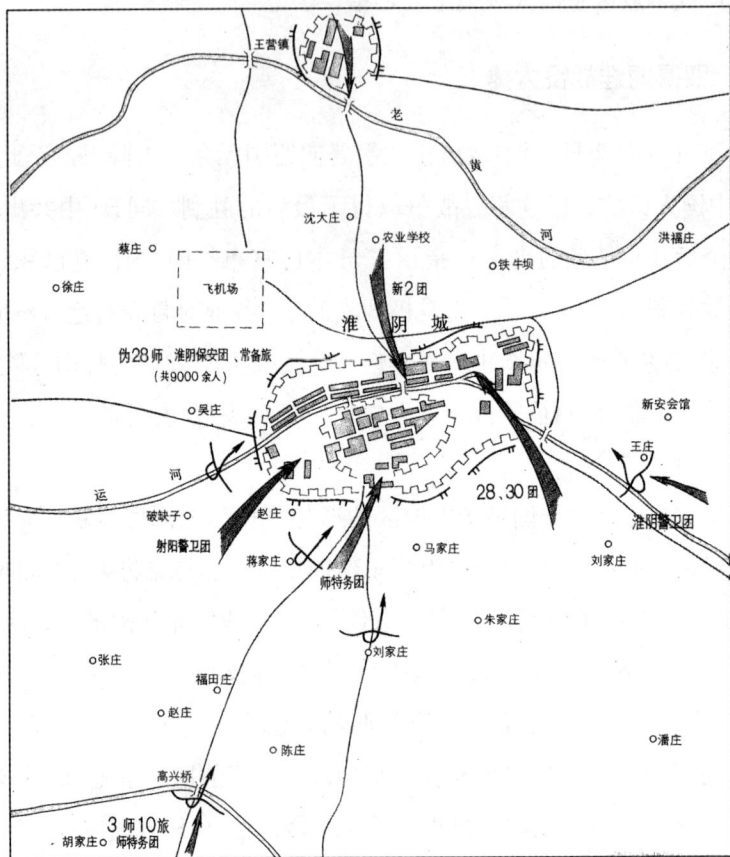

淮阴战役要图
1945年8月26日——9月6日

　　两淮战役结束后,新四军第3师第10旅和地方武装乘胜进击,相继又攻克了苏北响水口、陈家港、大伊川、新安镇等重要城镇,基本上控制了灌河两岸地区,并在解放苏北盐城时,又全歼伪军徐继泰部千余人。连战皆胜,捷报频传,极大地鼓舞了新四军第3师将士,正当3师上下正厉兵秣马、继续扩大攻取盐城的战果时,适逢中共中央来电,命令黄克诚率本部3.5万人开赴东北,故解放盐城及其他地方的任务,也就有待于其他新四军部队去完成了。

两淮战役是新四军第 3 师的扛鼎杰作,也是整个新四军的扛鼎杰作。两淮战役的胜利,使苏北、苏中、淮南、淮北 4 个解放区连成了一片,不但为迎接华中人民解放战争胜利准备了条件,也为新四军军部大本营、华中局机关进驻淮阴和苏皖边区政府的成立奠定了基础。

三、新四军军部进驻淮阴

日军投降后,黄克诚率领的新四军第 3 师第 10 旅于 9 月 6 日解放了苏北重镇淮阴,并易名为清江市;22 日,第 3 师第 7、第 8 旅及地方部队又一举解放了淮安。两淮战役的胜利,为新四军军部进驻淮阴奠定了基础。

早在新四军军部进驻淮南黄花塘、千棵柳的后期,军部即有将大本营回迁盐阜地区之设想,并让参谋长赖传珠于 1945 年 8 月 1 日提前通知第 3 师师长兼政治委员黄克诚率领 3 师做好迎接的准备工作。随着抗战的胜利和两淮大捷的取得,国内局势发生了重大的变化,再加上苏北、苏中、淮北、淮南 4 个解放区业已连成一片,且淮阴本来就是江北的军事重镇,又地处四个解放区的中心地带,再加上交通便利,便于对全军实施有效的指挥,新四军领导人在经过报请中共中央同意之后,遂决定将军部大本营迁至刚刚解放的淮阴。

9 月 9 日,也就是淮阴解放的第三天,新四军司令部参谋处处长陈锐霆即奉军部首长之命,率先遣分队前往淮阴,为军部及其机关进驻淮阴部署准备工作。

9 月 19 日上午 8 时,中共中央华中局、新四军军部机关及直属队,在张云逸、饶漱石等人的率领下,从淮南盱眙县千棵柳出发,21 日安全抵达淮阴。因此,淮阴不但成了新四军军部大本营的第十一站,也成了华中解放区的首府。是年 10 月下旬,新四军奉中共中央军委的命令,军部及其机关迁往山东临沂,在此历时 1 月有余。

就在新四军军部进驻淮阴的同一天,中共中央发出了"向北发展、向南防御"的战略部署,并决定新四军主力兵团北上山东和冀东地区,保障与发展山东根据地和冀热辽朝阳区;浙东新四军向苏南撤退;苏南、皖南新四军主力北移长江以北。同时决定山东分局改为华东局,华中局改为华中分局,受华东局领导。

第二节 防御与发展的北移战略

新四军进驻淮阴后,由于抗战胜利后形势的急剧变化,新四军也面临着新的发展机遇。在经过为时不长的调整之后,新四军便遵照中共中央的指示精神,分批向东北和山东进军。

一、第3师开赴东北

9月14日,新四军第3师师长黄克诚致电中共中央、中央军委,建议在政治上仍进行谈判,在军事上应将江南主力撤回江北,集中优势兵力进行决战,建立山东、苏皖连片的大战略根据地,同时另派10万大军迅速赶赴东北,迅速创造总根据地。黄克诚致中共中央电文如下:

我对目前局势和我国军事方针,有以下意见和建议:

(一)蒋介石对我党谈判若无诚意,只以和平谈判作欺骗人民、麻痹我军、拖延时间之手段。而在军事上敌人以大军积极进占大城市和交通要道,并以必要兵力控制我军可接近之山脉(大别山、黄山、天目山、陕南等),防我军向其背后挺进。估计顽军到达指定之城市交通要道后(华北、华东),仍将在敌人掩护下构筑铁路封锁线,甚至纵深封锁线,以分割孤立我军各战略区,使我军不能自由调动。到适当时机,和平压力无效后,即以大军向我进攻,以收各个击破之效。

(二)我军数量虽大,但精干坚强之主力不多,且占领地区大、我主力分散。各大战略根据地,除山东外,突击力量均欠强大,均很薄弱,各根据地内均有敌顽之据点,均控制有铁路及大城市,且无一个根据地在人民、地形、粮食诸条件之结合上,比得上过去之中央苏区。各根据地联系做得不好,很难独立长期支持大规模战争。

（三）在上述情况下，目前我们的方针约有下面三个：

1. 以极大让步取得和平（削弱军队与地区到极大限度）。

2. 有利基础下让步，长期和平谈判，争取和平，保持力量。

3. 有决心地、主动地放弃一些地区（游击坚持），集中主力进行决战，创造联系一片的大战略根据地（有铁路有城市），在全国范围内开展游击战争，逼迫蒋介石向我让步，取得和平。

（四）我们若执行第一项方针，将走希腊路线，造成严重失败（蒋介石永远不会放松我军我党）。第二项方针，目前很少有实现可能。时间拖延，对我极端不利。因此，我们应采取第三项。政治上仍进行谈判，而军事上应集中主力进行决战。在决战胜利之下，取得联系一片的大战略根据地，有利于进行长期斗争。军事具体部署上，我建议：

1. 东北既能派队伍进去，应尽量多派，至少应有 5 万人，能去 10 万为最好。并派有威望的军队领导人去主持工作，迅速创造根据地，支援关内斗争。

2. 以晋、绥、察三地为关内第一战略根据地，应集中 10 万主力，进行消灭傅作义、阎锡山、胡宗南之决战，达到控制整个察、绥与西北部和太行山全部。

3. 以山东为关内第二战略根据地，应集中 15 万主力，待敌人缴枪之后，在济、徐、胶、海铁路线进行决战，达到控制整个山东。

4. 其他各地区，则成为二大战略根据地之卫星，力求争取局部决战之胜利，若不可能时，即以游击战争长期周旋。

（五）为执行上述方针，山东应调 3 万人到 5 万人去东北，华中应调 3 万人到 6 万人去山东。在河南和平原主力的一部，应调山西。江南一师主力应调回江北，只以一部留在江南活动。一师为新四军之坚强部队，目前向顽作战毫无希望，估计将来被截断之后，会被迫打游击。以坚强主力去打游击，极为不利，故应迅速北调。

（六）我对各方面材料了解甚少，可能有片面之处，但我认为目前我党若没有联系一片的大战略根据地，就不会有大的胜利；若没有大规模决战的胜利，就不会联系一大片的大战略根据地。故集中兵力进行决战，当为当前之急。如依靠谈判或国际干涉，均带有极大危险性。是否妥当，请考虑指示。①

黄克诚的电报传到延安后，负责主持中央日常工作的刘少奇看后，不禁拍案叫绝，当即电传给时在重庆与国民党政府谈判的毛泽东、周恩来等人。毛泽东看后也觉得黄克诚提出的建议具有极高的战略价值。9 月 19 日，中共中央在《关于目前任务和向南防御、向北发展的战略方针的指示》中提出了"因山东八路军主力及大部分干部调往东北，由新四军调数万主力到山东和冀东。将江南新四军主力撤返江北。罗荣桓到东北工作，中共中央华中局移至山东，与山东分局合并组成华东局"。9 月 20 日，中共中央复电华中局并转黄克诚："华中局转黄克诚：你的提议中央同志都看过，并在原则上同意你的意见。中央关于目前战略部署电谅你已收阅。望你以后多提意见。"②

9 月 19 日，中共中央发出《目前任务和战略部署》的指示，所提出的"向北发展，向南防御"战略方针与黄克诚的建议基本吻合，黄克诚的"9.14"电报建议的战略价值也可得见一斑。中共中央华中局和新四军军部，在接到中共中央新的战略方针后，也做出一系列的具体部署，迅速部署所属各部实行战略转移。

9 月 23 日，黄克诚接到中共中央来电，令他率本部不少于 3.5 万人奔赴东北，开辟新战场，力争早日控制东北，夺取未来战争的主动权。在此情况下，黄克诚率领第 3 师广大指战员，在短短 5 天内完成了交接、移防及开赴东北的准备工作。

与此同时，中共中央华中局、新四军军部还根据中共中央"望从华中、山东干部中抽调一批派到东北工作"的指示精神，分别从第 4 师和淮北军区、第 2 师和淮南军区抽调部分精干干部组成架子团队，在进入东北后经过补充

---

① 转引自《跃马挥戈黄克诚》，中共江苏省委党史工作办公室、中共盐城市委党史工作办公室编，长征出版社 2002 年 8 月版，第 281—282 页。

② 转引自《跃马挥戈黄克诚》，中共江苏省委党史工作办公室、中共盐城市委党史工作办公室编，长征出版社 2002 年 8 月版，第 283 页。

也成为东北的主力战斗部队。

中共中央在部署进军东北部队时,将黄克诚率领的新四军第3师也列入其中,这既是战略调整的需要,也是对新四军和第3师的信任。根据中共中央军委和毛泽东的命令,新四军第3师由黄克诚率领,于9月28日从淮阴、淮安出发北上,向东北挺进。第3师主力由第7、第8、第10和独立旅和特务第1、第2、第3共4个旅、3个特务团组成,共3.5万人,告别了并肩战斗的苏北军民,踏上了远征东北的征程。10月12日,黄克诚率第3师主力路经山东临沂,从延安到山东的陈毅接见了连以上干部并作重要讲话;11月6日,第3师进至河北霸县(今霸州市),并奉命归属中共中央东北局指挥,与新四军正式解除隶属关系。黄克诚率第3师主力经过近2月的长途跋涉,纵跨江苏、山东、河北、热河、辽宁5省和陇海、胶济、津浦、平津4条铁路干线,全部行程3000余里,终于在11月25日顺利抵达东北锦州以西的江家屯、六家子、轻沟一带,胜利地完成了进军东北的战略任务,走向了解放东北的新战场。

黄克诚率第3师进入东北后,被编入东北人民自治军。1946年1月14日,该部又被编入东北民主联军序列;同年7月解放战争开始后,东北民主联军的野战部队进行统一整编,第3师分别被编入第2纵队、第6纵队、第12纵队和独立第6师。

二、主力部队转移山东

抗战胜利后,时在重庆的蒋介石邀请中共中央代表赴重庆进行谈判。为了国家和平,毛泽东代表中共中央毅然前往重庆,与国民党政府商谈国是大政。

国共双方会谈时,中国共产党人从国家和平大局和民族根本利益出发,答应简编所属军队并让出部分解放区,江北新四军主力转移到黄河以北地区,即撤离淮阴北移至鲁南解放区,另又命令苏浙区粟裕所部新四军主力转移至江北地区。

三、江南主力转移江北

1945年9月16日,中共中央电示华中局:"全国内战危机虽然较大,但和平局面也有可能,你们苏南、浙东、皖南三地区部队,如果和平局面出现,有转移到江北的可能,望你们立即注意控制北上道路,保证北上安全,准备于将来适当时机渡江北上。"

翌日,中共中央又做出"向北发展,向南防御"的战略决策。中央认为,靠近敌占的中心城市和交通要道,处于敌人四面包围之中,有遭受敌人各个击破的危险。我军主力撤出江南,转移江北,可以缩短战线,集中兵力,接替华中、山东开进东北的部队,有利于实现"夺取东北,巩固华北、华中"的战略目标。

9月20日,中共中央又指示华中局:"浙东、苏南、皖南部队北撤,越快越好,此事已在重庆谈判中,当作一个让步条件向对方提出。"在此情况下,苏浙军区在"双十协定"①公布之前,即要求部署江南新四军部队和地方党政机关撤至长江以北地区。

9月22日,华中局又电示转战于苏浙地区的粟裕所部:"粟率一、三纵队王、陶部迅速集结完毕,立即出动;叶率四纵及江南可能转移之部队及地方干部,为第二梯队,作两批转移,时间在浙东纵队转移至安全地区及宣传、秘密工作准备适当完成之后。"

粟裕、叶飞等人在接到中共中央和华中局指示后,一面迅速组织苏浙地区部队和地方干部北撤,一面对坚持江南斗争工作者也作周密部署,他还主持组建了苏浙皖特委,下设茅山、大滆、郎广、浙西等工委和若干特派员,成立浙东纵队留守处,并留下小部分兵力改编为精干的武工队,坚持原地斗争,保卫地方党组织和人民群众,保护新四军伤病员和军人、烈士家属,积聚潜在力量,为迎接将来大军南下打好基础。在粟裕等人的周密布置之下,苏浙部队及地方党政机关干部6.5万人分批北上,粟裕首先率第1、3纵队和地方机关干部渡江。

11月中旬,苏浙区新四军第1纵、2纵、3纵、4纵和地方武装及地方党政机关干部分别抵达苏北、山东。尽管此次渡江转移工作做得十分周密,但第4纵队一部在渡江时仍发生了重大事故。10月15日,新四军苏浙区第4纵

---

① 双十协定即《国共双方代表会谈纪要》,国共双方经过43天的谈判,于1945年10月10日正式签订,故又名双十协定。

队政委韦一平率800余名指战员在当天夜间乘坐"中安号"轮船渡江并行至江心时,因船舱漏水未能采取适当措施补救而导致沉船,致使韦一平与800名指战员一同遇难,殊为可惜!

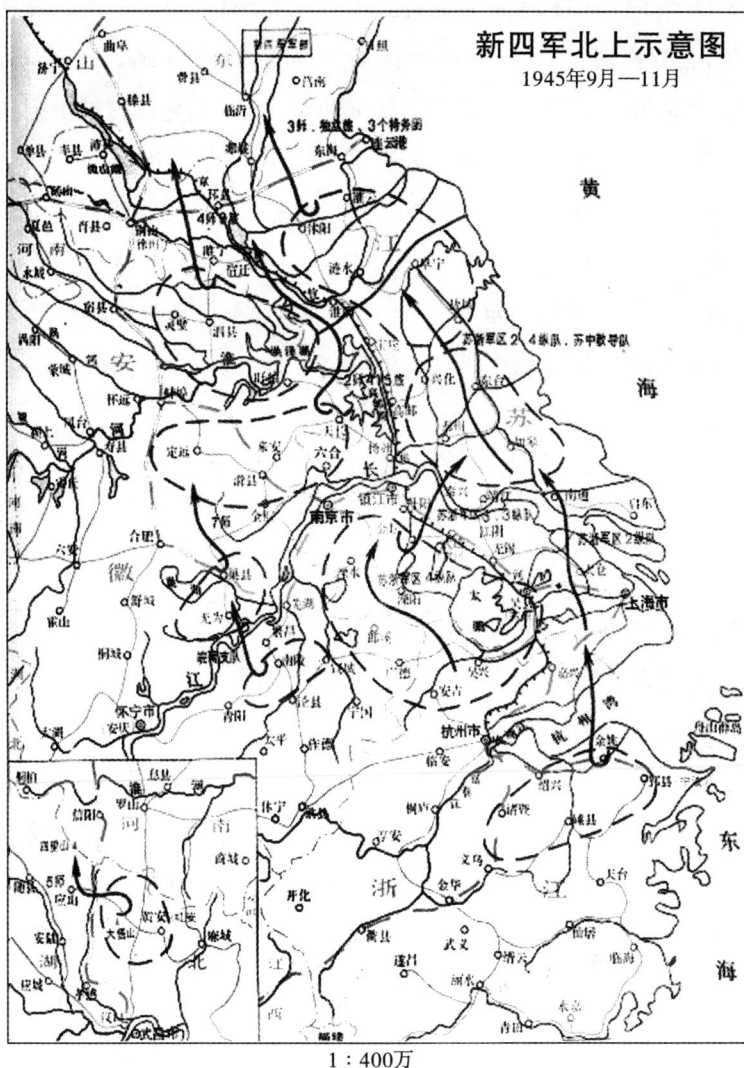

新四军北上示意图
1945年9月—11月

1：400万

四、盐城战役大捷

1945年10月,新四军调集苏中两个旅、苏浙军区第3纵队和盐阜军分区3个主力团,并以管文蔚为司令员、陈丕显为政治委员,陶勇为副司令员,发起了盐城战役。

盐城战役分为两个阶段实施。第一阶段是歼灭盐城外围之敌,为进攻盐城扫清障碍,从10月31日发起,至11月7日结束,新四军连续攻克盐城外围的伍佑、蔡家祠、二墩子等15个据点,全歼伪军第39师3个主力团及伪盐城保安团等部,俘伪师长潘子明以下3600余人,然后包围盐城。第二阶段为攻城战斗。11月8日,新四军攻城部队对守卫盐城的伪第4军第40师发起总攻,迫使伪军于9日派出代表出城谈判投降。10日,守城伪第4军军长赵云祥、戴心宽等出城签订投降协定。11日,盐城战役胜利结束。

盐城解放,全歼伪第4军,俘敌1万余人,缴获大量武器弹药和装备物资,粉碎了国民党利用盐城作为进攻华中解放区"内应"的企图,为保卫和巩固华根据地贡献巨大。

五、苏皖边区政府成立

日本投降后,中共中央和中共华中分局为了巩固已经建立起来的各级地方政权,发展苏皖解放区的革命形势,决定统一将苏北、苏中、淮北和淮南四个解放区连成一片,并成立统一的民主地方政权。

由于两淮战役的胜利,将苏北、苏中、淮北、淮南四区连成一片成了可能。为了将4个解放区统一起来,10月29日至31日,在清江市(今属淮阴市区)召开各解放军行政领导、士绅名流、各界人士联席会议,商定成立苏皖边区政府。会议讨论通过:推定方毅、白桃、江上峰、任崇高、汪道涵、李一氓、季方、吴仲超、吴觉、计雨亭、连柏生、韦悫、曹荻秋、陈荫南、章蕴、粟裕、张鼎丞、张凯帆、彭笑千、贺希明、刘瑞龙、刘季平、邓子恢、郑抱真、郑伯川、樊玉琳、谭震林等27人为委员,推选主席团5人,即主席李一氓,第一副主席刘瑞龙,第二副主席季方,第三副主席韦悫,第四副主席方毅。会上还通过了苏皖边区政府机构设置及各厅、局、院、行、处负责人名单。

11月1日,淮阴城清江市各界集会,隆重庆祝苏皖边区政府正式成立。苏皖边区分别由苏北、苏中、淮北、淮南4个行政区组成,并正式推举李一氓担任苏皖边区主席。

1945年12月10日,苏皖边区政府决定全边区划分为8个行政区(后增设至9个),将原53个旧县治改为73个县市,共设4区,每一区下各设2个行政区,共4区8个行政区。苏皖边区政府所在清江市为边区直辖市。

1946年9月19日,苏皖边区政府奉命撤离淮阴,边区政府存在时间前后不到一年。

苏皖边区政权建设实践,存在时间尽管不长,但意义却十分重大。边区成立后,颁布了《苏皖边区政府施政纲领》,在建设"三三制"政权,实行民主政治;开展生产运动,战胜严重灾荒;初步实行土地改革,实行"耕者有其田";恢复发展工交和商业,繁荣边区经济;统一金融税收,平抑市场物价;逐步完善法制,严格实施法规;发展文化教育卫生事业,提高边区人民文化素质;动员参军支前,做后勤工作等方面都取得了令人满意的成效,有效地保障了前方将士的作战需要,得到了广大人民群众的一致拥护,为华中人民的解放事业乃至后来大军渡江,取得全面胜利做出了重大贡献。特别是为华中新解放区的政权建设和新中国的政权建设,培养、锻炼、造就了一大批优秀的干部队伍,从而成为全国解放区的一个模范政府,是新民主主义中国的模型之一,苏皖边区政府为探索中国共产党领导下的新民主主义社会的规律也做出了贡献。

六、苏皖军区组建成立

1945年10月,根据形势发展需要,中共中央决定在原华中地区组建华中分局和华中军区。10月24日,华中分局成立,邓子恢任书记,谭震林任副书记,张鼎丞、粟裕、刘晓、邓子恢、谭震林、曾山任常委,受华东局领导,下辖8个地委,领导中共在苏浙皖根据和上海、福建等地的工作。华中局成立后,又根据实际情况提出了以粟裕为司令员的苏皖军区组建方案,并于10月6日上报中共中央,中共中央于10月8日复电同意,并电示由刚从延安回到华中的张鼎丞任副司令。但粟裕认为由张鼎丞担任苏皖军区司令更为合理,于是上书中共中央军委,要求改由张鼎丞担任苏皖军区司令。粟裕在电文中还谦虚地写道:

昨在华中局阅悉中央以职及张鼎丞同志分任正副司令电示,不胜惶恐。以职之能力,实不能负其重任。而鼎丞同志不论在才德资各方面均远较职为高超;近数年来,又复在中央直接之下,功绩卓著,且对于执行党的政策与掌握全局均远非职所能及。为此,曾再三请求华中局,以鼎丞同志任司令,职副之,未蒙允许。为孚众望以利今后工作起见,特再电呈,请求中央以鼎丞同志为司令,职当尽力协助,以完成党中央所给予之光荣任务。

粟裕三次让贤①,表现出了一个共产党员的高风亮节和一个军事家的远见卓识。经中共中央研究,决定采纳粟裕的再三让贤提请,最后由张鼎丞担任苏皖军区司令员,粟裕改为副司令员兼华中野战军司令,张爱萍任军区副司令兼参谋长。11月10日,华中野战军正式组成,下辖第7、第8、第9、第10纵队,共有4个纵队。

11月13日,中共中央任命饶漱石为华东局书记、新四军兼山东军区政委。11月下旬,张云逸、饶漱石等率新四军军部机关离开淮阴北上,并于12月2日抵达山东临沂会合;华中局与山东分局留守机关统一合并为华东局,新四军军部与山东军区机关留下的部分合并为新四军兼山东军区机关,机关驻地设于临沂城内的德国天主教堂后院。12月18日,中共中央批准华东局领导名单,饶漱石、陈毅、黎玉、张云逸、舒同为常委(26日又增补郭子化、李林为常委),饶漱石为书记,陈毅、黎玉为副书记。

12月26日,中共中央军委批准新四军兼山东军区其他领导名单:张云逸任副军长兼副司令,黎玉任山东军区副司令兼新四军副政委,陈士榘任参谋长,舒同任政治部主任,唐亮任政治部副主任,原山东军区下辖的滨海(陈士榘任司令,唐亮任政委)、胶东(许世友任司令,林浩任政委)、鲁中(王建安任司令,向明任政委)、渤海(袁也烈任司令,景晓村任政委)、鲁南(张光中任司令,傅秋涛任政委)等分军区也统一归山东军区兼新四军指挥。

1946年12月25日,中共中央致电华东局:"为使华中与山东完全统一领导与统一收支,以击破国民党军队的进攻,同意华中局与华东局、华中区

---

① 粟裕于1945年10月14日、10月15日、10月27日三次请辞苏皖军区司令,改任副职。

与山东军区、华中野战军与山东野战军的机关合并。"遵照党中央的这一指示,1947 年 1 月下旬统一整编为华东军区、华东野战军。

1946 年 9 月 19 日,适逢新四军攻占淮北重镇淮阴的周年之际,国民党军集中优势兵力向两淮地区进犯。新四军根据敌我双方力量悬殊的实际情况,主动撤离淮阴,让出了淮阴城,新四军军部机关也奉命向鲁南的临沂地区转移。

淮阴新四军军部位于江苏省淮阴市。1945 年 9 月 6 日,新四军第 3 师第 10 旅解放了淮阴县城后,设立清江市。是月 21 日,中共中央华中局和新四军军部移驻清江市。在此期间,中共中央发出关于"向北发展、向南防御"的战略部署,要求新四军:抽调部队参加发展东北;主力开赴山东;浙江、苏南、皖南部队主力撤返江北。同时,山东分局与华中局合为华东局,陈毅、饶漱石到山东工作。

1945 年 10 月 25 日,华中局和新四军军部由淮阴北移山东临沂,陈毅任新四军军长兼山东军区司令员,留守于华中地区的部分新四军于 10 月 26 日成立华中军区,由张鼎丞任华中军区司令员。11 月 10 日,中共中央军委又指示成立华中野战军,粟裕任司令员。

七、苏皖边区政府旧址纪念馆

苏皖边区政府旧址纪念馆坐落于江苏省淮阴市,是江苏省首批爱国主义教育基地,门额牌匾为苏皖边区政府主席李一氓所题。

1945 年 9 月 21 日,新四军军部进驻淮阴城,到是年 10 月 28 日撤离并北移山东临沂,前后历时 38 天。

苏皖边区政府是中国共产党领导的苏中、苏北、淮南、淮北 4 大解放区的民主联合政府,1945 年 11 月 1 日成立于淮阴城。辖区南临长江,北枕陇海路,东滨黄海,西迄涡河、裕溪口一线,计有 73 个县市,面积约近 10 万平方公里,人口 2500 万人。苏皖边区政府纪念馆就是当年苏皖边区政府的所在地。苏皖边区政府纪念馆共有 6 个展室,保存和展现了大量的历史实物和珍贵照片。

第 八 章

新四军军部在临沂

山东临沂是一座历史悠久的文化名城,也是中国古代"智圣"诸葛亮和"书圣"王羲之的故乡。1945 年 10 月下旬,华中局和新四军军部从江苏淮阴北移山东临沂;1947 年 1 月,新四军军部和新四军在临沂完成了她最后的历史使命,并奉命改编为华东野战军。因此,临沂是新四军军部大本营进驻的最后一个地方。但是,新四军军部在临沂先后又进驻过临沂城和城东郊 10 华里处的前河湾,这两个地方分别是新四军军部大本营的第十二站和第十三站,故史家又将新四军军部进驻临沂的这段时间称之为"临沂时期"。

新四军军部大本营自 1945 年 10 月下旬从淮阴移往山东临沂①,并于 12 月 2 日进驻临沂城兰山街中段的德国天主教堂后院,历时 1 年 2 个月②。1946 年 12 月,新四军军部从临沂城兰山路天主教堂又进驻临沂城东南九曲镇前河湾村,到 1947 年 1 月 21 日奉中共中央军委命令撤销新四军番号,历时 2 月。所以,临沂城是新四军军部大本营进驻的第十二站,而九曲镇的前

---

① 新四军军部主要领导到达临沂时间不一,故新四军军部大本营进驻临沂的具体时间也说法不一。金冶、张劲夫率先遣队在 10 月 28 日从淮阴出发,但金、张二人均不是军部领导,故不能以此为准。陈毅到达临沂的时间是 10 月 5 日,中共中央任命他担任新四军军长兼山东军区司令员的时间是 10 月 20 日;张云逸、饶漱石率机关赴临沂是 10 月下旬从淮阴出发,而到达临沂时间则是 12 月 2 日。一般认为,应以陈毅或张云逸、饶漱石到达临沂的时间为准。但两者之间,一些研究者又认为,是以陈毅到达临沂的时间为准,还是以他接任新四军军长兼山东军区司令员的时间为准,这又成了二难选择。多数研究者认为,应以张云逸、饶漱石到达临沂的时间为准,因为张、饶二人到达临沂是率军部机关集体到达的,故应以 12 月 2 日为准才较为公允。

② 这是新四军军部进驻临沂包括前河湾的时间,新四军军部进驻在临沂城的时间为 1945 年 12 月 2 日至 1946 年 12 月;进驻前河湾的时间为 1946 年 12 月至 1947 年 2 月 3 日新四军奉命番号撤销为止。

河湾则是新四军军部大本营进驻的第十三站。

1945年10月下旬,新四军军部进驻临沂市西门里路北的德国天主教堂后院①,即今临沂市兰山区兰山路95号。新四军军部在这里历时近1年零2个月;1946年12月,新四军军部撤离临沂城,并进驻到城东南10华里处的九曲镇前河湾村②,至1947年2月3日新四军奉命统一整编为华东野战军止,前后约2个月。

事实上,新四军军部自进驻临沂城之后,军部与山东军区均在德国天主教堂的后院办公,楼下为会议室和办公室,楼上则为新四军主要首长的居室,而华东局则设于教堂对面的德国医院,其旁则为王羲之故居。1946年1月7日,中共中央军委根据形势发展又来电示:撤销津浦前线野战军,组成山东野战军。由于原办公地不敷使用,新四军军部遂改在天主教堂的南院办公,这里原是东晋大书法家王羲之的故居,当时是教堂的南院,与东南局毗邻。如今,该建筑早已拆除不存,殊为可惜。是年6月底,国民党当局发动全面内战,鉴于敌机对新四军军部的袭击和轰炸,军部及山东野战军总部只得转移到城南的高都、杨庄等地。延至1946年底,新四军军部暨山东野战军正式进驻临沂城东南10华里的九曲镇前河湾村,军部办公室就设于当地富户丁西月的家中。由于全面内战爆发,临沂城时常遭到敌机袭击轰炸,新四军军部与山东军区先后多次转移,为了安全计,军部后方医院暨后勤机关秘密转移到沂水南岸的前河湾及其附近村庄,陈毅的夫人张茜因有孕在身,即于是年的5、6月之交借住于前河湾村的钟恩礼家中,并于是年秋天顺利生下一子,因生于山东,故取名"小鲁"。

新四军军部大本营自淮阴转移到临沂城后,先后进驻临沂城、前河湾,因前河湾是新四军军部大本营进驻的最后一个地方,且又在此奉中共中央军委命令撤销番号并改编为华东野战军,故又可以说,前河湾才是新四军军部大本营真正意义上的最后一站,而新四军军部大本营及其所属部队也是在这里才完成了她最后的历史使命,走向新的征程。

新四军军部的临沂时期,是中国人民解放战争的开端。在这段时间中,

① 与原德国医院相对,在"书圣"王羲之故居的对面。
② 今属山东省临沂市河东区九曲街道。

新四军承前启后,并逐渐在山东站稳了脚跟,同时还为不远的将来解放整个华东乃至渡江南下解放全中国,都奠定了坚实的基础,其意义十分重大。

第一节　新四军大本营第十二站——临沂城

山东省临沂,是新四军军部大本营进驻的第十二站。

一、新四军进驻临沂前后的形势

抗战胜利前夕,山东和华中两大解放区面积已达 31 万平方公里,人口拥有 6020 余万人,主力部队和地方武装发展到 52 万人,其中八路军山东军区 27 万人,华中新四军部队 25 万人,民兵 100 万人。

抗战胜利后的 1945 年 9 月 19 日,为了有效地遏止和反击国民党军队向解放区发起的进攻,中共中央发出了《关于目前任务和向南防御、向北发展的战略方针的指示》,并提出"因山东八路军主力及大部分干部调往东北,由新四军调数万主力到山东和冀东。将江南新四军主力撤返江北。罗荣桓到东北工作,中共中央华中局移至山东,与山东分局合并组成华东局"的战略决策。

根据中共中央"向北发展,向南防御"的战略决策,罗荣桓率八路军山东军区机关及其主力挺进东北,执行发展东北的任务。与此同时,新四军军部及其大部主力则北移山东接防,与山东军区留下的部队一起,阻击沿津浦路北上华北、东北的国民党军,保卫和发展山东解放区。1947 年 1 月,华中解放区大部被国民党军队占领,华中军区、华中野战军除留少量兵力坚持在原地斗争外,大部主力则北移山东,并与山东部队合编为华东军区、华东野战军,开始了反击国民党军对山东解放区的全面进攻、重点进攻。

1945 年 9 月中旬,国民党表面上在与共产党进行和平谈判,暗地却又频繁调动兵力,图谋向解放区大举进攻。在此情况下,地处长江以南的苏南、浙东、皖南、豫皖、湘粤边等解放区,即面临着被国民党军各个击破的危险。

陈毅(左2)、粟裕(左5)、谭震林(左3)、刘瑞龙(左4)、饶漱石(左1)
1946年春在临沂

鉴于形势的急剧变化,中共中央决定:我军在南方做出让步,收缩南部防线;巩固华北以及山东、华中解放区;控制热河、察哈尔两省,集中力量争取控制具有重要战略地位的东北地区。为此,中共中央对全国的战略部署进行调整,命令山东军区主力及部分干部迅速向冀东及东北出动,第一步调3万兵力到冀东,另调3万兵力进入东北;华中新四军调8万兵力到山东和冀东;浙东主力部队向苏南撤退;苏南、皖南主力撤到江北。同时又决定:将山东分局与华中局合并为华东局,另设华中分局,受华东局领导。中共山东分局书记、八路军山东军区司令员兼政委罗荣桓到东北工作;新四军军长陈毅、中共华中局书记兼新四军政委饶漱石到山东工作。为了争取和谈成功,实现全国和平,中共中央毅然决定,撤出广东、浙江、湖南、湖北、苏南、皖南、皖中和豫南8个解放区,将这些地区的军队调往北方。从1945年9月开始,新四军和山东军区根据中共中央的这一部署,分别进行领导机构调整、部队调动和整编等。

山东方面,从8月20日起,开始抽调主力部队奔赴东北。至11月底,山东军区的第1、第2、第3、第6、第7师全部,第5师大部和滨海支队警务第3旅及山东军区教导团等,共约7万余人,军区机关及地方干部约2万余人,计

10万人,在罗荣桓的率领下,分水、陆两路分别向东北地区开拔。

　　华中方面,陈毅在延安参加整风运动和中共七大后,于8月25日起程返华中。当9月26日行至冀鲁豫边区濮阳县时,突然接到毛泽东的电报,因接替罗荣桓工作的林彪转调东北,令陈毅不要再返华中,应取捷径直奔山东,接替罗荣桓在山东的工作。于是,陈毅与宋时轮、傅秋涛便直奔山东,并于10月4日抵达山东军区机关所在地临沂。10月15日,津浦前线指挥部成立,陈毅任司令员,黎玉任政治委员,统一指挥北上山东的新四军部队和留在山东的八路军部队;20日,中共中央决定陈毅为新四军军长兼山东军区司令员。

　　10月28日,华中局和新四军命令军部参谋金冶为队长、张劲夫为临时党委书记,率军部先遣分队由淮阴出发,赴山东临沂为军部、华中局机关北上山东探路,为军部及华中局机关驻地实地勘察。此后,新四军分批北上山东。11月下旬,新四军副军长张云逸与饶漱石率军部机关离开淮阴,并于12月2日抵达临沂,与先前已到这里的陈毅及新四军先遣队会合。华中局与山东分局留守部分机关合并为华东局,新四军军部与山东军区机关留守部分合并为新四军兼山东军区机关。

1945年10月20日,中共中央任命陈毅为新四军军长兼山东军区司令员时与部分领导人合影。左起:舒同、张凯、黎玉、胡立教、陈毅、石文、薛丹浩、张云逸。

1945 年 10 月 28 日,为统一领导华中、山东两大战略区的中共组织,中共中央华中局与中共山东分局奉中共中央之命合并组成中共中央华东局。11 月 1 日,中共中央批准饶漱石任中共中央华东局书记;12 月 18 日,中共中央书记处批准以饶漱石、陈毅、张云逸、黎玉、舒同等 5 人组成华东局常务委员会,并以饶漱石为书记,陈毅、黎玉为副书记,稍后又增加李林、郭子化为委员,郭子化任秘书长,黎玉兼任组织部部长,副部长李林,彭康任宣传部部长,陈沂任副部长。

11 月 13 日,饶漱石任华东局书记、新四军兼山东军区政委①。11 月下旬,饶漱石与张云逸率新四军机关从淮阴出发,于 12 月 2 日抵达山东临沂,与已经到达这里的陈毅等人会合。此时,奉中共中央令,华中局与山东分局合并为华东局,新四军军部与山东军区合并为新四军兼山东军区,机关驻临沂城内兰山路中段的德国天主教堂后院。

新四军兼山东军区驻地设于临沂城内兰山路中段的德国天主教堂②后院,教堂门前挂有“新四军军部”“山东军区司令部”两块牌子。国共两党宣布自 1 月 13 日停战后,陈毅等人在临沂先后还会见了北平军调处徐州、济南执行小组的美国、国民党、共产党三方代表,并共赴济南、徐州等地,与国民党当局进行谈判和斗争。

中共中央军委于 1945 年 12 月 3 日决定,新四军军部与山东军区领导机关合并,陈毅为新四军军长兼山东军区司令员,政委饶漱石,副军长兼山东军区副司令员张云逸,副政委黎玉,参谋长陈士榘,政治部主任舒同,副参谋长袁仲贤,政治部副主任唐亮,后勤部部长宋裕和、副部长彭显伦。1946 年 4 月 4 日,又任命罗炳辉为新四军第二副军长兼山东军区第二副司令员。新四军军部兼山东军区司令部,机关仍驻设于临沂市城西门里路北原德国天主教堂后院。

新四军兼山东军区所辖山东解放区部队,计有鲁中、鲁南、滨海、渤海、胶东 5 个军区及独立旅,总兵力 22 万人。此时,北移山东的新四军部队,计

---

①　饶漱石到山东后不久,即赴北平参加军调部工作,后又奉命赴东北,直到 1947 年初才又返回山东。

②　临沂市西门里路德国天主教堂始建于 1913 年。

有第1、第2纵队和第7师共6万余人。新四军军部及主力进入山东,有力
地加强了共产党在山东的军事力量,为阻击国民党军队北上,保卫和发展山
东解放区奠定了坚实的基础。

1946年6月陈毅与粟裕在临沂合影

陈毅在临沂市前河湾的旧居(苏克勤/摄)

正当新四军部队北移之时,国民党军一面从徐州沿津浦路向济南急进,一面沿长江向华中解放区逼近。为阻止国民党军北进,保卫山东、华中解放区,中央军委于10月12日电示新四军兼山东军区领导陈毅、黎玉等人,应在华中和津浦路徐州、济南之间各组织一支强大的野战军,以确保华中安全并截断津浦路,阻止国民党军北上,保卫解放区。根据这一指示,新四军兼山东军区在山东和华中组织野战指挥机关;10月15日,以新四军军部和山东军区机关部分人员,组成津浦前线指挥部,由陈毅兼司令员,黎玉兼政委。在鲁南津浦沿线地区的新四军第1、第2纵队,第7师和山东军区第8师共7万余人,划归津浦前线野战军建制。翌年1月7日,津浦前线野战军改称山东野战军。在华中方面,于11月10日组成华中野战军,隶属华中军区,由粟裕兼司令员,谭震林兼政委。华中野战军辖4个纵队共4万余人,粉碎了国民党军打通津浦路进军东北、华北,进而占领山东解放区的企图。1946年6月又发起讨逆战役,歼敌3万余人,使山东全境除济南、兖州、潍县、青岛等少数孤立据点外,全部成为解放区,为击败国民党军的大举进攻,进一步准备和扩大了阵地。在津浦路阻击战中,津浦前线野战军第8师师长兼政委王麓水牺牲;讨逆战役中,在前线指挥作战的新四军第二副军长兼山东军区第二副司令员罗炳辉,因劳累过度旧病复发,逝于苍山县兰陵镇。

12月18日,中共中央批准华东局组成人员名单:饶漱石、陈毅、黎玉、张云逸、舒同为常委,饶漱石为书记,陈毅、黎玉为副书记,统一领导山东、华中两大战略区的党政军工作。华东局成立后,原隶属于山东分局的鲁中、鲁南、滨海、渤海、胶东5个区党委,直接改由华东局领导。

1946年6月下旬,蒋介石悍然撕毁停战协定,调集62个旅、50万人,启动全面内战,把华中、山东两个解放区作为大举进攻的主要目标。面对国民党军队所发动的大规模内战,中共中央实施南北两线作战:在北线,用半年时间或再多一些时间,以晋察冀、晋绥野战军和晋冀鲁豫野战军各一部,夺取平汉铁路北段、正太路、同蒲路,并伺机夺取石家庄、保定、太原、大同等重要城市,将晋察冀、晋绥、晋冀鲁豫解放区连成一片。在南线,以山东野战军和晋冀鲁豫野战军为主力,分别向津浦路徐州至蚌埠段和豫东进攻,并以华中野战军策应作战,向津浦路蚌埠至长江的浦口段发起攻击,山东、晋冀鲁

张茜、陈毅、刘瑞龙、陈士榘在临沂合影

豫野战军主力则向大别山、安庆、浦口一线展开并发动攻击,以求在运动中消灭国民党军的有生力量,粉碎国民党军的重点进攻。华中、山东解放区军民,在陈毅等人的直接指挥下,奋起自卫。7月下旬,新四军军部名义上仍在临沂城,但实际上常活动于城郊的高都、杨庄一带。7月27日,陈毅指挥山东野战军发起了朝阳集战斗,共歼敌5000余人。之后,陈毅赴华中会商淮北作战和指挥华中野战军展开涟水保卫战。

9月23日,山东、华中两个野战军指挥部奉中央军委电命合并,陈毅任司令员兼政委,粟裕任副司令员,谭震林任副政委。12月15日至19日宿北战役后,陈毅重回临沂。这时,新四军兼山东军区司令部等领导机关已迁至临沂城东北郊、沂河东岸的临沂县前河湾村(现属临沂市河东区九曲街道),陈毅夫人张茜携两子则已提前入住该村钟恩礼的家中①。

---

① 一说是钟维钧的家中。

二、苏中七战七捷

苏中七战七捷,由七次规模较大的战斗或战役组成,因发生于苏中地区,故又称苏中战役。

抗战胜利后,国民党政府一面与共产党代表谈判,一面秘密调集重兵,从四面包围李先念、郑位三领导的中原解放区。李先念等领导的新四军第5师兼鄂豫皖军区所辖地区是一个极为重要的战略要地,中共中央于1945年8月12日决定成立鄂豫皖中央局,并任命徐向前为书记,郑位三为副书记,李先念、陈少敏、傅钟、任质斌、程世才、戴季英、刘子久、王树声等为委员。9月15日中共中央又同意在这一地区成立鄂豫皖野战军。野战军成立后,由于国民党重兵压境,中原解放区所面临的局势依然严重。1945年10月30日,中共中央指示成立中原局和中原军区,决定郑位三、李先念、王首道、陈少敏、王震5人为中原局常委,郑位三任代理书记,主持中原局日常工作。11月上旬,在鄂豫皖湘赣军区的基础上,组成中原军区,李先念任司令员,郑位三任政治委员,王树声任副司令员,王震任副司令员兼参谋长,王首道任副司令员兼政治部主任,下辖第1、第2两纵队和江汉、鄂东、河南3个军区。1946年1月底,由于国民党军队大军压境,中原军区被迫作战略收缩,向东转移至宣化店为中心的百公里范围的狭小地带,执行中共中央赋予的牵制国民党军的战略任务,支援全国的斗争。是年6月下旬,蒋介石密令武汉行营主任程潜、郑州绥靖区主任刘峙,布置所属各部,对中原解放区部队实施"严密封锁,分进合击,彻底消灭",企图仿效"皖南事变"一举围歼中共领导下的中原部队。7月1日,蒋介石悍然撕毁国共两党会谈时签订的协议,命令国民党军各部30万大军向中原解放区各部发起总攻,妄图一举歼灭中原军区部队,全国规模内战由此爆发。在强敌压境的情况下,中原解放区各部在李先念、郑位三等人的领导和指挥下,遵照中共中央关于"注意敌情,准备突围"和"生存第一,胜利第一"的指示,率主力部队突出重围,一部由李先念率领突围后向陕南挺进,在与陕南游击队会合后建立豫陕鄂游击根据地;一部由王震等率领突围后回陕北解放区;一部由王树声等率领突围后向鄂西北地区挺进,在川东地区与江汉军区会合并建立鄂西北游击根据地;一部由皮定均、徐子荣率领越过津浦路进入华中解放区,俟后编入华中野战军的行列。从 1946 年 6 月下旬开始,到是年 8 月上旬,在郑位三、李先念、王震、王树声等人的率领下,中原解放区各部胜利地完成了中原大突围,保存了有生力量,完成了牵制国民党军重兵的任务,从战略中策应了华北、华东解放区军民抗击国民党军的大举进攻,为后来的解放战争立下了不朽的功勋。

就在中原解放军各部实施突围之时,国民党军又纠集整编第 21、第 25、第 49、第 65、第 83 共 5 个整编师、15 个旅共 12 万兵力,在第一绥靖区司令长官李默庵的指挥下,由南通—泰州—江都一线向苏中解放区大举进攻。

为了彻底粉碎国民党军的猖狂进攻,粟裕、谭震林等指挥华中野战军,集中了 19 个团约 3 万兵力,在苏中人民的大力支援下,为保卫苏中解放区,发起了苏中战役。战役从 7 月 13 日晚上开始,至 8 月底结束,历时 50 天左右,先后进行了宣家堡战斗、泰兴战斗、如(皋)南(通)战斗、海安战斗、李堡战斗、丁(堰)林(梓)战斗、邵伯战斗、如(皋)黄(桥)战斗,在短短一个半月内,连续运动作战,取得了七战七捷的战绩,共歼敌 5.3 万余人,彻底粉碎了国民党军队对华中解放区的大举进攻。

在华中野战军发起苏中战役的同时,新四军先后还发起了淮北自卫战、保卫路东等战役并取得胜利,有力地配合了苏中战局,粉碎了国民党军企图占领苏北解放区的阴谋。

苏中战役结束后,延安总部发言人对新华社记者发表谈话,称赞这七次作战都取得了胜利,称之为"七战七捷"。七战七捷是继中原突围后打败国民党军队进攻的第一个重大的胜利,在政治上、军事上都具有非常重要的意义,是中国人民解放战争史上经典而又光辉的战例之一。

三、津浦铁路中段阻击战

1945 年 10 月上旬,由原伪军第三方面军改编的国民党军第 5 路军吴化文部,从安徽省蚌埠进抵山东省滕、邹、兖一线,企图将驻守于此的新四军和山东军区所部歼灭。

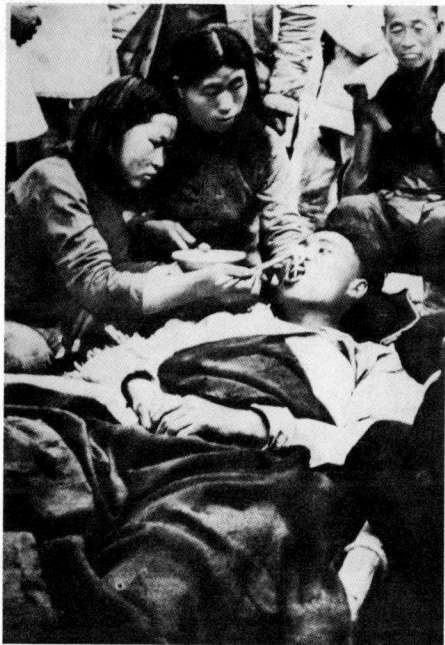

精心照料,胜似亲人,临沂乡亲切照顾伤残军人

　　10月12日,中共中央军委指示新四军和山东军区"截断津浦路,阻止顽军北上"。15日,由华中北上山东的新四军与山东军区部队组成津浦前线野战军,并由新四军军长陈毅兼任司令员,黎玉任政治委员,于17日赴峄县组织实施津浦路中段(徐州—济南)战役。18日晚,津浦前线野战军第8师和鲁南军区第8旅向盘踞于邹县的吴化文部发起了攻击,经过一天激战,歼吴化文部1个团和伪保安第18旅共2800余人,占领邹县。11月2日,吴化文所部于怀安之第1军5000余人,企图从滕县和兖州南北对进并夺回邹县。翌日,吴率军以日军第105联队千余人为先导,由界河沿津浦铁路两侧向北行进。4日,当敌军全部进入预定伏击圈后,被我歼灭4000余人,击毙伪师长以下官兵600余人,并生俘伪军长于怀安以下官兵3300余人。11月6日,又攻克滕县至兖州沿线的全部据点;24日至26日,又歼国民党军暂编第2师2200余人,迫使日军300余人投降,旋又生俘日军600余人。25日晚,又歼伪军1500余人,迫使日军1个中队160余人投降。至14日,又歼敌1万余人。至此,津浦铁路中段阻击战全部结束。

津浦铁路中段阻击战是陈毅赴山东后指挥的第一次战役。这次大捷自1945 年 11 月中旬至 12 月中旬,历时 2 个月,共歼吴化文部 4 个师、陈大庆部3 个师 2.8 万余人,生俘国民党军和被国民党收编的伪军 1.2 万余人,受降日军 4000 余人,攻克邹县、滕县、界河、韩庄等地,基本上控制了津浦铁路中段,迟滞了国民党军北犯的时间,掩护了其他部队向东北挺进,为全军的战略决策转变赢得了时间。

四、涟水保卫战

1946 年 10 月 19 日,国民党军整编第 74 师,配以整编第 28 师第 192 旅等部,分兵三路北犯苏北解放区涟水等地,并以其第 58 旅进攻涟水西南之带河镇,第 57 旅进攻涟水东南之蒋菱镇。守卫涟水之华中野战军只有华中野战军第 11 纵队第 15 团和原淮南独立团。经过 3 昼夜的激战,战至 21 日,国民党军整编第 74 师又以其第 51 旅直逼涟水城南门渡口并进至涟水城下,妄图一举攻占涟水。22 日,华中野战军第 11 纵队第 13 团奉命前来驰援,共同将来犯之敌击退。同日,华中野战军第 10 纵队也奉命赶到。23 日,敌整编第 74 师再次向涟水发起攻击。敌众我寡,形势十分危急,适逢前来救援的华中野战军第 6 师也及时赶到,方才扭转了战局。随后,华中野战军第 1 师第1 旅、第 6 师第 16 旅、第 9 纵队、第 10 纵、第 11 纵等部均投入战斗,经过 3 天激战,并于 28 日发起全面反击,遂于 11 月 1 日将敌人赶到废黄河以南地区,取得了保卫涟水的胜利。

涟水保卫战是新四军发展史上的一次著名战役,前后历时 14 天,华中野战军共投入 8 个团参战,共歼敌 9000 余人,重创了国民党军精锐、蒋介石的"御林军"整编第 74 师,挫其嚣张气焰,稳定了整个华中战局。战役过程中,华中野战军第 10 纵队司令员谢祥军壮烈牺牲。

五、新四军兼山东军区组织编成及战斗序列(1945 年冬)

军长兼司令员　　　　　　　陈　毅

政治委员　　　　　　　　　饶漱石

第一副军长兼司令员　　　　张云逸

第二副军长兼司令员	罗炳辉
副政治委员	黎　玉
参谋长	陈士榘
副参谋长	袁仲贤
政治部主任	舒　同
政治部副主任	唐　亮
参谋处处长	陈锐霆
副处长	熊中节　李继开
情报处	
处长	胡立教
一科科长	王征明（王戎）
副科长	赵尚忱　樊作楷　李又村
二科科长	顾雪卿
调研室	尹耕莘
城市工作委员会	纪　纲
供给部部长	宋裕和
副部长	刘君雅　胡弼亮　孔峭帆　李　元
政委	彭显伦
卫生部部长	崔义田
副部长	宫乃泉　白备五
军工部部长	程　望
政委	罗湘涛
政治部组织部部长	张　凯（兼）　胡立教（后）
宣传部部长	钱俊瑞
宣传部副部长	陈辛仁
保卫部部长	梁国斌
保卫部副部长	郑文卿
联络部部长	刘贯一
联络部副部长	黄　远

直属政治部主任	周　林
军部秘书长	朱克靖
山东军区下属	
滨海军区司令	陈士榘
滨海军区政委	唐　亮
胶东军区司令	许世友
胶东军区政委	林　浩
鲁中军区司令	王建安
鲁中军区政委	向　明
渤海军区司令	袁也烈
渤海军区政委	景晓村
鲁南军区司令	张光中
鲁南军区政委	傅秋涛
山东野战军司令员兼政委	陈　毅
参谋长	宋时轮
政治部主任	唐　亮
政治部副主任	张　凯
第1纵队司令员	叶　飞
政治委员	赖传珠
副政治委员	谭启龙
参谋长	贺敏学
副参谋长	张俊升
政治部主任	谭启龙（兼）
政治部副主任	汤光恢
第1旅旅长	廖政国
政治委员	阮英平
第2旅旅长	刘　飞

政治委员	彭　林
第 3 旅旅长	张翼翔
政治委员	何克希
第 2 纵队司令员	罗炳辉(后改任新四军副军长) 韦国清(后)
政治委员	赵启民
副司令员	韦国清
参谋长	詹化雨
政治部主任	谭启龙(兼)
第 4 旅旅长	朱绍清
政治委员	高志荣
第 5 旅旅长	成　钧
政治委员	赵启民(兼)
第 9 旅旅长	滕海清
政治委员	康志强
第七师师长	谭希林
政治委员	曾希圣
副政治委员	李步新
参谋长	孙仲德　林维先(？)
政治部主任	李步新(兼)　王集成(后)
第 19 旅旅长	林维先
政治委员	黄火星
第 20 旅旅长	梁金华
政治委员	黄耀南
第 21 旅旅长	马长炎
政治委员	黄　先
第八师师长	何以祥
政治委员	丁秋生
华中军区司令员	张鼎丞
政治委员	邓子恢

副司令员	粟　裕
副司令员	张爱萍
副政治委员	谭震林
参谋长	刘先胜
副参谋长	张元寿
政治部主任	谭震林（兼）
政治部副主任	钟期光
苏中军区司令员	管文蔚
政治委员	陈丕显
参谋长	胡炳云
政治部主任	陈时夫
独立旅旅长	陈玉生
政治委员	李干辉
第一军分区司令员	张震东
政治委员	钟　民
第二军分区	
司令员	钟国楚
政治委员	金　柯（后叛变）
淮南军区（兼新二师）司令员	周骏鸣
副司令员	段焕竞
政治委员	萧望东
副政治委员	赵启民
参谋长	陈铁君
政治部主任	刘文学
政治部副主任	罗维道
第七纵队司令员	姬鹏飞
政治委员	姬鹏飞（兼）
副司令员	胡炳云
副司令员	张　藩　戴心宽

参谋长	胡炳云（兼）　杜　屏（后）
政治部主任	卢　胜
政治部副主任	周文在
第八纵队司令员	陶　勇
政治委员	陶　勇（兼）
副司令员	彭德清
参谋长	梅嘉生
政治部主任	韩念龙
政治部副主任	谢云晖
第九纵队司令员	张　震
政治委员	张　震（兼）
副司令员	饶子健
参谋长	姚运良
政治部主任	王学武
政治部副主任	王子光
第十纵队司令员	谢祥军
政治委员	刘培善
副司令员	常玉清
参谋长	吴　肃
政治部主任	孙克骥

第二节　新四军大本营第十三站——前河湾

　　山东省临沂市九曲镇前河湾村，是新四军军部大本营进驻的第十三站。这里既是新四军发展史上的最后一个军部驻地，也是华东军区、华东野战军的诞生地，在中国革命战争史上具有重大的历史价值。

　　1946 年 12 月，新四军军部大本营从临沂市区的天主教堂进驻临沂东郊九曲镇的前湾村,到 1947 年 1 月 21 日华东野战军组建为止,历时约 2 月。进驻前河湾期间,除在此召开了华野前委扩大会议和镇压叛匪郝鹏举等具有影响的重大事件外,新四军军部还与山东军区密切合作,先后组织并实施了许多战役,其中尤以宿北战役和鲁南战役最为知名。这些战役的胜利取得,有效地消灭了敌人的有生力量,巩固了整个华东解放区,促进了华东解放区新局面的开始,以及全国解放的早日到来。

一、华东野战军组建成立

从 1946 年 6 月底至 1947 年 1 月,在半年多一点的时间中,新四军兼山东军区所属部队,在陈毅、饶漱石等人的领导和指挥下,创造性地灵活贯彻中共中央、中共中央军委和毛泽东的指示,以顽强的毅力,顶住了国民党军对苏皖解放军和山东解放区的进攻,主动放弃一些城镇和地区,取得了歼敌近 20 万的战绩,从而夺回了华东战场的主动权,为后来进行莱芜、泰安、孟良崮等战役奠定了良好的基础。

鲁南战役胜利结束后,山东野战军和华中野战军主力集中在临沂地区休整。为了便于统一行动和统一指挥,更好地完成未来更大规模的作战任务,陈毅、张鼎丞、邓子恢、粟裕、谭震林等于 1946 年 12 月 23 日联名致电中共中央,建议将华中军区与山东军区、山东野战军与华中野战军合并。12 月 25 日,中共中央复电华东局并华中分局:"为使华中与山东完全统一领导与统一收支,以击破国民党军队的进攻,同意华中分局与华东局、华中军区与山东军区、华中野战军与山东野战军的机关合并。"①但是,鉴于鲁南战事紧迫,时局不稳,这一合并工作未能及时实施。

延至 1947 年 1 月 21 日,陈毅、饶漱石等利用紧张的战争间隙,遵照中共中央指示,在山东临沂主持召开中共中央华东局高级干部会议,重点研究探索与加强部队建设和提高战斗力等问题,陈毅在会上作《一面打仗　一面建设》的报告,号召解放区军民一定要坚持人民军队的建军路线,加强党的领导,加强思想政治工作,打破过去历史条件下遗留下来的山头主义、本位主

---

① 《新四军·文献》(5),中国人民解放军历史资料丛书编审委员会编,解放军出版社 1995 年 3 月版,第 702 页。

义和游击主义；造成统一意志，统一组织，统一制度，统一行动的整体观念，以进行更大规模的会战，争取更大的胜利。此次会议也称为"鲁南会议"。

1947 年 1 月，新四军兼山东军区整编为华东军区，山东野战军与华中野战军整编为华东野战军时，陈毅与军区和野战军总领导人合影。左起：叶飞、丁秋生、韦国清、邓子恢、陈毅、唐亮、粟裕、陈士榘、谭震林。

鲁南会议后，华东各部队于 1 月下旬至 2 月上旬实施统一整编，新四军兼山东军区、与华中军区统一合编为华东军区，山东野战军与华中野战军统一合编为华东野战军。

1 月 23 日，根据中共中央关于山东、华中两大战略区应统一领导的指示，山东野战军参谋处制订出与华中野战军合编后的《华东野战军组织系列表》和《整军计划方案》，并拟使用华东野战军的番号。

2 月 1 日，陈毅、粟裕、谭震林、黎玉致电中共中央军委，报告华东部队合编方案。

2 月 3 日，中共中央复电同意华东部队合编方案；同日，华东野战军发布命令，宣布新四军兼山东军区和华中军区合编为华东军区；山东野战军、华中野战军和山东军区主力部队合编为华东野战军；新四军、山东军区、华中军区、山东野战军、华中野战军番号正式撤销。

至此,新四军及其军部大本营在前河湾完成了她光荣的历史使命,并圆满地画上了句点。

山东、华中地区各部及党政军机关奉命统一调整情况如下:

(一)中共华中分局和中共山东分局并入华东局;

(二)华东军区:新四军兼山东军区和华中军区撤销,统一组建华东军区;陈毅任司令员,饶漱石任政治委员,张云逸任副司令员,黎玉任副政治委员,陈士榘任参谋长,舒同任政治部主任,袁仲贤、周骏鸣任副参谋长,唐亮、张凯任政治部副主任。

新组建的华东军区,下辖胶东、鲁中、鲁南、渤海、苏中、苏北6个军区和滨海军分区。

(三)华东野战军:华中野战军与山东野战军和山东军区主力部队合并,统一组建华东野战军;陈毅任司令员兼政治委员及前委书记,粟裕任副司令员,谭震林任副政治委员,陈士榘任参谋长,刘先胜、张元寿任副参谋长,唐亮任政治部主任,钟期光任政治部副主任。

整编后的华东军区和华东野战军的总兵力究竟有多少,许多史料说法不一,《第三野战军征战日志》一书记载为:"整编后,华东野战军除第十一、第十二纵队外,总兵力约27万人;华东军区所属地方武装,包括第十一、第十二纵队,约30万人。"①

新组建成立的华东野战军,其战斗序列依次为:

第1纵队,叶飞任司令员兼政治委员,何克希任副司令员,谭启龙任副政治委员,张翼翔任参谋长,汤光恢任政治部主任;

第2纵队,韦国清任司令员兼政治委员,张震任副司令员,康志强任副政治委员,詹化雨任参谋长,邓逸凡任政治部主任;

第3纵队,何以祥任司令员,丁秋生任政治委员,覃士冕任副司令员,刘

---

① 引自《第三野战军征战日志》,《第三野战军征战日志》编辑室,江苏人民出版社1995年9月版,第118页。

春任政治部主任；

第4纵队，陶勇任司令员，王集成任政治委员，梅嘉生任参谋长，刘文学任政治部主任；

第5纵队，缺①，新编成立后的华东野战军未设第5纵队；

第6纵队，王必成任司令员，江渭清任政治委员，皮定均任副司令员，陈时夫任副政治委员兼政治部主任；

第7纵队，成钧任司令员，赵启民任政治委员，林维先任副司令员，胡定千任参谋长，黄火星任政治部主任；

第8纵队，王建安任司令员，向明任政治委员，孙继先任副司令员，张仁初任参谋长，王一平任政治部主任；

第9纵队，许世友任司令员，林浩任政治委员，聂凤智任副司令员兼参谋长，刘浩天任政治部主任；

第10纵队，宋时轮任司令员，景晓村任政治委员，刘培善任副政治委员，赵俊任参谋长，萧望东任政治部主任；

第11纵队，管文蔚任司令员，吉洛（即姬鹏飞）任政治委员，胡炳云任副司令员兼参谋长，李干辉任政治部主任；

第12纵队，陈庆先任司令员，曹获秋任政治委员，覃健、常玉清任副司令员，孙克骥任政治部主任；

特种兵纵队，陈锐霆任司令员，张藩任政治委员，钟国楚任参谋长，刘述周任政治部主任。

华东野战军奉命整编成立之时，成立整整十年的新四军也圆满地完成了她的历史使命，其番号于此也正式撤销。1949年1月15日，华东野战军奉中共中央军委命令，改编为第三野战军，陈毅任司令员兼政治委员，粟裕任副司令员兼第二副政治委员，谭震林任第一副政治委员，张震任参谋长，唐亮任政治部主任，钟期光任政治部副主任，刘瑞龙任后勤司令部司令员兼政治委员。改编后的第三野战军所辖原新四军部队组成的有：第20军（原第1纵队）、第21军（原第2纵队）、第23军（原第4纵队）、第24军（原第6

---

①　华东野战军组建时缺第5纵队。

纵队)、第25军(原第7纵队)、第29军(原第11纵队)、第30军(原第12纵队),此外还有特种兵纵队[①]。

从上面可以看出,在华东野战军新组建的12个纵队当中,其中的8个纵队都是以新四军的基干队伍所编成。此后,华东野战军又被改编为第三野战军,并先后参加了莱芜、孟良崮、洛阳、豫东、济南、淮海、渡江、上海、杭州、福州等著名战役。黄克诚领导的新四军第3师在进入东北后被改编为东北野战军第2、第6纵队,成为东北野战军的主力部队之一,在解放战争中相继参加了四平、三下江南、1947年夏季攻势和秋季攻势及冬季攻势、辽沈、平津、衡宝、两广、渡海等著名战役。而李先念领导的新四军第5师,从中原突围后分别编入晋冀鲁豫野战军和中原军区部队,并先后参加了大别山内线作战以及淮海战役、渡江战役和解放大西南等著名战役,为进军全国和夺取新民主主义革命的胜利以及新中国的成立都建下了不朽的功勋!

鲁南战役胜利结束后,国民党军被迫调整战略部署,华东地区各部集中到临沂地区休整待机。在这战斗的间隙,华东各部于1947年1月下旬在临沂县九曲镇前河湾村召开前委扩大会议,陈毅在会上强调指示:必须建立整体观念,打破山头主义、本位主义、游击主义,实行高度集中统一的指挥;全军要统一意志,统一行动,坚决贯彻人民军队的建军路线,加强党对军队的领导,建立党委集体领导制度,进一步提高全军人员的群众观念和纪律观念,积极参加农村土地改革运动,搞好军民团结。他还提出实行以战养战,以战教战,不断提高干部的作战指挥能力和部队的战术、技术水平。陈毅的讲话,为整编后的华东各部队建设提出了明确的方向和措施,推动了部队的正规化建设。

2月6日,华东野战军第2纵队在苏北东海县白塔埠地区发起讨伐郝鹏举战役。郝鹏举在抗日战争时期曾任伪淮海省省长兼省保安司令。抗战胜利后,郝氏又被国民党任命为新编第6路军总司令。1946年1月9日,郝鹏举率所部2万余人在台儿庄附近的马兰屯举行起义并向我军投诚,该部于8月19日被编为华中民主联军,郝任总司令。1947年1月27日,郝鹏举看到

---

①　华东野战军改编为第三野战军后,所辖特种纵队仍沿称特种纵队。

国民党军大举进攻临沂,自认为不久便是国民党的天下,遂率部叛变投敌,并扣押了我军的联络代表朱克靖等人①,该部也被改编为国民党军第42集团军,郝任司令兼鲁南绥靖公署司令。俟后,郝氏又率部向鲁南解放区发动进攻。华野第2纵队在韦国清的指挥下,一举将盘踞在石榴、驼峰、鲁兰等地的郝部叛军歼灭,并将郝鹏举的司令部驻地白塔埠团团包围。战至次日黄昏,全歼郝部第42集团军和第2、第4师,总计6000余人,生俘郝鹏举以下2700余人。2月13日,郝鹏举被押至华东野战军总指挥部的前河湾村(即原新四军军部所在地),要求面见陈毅。陈毅在接见他时,严厉地斥责其背叛人民的罪行,并赋《示郝鹏举诗》曰:"教尔作人不作人,教尔不苟竟狗苟。而今俯首尔就擒,仍自教尔分人狗。"后来,郝鹏举在被押送途中企图逃跑,被我军击毙。

二、宿北战役

1946年12月6日,国民党军徐州绥靖公署主任薛岳率25个半旅,分兵四路向苏北、鲁南新四军大举进攻,其他敌军也在附近配合,分别向盐城、涟水和沭阳、郯城、临沂等地推进,企图挽回此前的涟水败局。

12月15日,山东野战军一部和华中野战军第9纵队联合发起宿北战役。18日,山东野战军和华中野战军向来犯之敌发起总攻。战至19日,宿北战役结束,取得了全歼国民党整编第69师等2.1万余人、俘敌1.3万余人的伟大胜利,迫使国民党军整编第69师中将师长戴之奇②自杀身亡。

在津浦铁路中段战役的攻克滕县的战斗中,我第8师师长兼政治委员、32岁的王麓水不幸殉职。战役结束后,鲁南军民为王麓水举行了隆重的追悼大会,陈毅、黎玉等均参加了悼念活动,中共中央也发来唁电表示慰问,陈毅还为王麓水写了"功在人民名在史"的题词。

宿北战役是山东、华中两支野战军会师后所打的第一个胜仗。这次战役有力地打击了国民党军意欲迅速结束苏北战事的企图,切断了国民党军在陇海铁路沿线之间的联系,迟滞了国民党军对临沂、郯城等地的进攻,成

①　朱克靖后被押解到南京,1947年秋被秘密杀害于南京城南雨花台。
②　戴之奇,很多史料上也写作戴子奇。

功地保卫了鲁南和苏北等广大解放区,从而成为解放战争中华东战场上的重大转折点。

三、鲁南战役

1946 年 12 月 31 日,国民党军徐州绥靖公署命令其所辖各攻击兵团"向鲁南追剿",并以其整编第 77、第 26、第 51、第 20 师和第 1 快速纵队向临沂西侧及津浦铁路临枣支线以北地区发动进攻。新四军兼山东军区根据中共中央军委关于"集中主力歼灭鲁南之敌,并相机收复枣峄台①,使鲁南获得巩固"的指示,决定发起鲁南战役。

山东临沂前河湾新四军军部旧址纪念馆(苏克勤/摄)

1947 年 1 月 2 日至 1 月 20 日,陈毅、粟裕指挥发起鲁南战役并取得最后胜利。1 月 2 日晚,山东野战军和华中野战军共 27 个团,在陈毅、粟裕的统一指挥下发起鲁南战役。战至 20 日,战役胜利结束。此次大捷,在峄县、枣

---

①　枣峄台,系指枣庄、峄县、台儿庄。

庄地区共歼国民党军整编第26师、第1快速纵队、整编51师等部共5.35万人,俘虏国民党整编第51师中将师长周毓英、整编第26师中将师长马励武等人,缴获坦克24辆,各种火炮217门,汽车474辆,轻重机枪1048挺等大批武器装备,为稍后华东野战军成立时组建特种纵队打下了良好的物质基础。

鲁南战役是山东、华中两个野战军会师后的最后一仗,也是新四军、山东军区、华中野战军和山东野战军改编为华东军区和华东野战军前的最后一战。这次战役的胜利,挫败了国民党军进攻临沂等地的计划,打开了鲁南战局的新局面,有力地配合了全国其他战场的胜利,迫使国民党军不得不放弃对解放区的全面进攻,而改为"重点进攻"。因此上说,鲁南大捷是解放整个华东战局的转折点,故影响和意义非常重大。

四、前河湾新四军军部旧址纪念馆

临沂,因濒临山东省第一大河沂河而得名,是著名的革命老区。这里遗留下众多的解放战争遗迹,新四军军部旧址暨华东军区华东野战军诞生地纪念馆即坐落于临沂市河东区九曲街道前河湾村的沂河的滨河大道。这里距临沂市区10华里,是新四军历史上最后一个军部的驻地,也是华东野战军的诞生地,在新四军和人民解放军发展史上都具有重要的意义。1946年12月,新四军军部进驻临沂城东沂水河南岸九曲镇前河湾村。

新四军军部北上转移到临沂后,先后入驻临沂城兰山路中路的德国天主教堂、临沂东郊九曲镇前河湾村。目前,这两个都建有新四军军部旧址纪念馆。

前河湾新四军军部旧址纪念馆位于山东省临沂市河东区九曲镇前河湾村,这里是新四军军部大本营的最后一个驻地,也是华东野战军的诞生地。不过,前者展示的主要内容为新四军军部与山东军区,后者的展示内容则侧重于新四军军部与华东野战军。2003年,前河湾新四军军部旧址纪念馆建成并对外开放。

前河湾新四军军部旧址纪念馆有4个史料展厅和陈毅办公室、军部办公室陈列及新四军野战医院旧址组成。

　　前河湾新四军部旧址,是临沂市创建国家历史文化名城的重点工程之一和沂蒙红色旅游专线的重要组成部分。1946 年底到 1947 年初,陈毅同夫人张茜以及张云逸等人均在该村居住,并在此指挥了著名的宿北战役、鲁南战役、临沂南线阻击战,制定莱芜战役、孟良崮战役的作战预案,在此还召开了华东野战军军委扩大会议,完成了山东、华中两大野战军的合组整编任务,陈毅在会上作《一面打仗　一面建设》的报告,在此也指挥镇压了叛匪郝鹏举所部。1947 年 2 月,华东野战军总部从这里撤出后,国民党飞机对这里实施狂轰滥炸,致使这里的房屋大部被毁,现仅存 8 间,被列为市级重点文物保护单位。陈毅、粟裕、张云逸等曾经使用过的桌椅、书橱、马槽等文物都保护完好。2005 年,前河湾新四军军部旧址被列为山东省级重点文物保护单位,临沂市政府也将这里列为创建国家历史文化名城的 7 大重点项目之一,还被命名为山东省爱国主义教育基地,临沂市河东区人民政府按照修旧如旧的原则,对新四军军部旧址进行了重修,目前已经对外开放。2013 年 5 月,临沂新四军军部旧址及华野诞生地纪念馆被列为第七批全国重点文物保护单位。

　　新四军军部旧址纪念馆由东、西两个四合院构造,基本保持了当年的外形、结构和风貌,占地面积 1500 平方米,建筑面积 400 平方米,计有房屋 30 余间。

　　“新四军军部旧址纪念馆”的馆名由迟浩田将军所题。纪念馆大院内大院中坐落着汉玉白的 3 人雕像。陈毅居中,目光坚毅;右手拿着望远镜的为粟裕大将;戴眼镜的儒将是曾任新四军参谋长、副军长的张云逸。

　　馆内还建有复原室、史料展览室、司令部作战室、宿北战役和鲁南战役指挥部及史料陈列等,另外还复原了陈毅、张云逸等新四军领导人的故居,展示了新四军所走过的艰难历程,以及新四军将领在前河湾村期间的革命业绩。

　　目前,前河湾新四军军部旧址纪念馆一侧还另行新建了华东野战军总部旧址纪念馆,目前正在布置展厅,并有望于抗战胜利 70 周年纪念日前后对外开放。

红旗十月满天飞

八省健儿汇成一道抗日的铁流，

八省健儿汇成一道抗日的铁流。

…… ……

东进，东进，我们是铁的新四军；

东进，东进，我们是铁的新四军！

这是当年新四军将士们最喜欢唱的歌曲——《新四军军歌》！

新四军是一支英雄的部队，她与八路军一样，都是中国共产党领导下的重要武装力量，在中国抗战史上具有重要的历史地位。新四军又是一支英勇善战、战功卓著的部队，以其钢铁般的意志而被誉之为"铁军"。抗战之初，南方 8 省 14 个游击区的红军游击队改编成为新四军，这支队伍从组建开始，由小到大，由弱到强，在艰苦的抗战岁月里不断发展壮大，并由最初组建时的 1 万余人，到在盐城重建军部时的 9 万余人，再到抗战胜利后的 30 余万人，最后奉命编入华东野战军的战斗行列。

新四军的发展历史，充分地说明了这样一个真理：人民的军队爱人民，人民的军队人民爱。新四军之所以能够发展壮大，就是因为她来自人民，为了人民，爱护人民，保护人民，为人民大众谋幸福，因此才能得到人民的拥护，才能得以不断地发展壮大。

1937 年 7 月 7 日，日本帝国主义者在北平宛平县发动了震惊中外的"卢沟桥事变"，全面发动侵略中国的战争。锦绣中华被帝国主义铁蹄肆意践踏，勤劳善良的中华民族遭受着日本侵略者残忍的摧残蹂躏。国破家亡山河碎，江淮河汉今谁属？面对毫无人性的入侵者，中华儿女义愤填膺，同仇敌忾,奔赴战场,奋勇杀敌。

面对国土被占、民族危亡的生存关头,中国共产党捐弃前嫌,与国民党实行第二次合作,建立起广泛的抗日民族统一战线,将陕北中国工农红军改编为八路军,开赴华北抗日前线。不久,战斗在南方 8 省 14 区的红军游击队也改编为新四军,并由北伐名将叶挺出任军长,项英任副军长兼政治委员,张云逸任参谋长,周子昆任副参谋长,袁国平任政治部主任,邓子恢任政治部副主任。

八省健儿汇成了一道抗日的铁流! 东进,东进,我们铁的新四军!

新四军组建成立后,奉命奔赴抗日前线,誓师东进,奋勇杀敌,建立敌后抗日民主根据地,赢得了广大人民群众的爱戴和拥护。1941 年 1 月,皖南新四军军部及直属部队 9000 余人,在北移皖南茂林时被国民党顽固派军队 7 个师 8 万余人所包围,最后除 2000 余人突围外,其余或壮烈牺牲,或弹尽粮绝被俘,事变遽生,遂成千古奇冤!

"皖南事变"发生后,面对国民党顽固派的肆意挑衅,中国共产党进行了有理有利有节的斗争,并于 1941 年 1 月 20 日发布命令,在苏北盐城重建新四军军部,任命陈毅为新四军代军长,刘少奇为政治委员,张云逸为副军长,赖传珠为参谋长,将黄河以南的八路军和新四军统一改编为 7 个师 1 个旅,重振军威,再上战场,浴血奋战,前赴后继,英勇抗击日本侵略者。

新四军诞生于强寇入侵、战火纷飞的岁月里,从 1937 年 10 月 12 日正式成立,到 1947 年年初诞生的第 10 个年头,全军将士在中共中央的领导之下,以大无畏的英雄主义气概,浴血奋战在大江南北,江淮河汉,与日本侵略者展开了艰苦卓绝的奋战,共对敌作战 2.46 万余次,毙伤俘敌 41.7 万余人,光复国土 25 万平方公里,解放人口 3400 余万人,主力部队也从组建初期的 1 万余人,最后发展到 30 余万人,在中国人民反法西斯战争史上写下了光辉灿烂的一页,为夺取抗日战争和世界反法西斯战争的最后胜利,建立了不朽的丰功伟绩。

1945 年 8 月,中国军民历经八年艰苦卓绝的奋勇抗战,终于迎来了最后的胜利。此次胜利,是自鸦片战争以来中国人民反抗外来侵略者的第一次全面胜利。对于这次胜利的取得,新四军将士有功于国,铭刻史册,并被人民群众赞誉为英雄的"铁军"。

解放战争初期,新四军奉命撤销番号并改编为华东军区和华东野战军序列,纵横于苏鲁豫皖诸省,驰骋于江淮河汉之间,为中国人民的解放事业又建立了不朽的功勋。

忆往昔峥嵘岁月稠;展未来迈步从头越!

新四军自组建成立后,作为大本营的军部,从汉口的第一站开拔,相继又进驻南昌、岩寺、麻村、土塘、云岭、盐城、阜宁、黄花塘、千棵柳、淮阴、临沂、前河湾等地,转战南北,纵横驰骋,率领全军将士奋勇杀敌,为中华民族的解放事业奋斗不止。在抗日战争和根据地建设中,新四军先后涌现出一大批治党、治国、治军的军事家、政治家和著名将领以及杰出的文化艺术家,如叶挺、项英、陈毅、刘少奇、张云逸、李先念、彭雪枫、粟裕、徐海东、黄克诚、张鼎丞、罗炳辉、谭震林、邓子恢、张爱萍、张劲夫、方毅、赖传珠、韦国清、叶飞、张震等。

典型在夙昔,古道照颜色;

不忘英烈新四军,铁军精神永相传!

新四军是中华民族和人民军队的精英,他们卓著的业绩与不朽功勋,将永远彪炳青史,光照千秋,世代相传。新四军的历史,既是战争年代为中华民族和中国人民利益而斗争的光辉历史,也是一笔巨大的宝贵的和无可替代的精神财富,更是对后人进行爱国主义、革命传统教育的宝贵教材。

前事不忘,后事之师;

缅怀英烈,开拓未来!

1937 年 7 月 7 日,那个令人震撼的日子早已过去;1945 年 8 月 15 日,那个举国欢庆的日子也已过去;2015 年,我们将迎来世界反法西斯战争和中国抗日战争胜利 70 周年的纪念。本着科学史观,本着求是原则,反思历史,牢记教训,总结经验教训,复兴中华民族,这却是我们每个华夏儿女的义不容辞的责任。

"江淮河汉今谁属,红旗十月满天飞!"这是新四军第二任军长、将军诗人陈毅诗中的名言,也是我们对祖国美好未来的热情期待! 我们坚信,祖国统一不远,民族复兴在望!

新四军军部大本营迁徙时间表

序列	驻扎地点	所属省县	进驻日期
第1站	湖北省武汉市汉口大和街26号	湖北省武汉市	1937.12.25—1938.1.4
第2站	江西省南昌市三眼井 高升巷7-8号	江西省南昌市	1938.1.6—1938.4.4
第3站	安徽省歙县岩寺镇	安徽省歙县	1938.4.5—1938.5.5
第4站	安徽省太平县麻村	安徽省太平县	1938.5.7—1938.5.26
第5站	安徽省南陵县三里乡土塘村	安徽省南陵县	1938.5.26—1938.8.2
第6站	安徽省泾县云岭乡罗里村	安徽省泾县	1938.8.2—1941.1.4
第7站	江苏省盐城市城西泰山庙	江苏省盐城市	1941.1.25—1941.7.10
第8站	江苏省阜宁县陈集乡停翅港	江苏省阜宁县	1941.9.5—1942.12.25
第9站	安徽省盱眙县黄花塘①	江苏省盱眙县	1943.1.10—1945.2.28
第10站	安徽省盱眙县千棵柳	江苏省盱眙县	1945.2.28—1945.9.19
第11站	江苏省淮阴市	江苏省淮阴市	1945.9.21—1945.10
第12站	山东省临沂市兰山路德国教堂	山东省临沂市	1945.12.2—1946.12
第13站	山东省临沂市九曲镇前河湾	山东省临沂市	1946.12—1947.2.3

---

① 新四军军部进驻淮南黄花塘期间,盱眙县属安徽省所辖。

新四军抗日作战歼敌战绩图表

年度	作战次数	歼日伪军兵力(人)				缴获的主要武器			
		毙伤	俘虏	投诚与反正	合计	各种炮（门）	掷弹筒（个）	轻重机枪（挺）	长短枪（支）
1935.5–12	286	3264	651				2	36	3710
1939	764	11259	751		12010	1	6	54	1726
1940	1692	23563	15732		39295	36	11	491	13027
1941	2167	25419	9385		34805	4	8	320	15023
1942	1742	14602	8346	1704	24688	7	32	143	10272
1943	4556	20291	12487	3364	36142	51	41	304	28045
1944	6582	22219	29126	1853	53193	119	314	739	31390
1945.1–1946.1.13	1585	14114	86901	12447	113462	571	213	1613	74907
合计	19374	134731	163380	19404	317515	789	627	3900	176100

新四军各年度实力统计表

年度 \ 项目 数字	主力部队				地方武装				
	人员	武器			人员	武器			民兵
		各种炮	轻重机枪	长短枪		轻重机枪	长短枪		
1938 年 4 月	10329	1	57	6231					
1939 年底	49901		206	18070					
1940 年底	88744	52	1384	50543					
1941 年底	86784	69	1577	44849	41279	87	20558		561219
1942 年底	82402	33	1721	47224	40979	464	26233		
1943 年底	120124	46	2366	66966	39324	132	24954		622053
1944 年底	208109	100	3170	109583	56467	122	28872		817259
1945 年 7 月	215325	191	2366	99739	97547	865	58130		960603

★ 附录三

新四军驻各地办事处机构图表

机构名称	负责人	办公地址	起止时间
新四军驻南昌办事处	黄道、胡金魁	江西省南昌市书院街 2 号危家大屋	1938.1.6—1941.1.4
新四军吉安通讯处	郭猛、韦瑞珍	江西省吉安县仁山坪 14 号	1937.10——1938.12
新四军修水通讯处	李成铁	江西省修水县马坳街协丰烟铺	1937.9—1938.1
新四军驻宜春慈化通讯处	李 辉	江西省宜春县慈化镇东门 50 号	1938.2—1939.7
新四军驻瑶里留守处	李华楷	江西省浮梁县瑶里教义堂	1938.1—1938.6
新四军驻景德镇办事处	李步新	江西省景德镇莲花塘观茶园	1927.12—1939.2
新四军驻永新黄岗留守处	贺光华	江西省永新县黄岗田心里村	1938.3—1938.12
新四军池江赣南办事处	贺敏学	江西省大余县池江圩	1937.9—1939.10
新四军都昌留守处	田英（胡望生）	江西省都昌县大港街	1938.2—1938.4
新四军三支队五团河口留守处	姚荣庆	江西省铅山县河口镇郑家街	1938.2.28—1939.5
新四军三支队五团石塘通讯处	陈日辉、詹德和、俞雅鹿	江西省铅山县石塘镇赖家纸号	1938.2.26—1940 春
新四军三支队五团驻金资贵留守处	鲍永泉	江西省贵溪县上清宫	1937.12—1938.9
新四军驻贵溪办事处	涂振农	江西省贵溪县城西犁头街	1938.4—1939.3
新四军驻瑞金办事处	傅家洪	江西省瑞金县城河背街溪子下	1937.10—1939 年秋

续表

机构名称	负责人	办公地址	起止时间
新四军崇义思顺通讯站	杨洐廷	江西省崇义县思顺区牛牯岭下何屋	1938.1—1938.5.21
新四军福州办事处	王　助	福建省福州市安民巷27号	1938.1—1941.3
新四军二支队龙岩白土留守处	曾寿宁、谢育才	福建省龙岩县白土	1937.10—1938.5
新四军三支队崇安留守处	曾镜冰	福建省崇安县第二区长洞源	1938.2—1941.2
新四军三支队六团宁德留守处	范式人	福建省宁德县碧山街林氏宗祠	1938.2—1938.3
新四军驻温州通讯处	周钦冰	浙江省温州市九柏园头17号	1938.3—1938.10
新四军丽水办事处	吴　毓	浙江省丽水县城高井巷19号	1938.3—1938.10
新四军驻闽边后方留守处	何　畏、黄耕夫	浙江省平阳县北港水头街三桥堂	1938.3.13—1938.10
新四军驻温州采购办事处	杨建新	浙江省温州市县前头49号	1938年秋—1941年秋
新四军浙东游击纵队留守处	王剑鸣、朱洪山	浙江省余姚县杜涂大庙	1945.9.24—1945.11
新四军浙西留守处	杜大公	浙西地区	1945.10—1945.11
新四军江南指挥部驻锡南办事处	周志远	江苏省无锡县	1941.2—1941.8
新四军驻苏西办事处	朱维贤	江苏省苏州市	1940
八路军、新四军驻皖东办事处	张爱萍	安徽省泗县张塘	1939.9—1940.3
新四军总兵站	张元寿	安徽省歙县岩寺镇,后迁泾县章家渡	1938.4—1940.12
新四军四支队立煌兵站	郑维孝、罗治达	安徽省金寨县桃树岭	1938.4—1940.1
新四军六支队涡阳联络站	任泊生、吴宪、徐金强	安徽省涡阳县	1939.1—1941.1.21
新四军上海办事处	杨　斌	上海市甘世东路兴顺里15号	1941.3—1942.12

续表

机构名称	负责人	办公地址	起止时间
新四军桂林办事处	吴奚如、李克农	广西桂林市桂北路 138 号	1938 秋—1941.1
新四军驻重庆办事处	钱之光	重庆机房街 70 号,后迁红岩嘴	1939.1—1946
新四军驻湘办事处	王凌波	湖南省长沙市寿星街 2 号	1938.8—1938 年底
新四军平江嘉义留守处	黄耀南	湖南省平江县嘉义镇亿昌药号	1938.2—1939.6
新四军浏阳办事处	罗益成	湖南省浏阳县东乡官渡兵马桥陈家祠堂	1937.9—1938.3
新四军耒阳通讯处	谢竹峰	湖南省耒阳县城南正街福成酱油园,后迁至南门口 33 号	1938.5—1939.6
新四军郴州通讯处	王　涛	湖南省郴县县城北街	1938 年春—1939.6
新四军桂东沙田留守处	顾星奎	湖南省桂东县沙田镇万寿宫	1938.2—1939.1
新四军武汉办事处	钱之光	湖北武汉汉口日本租界中街 89 号大石洋行	1938.1—1938.10
新四军通城通讯处	邱　炳	湖北省通城县城西门巷天主堂附近	1937.10—1938 年初
新四军通山大畈通讯处	黄全德	湖北省通山县大畈镇	1938.1—1938.7
新四军四支队七里坪留守处	詹以锦	湖北省黄安县七里坪(今红安县)	1938.3—1938.12
新四军路东临时支队赵家棚留守处	卢华艮	湖北省安陆县赵家棚	1939.10—1940.2
新四军豫鄂独立游击支队青龙潭留守处	周叔屏	湖北省安陆县青龙潭	1939.10—1940.4
新四军鄂豫挺进纵队白兆山留守处	李　健	湖北省安陆县白兆山	1940.1—1940.6
新四军鄂豫独立游击支队大山头留守处	鲁明继	湖北省京山县安陆地区	1939.6—1939 年底
随南军政联合办事处	郭北鹏	湖北省随县洛阳店	1940.8—1941.4
新四军第八团竹沟留守处	王国华	河南省确山县竹沟镇	1938.3—1939.11

续表

机构名称	负责人	办公地址	起止时间
新四军驻高淳办事处	戈白章	江苏省高淳县城	1938.9—1938.11
新四军苏浙留守处	未详	江苏省宜兴县张渚镇	1945.8
新四军三支队五团建阳通讯处	邱有贵	福建省建阳县水吉	1938
新四军皖赣辖区办事处	徐福初	安徽省东流县番隅坂	1943—1945.8

注:引自《新四军在南昌》,熊河水、李秋华主编,华夏出版社 2002 年 5 月版。

新四军的前身及其组成与发展经过概况①

说明:本文成稿于 1942 年,系新四军司令部参谋处所编。原文虽是草稿,因系珍贵史料,故收入本书时不作文字上的变动和修改,谨略作注释。另外,许多史料上都称此文写于 1946 年,不确。

一 新四军的前身——内战时期

第一次大革命期间,"国民革命军第四军",这支和共产党血肉相关的、大部分团营连干部是共产党员,并且全部政治工作是在共产党领导之下的部队,参加了北伐,卓著勋绩,功高威远。

大革命失败后,整个资产阶级叛变了革命,投降了帝国主义。

中国共产党独立的来领导这个革命,由叶挺、周恩来、贺龙等同志组织举行了南昌暴动——大革命退兵的一战,继续保持中国反帝传统。从此,由国共合作进到共产党单独领导,继续深入这个革命到农村中去,进行深入的土地革命,并创建工农武装。

毛泽东同志领导秋收暴动失败以后,带一千多农民到井冈山与朱德同志会合,组织红军第四军,并建立根据地,高举红旗,开展游击战争。这是大革命以后的第一时期的游击战争(从一九二七年南昌暴动开始,到一九三零年彭德怀同志进攻长沙为止;嗣后即转为大规模的工农红军和苏维埃运动的革命与反革命的国内战争)。

---

① 引自《中共党史参考资料》第八册,中国人民解放军政治学院党史教研室编。

一九三四年苏维埃运动和土地革命受损失以后，红军主力部队举行万里长征，留在以江西为中心的各个游击区域单独奋斗，坚持阵地。从一九三四年到抗战爆发二年零八个月，算三年。这就是新四军产生的最近的历史（主力部队九万八千人开始长征，留下的主力师——二十四师三个团，每一连有一架机关枪，每一个团有重机枪迫击炮，计留在福建、江西、广东交界地方的武装游击队有三千多支枪，以江西为中心）。

当时在江西组织了中央分局来主持。

长征红军于一九三四年十一月十日离开①。国民党于次年二月以大兵围剿，图彻底肃清中央苏区。红二十四师主力被包围，游击队被歼灭。于是退出苏区，转到南岭山脉，重新组织游击战争。当时方志敏负责赣东北游击区，黄道负责闽北区域，粟裕负责浙江区域，闽东由叶飞负责，闽西②游击区域由谭震林、邓子恢、张鼎丞负责，湘赣由谭云宝③负责，湘鄂赣由傅秋涛、钟期光、张藩负责，赣南由陈毅、项英负责。

西安事变后，国共两党重新合作。可是顽固派认为这个合作，只能是和西北朱毛率领的有组织有纪律的真正红军合作，而拒绝和南方游击队合作，并且进攻更加厉害；从一九三七年春天三月至五月，是清剿最严重的时候。

卢沟桥事变抗战爆发以后，我党统一战线政策胜利，全民族团结成功，合作由西北方扩大到南方。于是南方红军游击队奉命集中，改编为"国民革命军新编第四军"。

甲、是时红色游（击）军为：④1. 闽西南张鼎丞、邓子恢、谭震林数同志领导下的一大部游击队，约有一千二百余人，五百余支枪。

2. 湘、鄂、赣傅秋涛同志领导的游击队，一千一百余人，三百五十余支枪。

3. 闽东叶飞同志领导的游击队，九百二十人，五百余支枪。

4. 闽、赣、浙黄道同志领导的游击队，六百余人，三百余支枪。

---

① 一般认为，中央苏区主力红军长征时间为 1934 年 10 月 17 日。

② 应为"闽西南"。

③ 谭云宝系谭余保之误。

④ 后面原缺"乙"部。

5.浙江平阳刘英同志领导的游击队,六百人,二百余支枪。

6.中央苏区(瑞金)钟得胜同志领导的游击队,三百人,一百五十支枪。

7.皖南关英、李步新同志领导的一个游击队,一百九十八人,七十五支枪。

8.湘、赣谭云宝①同志领导的一个游击队,三百三十五人,二百支枪。

9.赣南陈毅、项英同志领导的游击队及桂东×世雄同志领导的游击队共约三百人左右。

10.鄂、豫、皖高敬亭同志领导的游击队九百余人,五百余支枪。

11.鄂、豫边周骏鸣同志领导的一个游击队六百余人。

12.湘南李林同志领导的游击队,共二部,计约三百人左右。

总共大小十四个游击队,约八千人左右,三千五百余支枪,四挺轻机枪,及不能连放的重机枪三挺。这些参差不齐的游击队,即是新四军的基础。

二　组织和发展——抗日游击战争时期

第一阶段——一九三七年十月至一九四一年一月。

甲、军部成立:一九三七年十月十二日,南京国民政府发表成立新四军的命令,叶挺任军长,队伍开始集中。

一九三八年一月六日在南昌成立军部;是月底开始办公。斯时,机关没有建立,仅仅是几个人。

乙、从集中到开入敌后:

(一)一九三八年二月二十日,国民政府军事委员会命令我军限于×日集中岩寺。于是军部分头令促江西、浙江、福建、湘南、广东各省游击部队,兼程前进,向安徽岩寺集中。江北鄂豫皖及鄂豫边游击队分别向合肥、舒城、无为地区集中。

长途跋涉,远从江西的大庚、福建的龙岩,约两千里路,需一月的行程,最近的亦需七天行程;且饷秣不济,饱受饥馑;沿途又遭受各省军事当局及

---

① 同上注,谭云宝应为谭余保。

不明大义分子,挟持其十年反共成见,不断地无理阻碍与留难,并恶意造谣破坏中伤。我军战胜一切困难,于四月初集中岩寺;闽西南延到十八日始达。

（二）军部于一九三八年四月四日离开南昌迁移岩寺,着手进行部队改编,成立四个支队:以闽西南游击队一千二百余人,编为第二支队,闽东游击队九百余人,编为五(?)、六两团,湘鄂赣游击队一千余人编为第一支队第一团,闽浙赣游击队编为第三支队第五(?)团,浙江平阳游击队编为第二支队第四团,中央苏区游击队编为二支队三团一部,皖南游击队编为二团三营,湘赣游击队编为一支队二团一营,赣南及桂东游击队编为一支队二团二营及三营一部,湘南游击队编为特务营,鄂豫皖及鄂豫边游击队编为四支队七、九两团,集中七里坪。编制就绪,当即开始进行不到二十天的整训。

斯时,又接到命令云,四月二十日派员莅临点验。十五日复又接命令不能久驻岩寺。未及点验,我粟裕司令率领先遣部队,遂于是月二十八日出发,挺进江南敌后;军部亦于五月一日离开岩寺迁至太平。接着又接到命令不准久驻太平,于是,复又移至南陵地带。这时我一、二支队先遣部队已陆续深入芜湖以东、南京以南,溧水、溧阳以北狭小地区。

（三）鄂豫皖游击队,一九三八年春集中七里坪,改为新四军四支队,下辖七、九两团,约一千二百余人。又一部,原为河南桐柏山游击队,百余人,一九三八年在确山、竹沟改编,加上地方动员来的新兵及改编股匪,共约九百余人,是为八团。四支队及八团均于一九三八年四、五月间分由七里坪、竹沟开赴皖东前线。四支队七、九团在舒、桐、庐、无一带活动。八团在庐、无活动一个短时间,即开至淮南路东合肥、全椒一带活动,进入皖东前线。

丙、敌后游击战争的开展:

江北四支队东进巢无地区及皖东前线,五月十六日首次与敌人在巢湖以南蒋家河口发生战斗,将敌全部击溃,缴获步枪十余支,大旗一面,开江北第一次的胜利。

江南方面我先遣队进入镇江以南,六月十八日与敌在卫岗①展开战斗,

----

① 卫岗,亦作韦岗。

是谓卫岗处女战。此役摧毁敌汽车四五辆，毙敌土井少佐一名，梅岗武朗大尉一名，缴获步枪十余支，日币七千元。这次战斗，与江北遥相辉映，从此展开了大江南北的游击战争。

第一时期：

我军以严明的纪律，新军的姿态，出现在江南。当时群众一方面是赞美我们的军纪，拥护我们来抗战；另一方面对本军战斗力为却表示怀疑，认为装备完好、武器精良的国军，尚且不能立足，何况这一小支武器窳劣、火力微弱之新四军。经过后来不断的胜利战斗，广大群众遂逐渐认识我军是真正抗日和无法摧毁的力量。于是我军威信大大提高。

在国民党军撤退以后，江南地区一部分士绅及民众组织的游击队，云涌蜂起，但皆独霸一方，割据称雄，纪律极坏，敲诈勒索，无所不为，不抗敌而扰民，互相鱼肉，钩心斗角，阻碍抗战发动。本军对这些武装进行了艰苦说服工作；在他们互相倾轧之际，从中排难解纷，争取团结到抗战一致的旗帜下。唯有朱永祥、陈得功等股游击队，一贯不顾民族利益，甘心附敌，为虎作伥，民众称之为"小日本"，成为敌人伪政权发展的支柱，普遍的从事建立伪政权，发展维持会，致使群情消沉。当时我们对这些武装则采取坚决手段解除之、摧毁之。从此广大民众消沉低落情绪，顿形好转，一扫乌烟瘴气，展开江南抗战的新局面。

在江北巢、合、桐、怀相继失守，国民党大军西撤后，局势异常混乱，地方士绅民众武装，遍地皆是。我军四支队进抵此间活动，虽然是大大展开游击战争局面，取得本身的部分发展与壮大，但当时在高敬亭错误的领导下，坐失时机，以致大大地限制了部队的发展壮大。

第二个时期：

（A）一九三八年冬，张云逸同志由军部渡江北来，并成立江北游击纵队，由地方党所组织的游击队编成，部队迅速发展。

一九三九年五月，叶军长和邓子恢同志相继渡江到皖北。六月三日在青龙厂高敬亭被处决①。是时，军部因感地区辽阔，统一指挥困难，遂于五月

———————

① 处决高敬亭的时间应为六月二十四日。

五日在庐江东汤池成立江北指挥部,统一指挥江北三个部队。

1. 四支队,下辖七、九、十四三个团,共约四千余人。

2. 五支队,下辖八、十、十五三个团,共约二千余人。

3. 江北游击纵队,下辖一、二两个大队,共约一千余人。其一大队系由江南四团过来的一个营编成,担任军部与江北指挥之联络。

高敬亭被处决后,把部队挺进到皖东定远、凤阳、滁县、全椒等县广大地区。

以原来周骏鸣为基础的八团扩大起来,开始成立五支队。

(B)我军八团留守处,在河南确山县竹沟镇组织了两个新兵连,由彭雪枫同志领导。当一九三八年夏季,日寇打通津浦路,占领徐州、开封之后,郑州、洛阳日益吃紧,武汉告急,地方紊乱,伪匪蜂起,由彭雪枫同志领导的两个新兵连,经过艰难缔造,以游击支队第二大队名义,于一九三八年十月一日誓师东进,东越平汉,道经西华,接近最前线,这时仅有一百七十八人。[①]自豫东沦陷后,国军西撤,政权瓦解,地方糜烂不堪。长期坚持地下工作的吴芝圃同志,在睢、杞、太边,组成了一支人民自卫武装——三支队,在党的领导下,日益扩大。八月间,萧望东同志率一先遣大队(七十人枪)赴睢、杞、太协助三支队活动。十月间,三支队会同萧大队入西华,至杜岗与游击支队会合,扩大了支队编制,共分三个大队,计九百四十五人。此即开始向敌后挺进,首次在淮阳西窦楼与敌骑发生遭遇战斗,将敌击溃。于是通过封锁线,十月三十日经过鹿邑县城到达鹿邑东刘大庄休整,开展统战工作。

是年十一月十九日,出征睢、杞、太,处处获胜。原三支队九中队十二月与原在睢、杞、鹿邑活动的三支队二团部队合编为第二团第一营,以游击支队第二大队为第二营,成立了第二团(团长滕海清,政委谭友林)。

一九三九年一月三日,睢杞地方武装李广南部追随主力与原第一大队(在鹿邑白马驿)合编为第一团。当时三大队则改为独立营,直接归支队指挥。三九年一月主力东进亳东,独立营再征睢杞。二月,独立营连同睢杞地武一部归还主力,编为支队第三团,这时人数已有一七五一人。

---

① 彭雪枫率军在竹沟誓师东征的时间实为 9 月 29 日,并于次日开拔,东征指战员为 2 个中队、计 373 人。

一九三九年四月，敌人"扫荡"豫、皖、苏边。中旬，鹿邑、亳县相继再度陷落。我除留第一团（太康大队一个连是时已编入）于原地活动外，主力于六月十五日抵怀远西涡河沿岸。是时永城地方武装鲁雨亭部自动请求编入我军，编为一总队。这时人员已扩充到四八二四人了。

一九三九年九月六日，回师涡北新兴集，开展永、夏工作。一个月内先后成立了六个独立大队，成为游击支队发展的全盛时期。部队增加至四十一倍以上（七三六九人）。

一九三九年十一月，游击支队改为本军第六支队。十二月反共浪潮高涨。是时第一战区自卫军第七路（我西华党所领导的）自动地由向明、王学武率领入豫皖苏边，组织第二总队，在萧东由耿蕴斋组成三总队（萧县游击支队与宿县大队组成）；皖东北由张爱萍组成第四总队；并将各独立大队补充主力，或扩编为独立团。至四零年三月，全支队除三个主力团、一个特务团外，其余还有四个总队、三个独立营，计一万七千八百人。此时活动地区，东抵津浦路，西依黄泛，北达陇海，南跨涡河。四月一日，敌寇二千余"扫荡"，我一总队在永城东北山城集进行保卫战，鲁雨亭同志于是役光荣殉国。

随后又组成保安司令部，直辖萧县抗敌总队，萧县、永城、睢杞独立团，及亳北独立大队，这时全支队共一万九千五百余人。

（C）一九三八年十月，武汉失守后，原四支队七里坪留守处之留守人员及八路军残废退伍人员和地方党员，发展地方武装，由李先念同志领导。原湖北豫南地方党所领导的红色游击队，是时仍坚持原地活动，党为了集中力量，打击敌人，于一九三九年六月，将鄂中马家冲、八字门、白兆山、赵家栅、应城及汉川各地之游击队改为独立支队，编两个团，以鄂东之五、六大队及信、应部队（王海山领导的）编为新四军游击支队，另以豫南的游击队改编为三、五两个团。部队虽经整编，但各级党所领导的游击队，在指挥上不能统一；且当时日夜忙于反摩擦，环境恶劣，致各部独立活动，各自为政，产生浓厚的游击主义习气。

嗣后，为统一部队指挥，乃于一九三九年十二月，统编为新四军游击挺进纵队，将以上各部编为九个正规团，其编制情形于下：

原五、六两大队改为第一团，四望山之三团改为第二团，鄂中游击队改为第三团,鄂中湖区游击队(四团)改为四团,鄂中独立支队改编为第五团,第六团历史不详,信罗地方游击队改编为第七团,六团与×区独立团(地武)改编为第八团,鄂东独立团改编为第九团,伪军反正部队改编为十团,并成立纵队司令部与随营学校。从此由分散到集中,引起敌顽注意,于是处在敌顽夹击中,开展了平汉线及武汉近郊的游击战争。

(D)一九三九年七月,皖南部队奉三战区长官命令,以一个支队(三支队五、六团)接替青弋江友军防务。未几,敌人于十月底从湾沚集集中兵力千余,分数路向我红衣铺、清水潭阵地进攻。敌人凭借强烈火力,向我迫击。我军毅勇果敢,与敌人激战三天,取得南陵大捷,胜利推进,为成功地展开阵地战之先例。

随后,老六团由叶飞同志率领深入上海附近活动,与梅光迪部会合,成立江南抗日义勇军。旋派老六团一部渡江到江北与管文蔚部(在丹阳发展起来的)会合,改为挺进纵队。

一九四零年,张道庸同志率领二支队四团之两个营渡江至苏北活动于天长、六合地区,改为苏皖支队。

(E)为了便利指挥部队,加强部队发展,脱离顽军对我指挥机关之威胁,一九三九年十月间,江北指挥部以巡视为名,大部迁至皖东。

是年十一月江南指挥部在溧阳水西村成立,展开了以后江南苏北之巨大胜利。

(F)一九三九年十一月,中原局书记刘少奇同志偕同徐海东同志安抵皖东,从此江北部队得到了党中央直接领导。部队经过整理,克服过去的许多缺点与错误,蒸蒸日上,有了空前的发展,稳定了阵地,并着手开始根据地的建设。

是时,五支队挺进路东,在来安、嘉山、盱眙、六合地区开展游击战争,一度克复来安城,驱逐敌伪,使广大民众从敌伪奴役下解放出来,提高了路东民众抗战情绪。

十二月二十日,敌人集中数千兵力大举向我周家岗、古河"扫荡",徐副指挥海东同志亲赴前线指挥,于二十三日反攻,克复周家岗、古河,敌大败。是役,俘敌少佐一名(伤重而死),炮弹×箱及其他军用品甚多。此为江北反

"扫荡"首次大胜利。

丁、反摩擦斗争的胜利：

（一）一九三九年廖磊病故，李品仙继任皖省主席后，密令颜仁毅、李本一进攻津浦路西我四支队部队，阴谋假借护送点验委员之名，袭击我大桥指挥部。当时被我坚决拒绝通过。遂于五月七日在界牌集发生战斗。从此摩擦逐渐发展扩大，愈演愈烈，反共空气日益嚣张。当时在南路我们击溃了李本一的进攻，将他逐回古河，消灭了顽李三分之二的力量。南路胜利后，乃集中大部主力于北路，攻下定远城沿线各要点，颜仁毅部被我消灭，颜本人逃避寿县。是时因我路东五支队增援路西，顽韩德勤、秦庆霖乃指挥十团大军进攻路东阵地，包围半塔七日不下。五支队于路西战场胜利后，回师路东，半塔解围，顽韩溃退，我军势如摧枯拉朽，直迫淮河右岸。

是时，顽在无为地区进攻我游击纵队，我军受挫，乃退至皖东。于是顽军首次有计划的进攻完全被我粉碎了。

继之，李品仙复又发动两个主力师向我皖东再度进攻，在八斗岭、王子城、青龙厂一线展开主力激战，战斗极其残酷。此后双方进入拉锯式及胶着状态，互有进展，失而复克。这次胜利后，八路军黄克诚同志率领南下增援部队，九月间在津浦路东与我四、五支队胜利会合。

（二）一九四零年八月间，黄政委克诚同志率领八路军二纵队三四四旅及新二旅至豫皖苏边，与我六支队正式合编，改为八路军第四纵队。随后，黄率新二旅及六八七团进抵皖东北与六支队四总队（张爱萍部）编为八路军第五纵队。

于是，我四纵队重新编制为直属队、四旅、五旅、六旅、保安司令部，共一万七千余人。

接着，反共高潮到来，汤恩伯率三十万大军向我进犯；形势吃紧。耿蕴斋率保安司令部之一部，刘子仁率十七团全部，吴信容率十八团二个营，于双十日叛变了。共有八五十九人，轻机枪二十五挺。于是我重整地方武装，撤销保安司令部，组成萧县独立旅（旅长纵汉民，政委李中道）。至一九四一年元月，在睢、杞、太、淮边，顽敌十二军八十一师配合两个游击纵队，向睢杞独立团进攻。当时，我乃以一部控制原地进行游击，主力归还淮上，改为五旅十五团。

(三)苏南与苏北部队的会合。我挺进及苏皖支队在大桥、江都等地展开游击战争以后,韩德勤、李长江等不相容让,屡加迫害;我军求全忍让,而顽方迫害有加无已。在江南,顽冷欣以大军进击,逼我渡江;在苏北,则集中十余团兵力,企图歼灭我军于扬子江畔,步步逼人,言之无不心寒。一九四零年六月中旬,我江南指挥部率二团、新六团、九团(即江抗二团)先后过江,六月二十八日,李长江指挥十一团之众,开始围攻我郭村叶飞部队,于是展开自卫战争,陈指挥闻讯率师渡江赶援,援兵未到,进攻之顽十一个团已被我郭村部队击溃,避入泰州,我军稍有进展,苏南苏北部队就在这胜利中会合了。

郭村战役后,为统一与便利部队指挥,即以挺纵二、六、九三个团,及地方武装陈玉生、王澄(郭村战斗中由李长江部暴动过来)等部改编为一、二、三三个纵队(以挺纵为第一纵队,二团、新六团、九团、江抗二团合编为第二纵队,苏皖支队及地方武装为第三纵队)。

(四)黄桥之战及八路军、新四军白驹大会合。

(1)一九四零年七月二十五日,韩德勤使用十二个团第一次进攻黄桥,再度为我击溃,歼灭顽何克谦部大部分;接着就是营溪、姜堰战斗,连战皆捷,是为黄桥第一次大胜利。韩德勤顽心不死,遂于十月初下令对黄桥进行二次总攻击。黄桥决战,我军又获大胜,顽八十九军军长李守维溺死八字桥河中。顽韩一败涂地,溃不成军。我军反复攻击,连克海安、东台诸城镇,迫使韩顽退守兴化。与此同时,八路军闻讯从背面驰援,攻克东沟、益林、盐城,长驱直下,于十月十日与新四军苏北部队在白驹胜利大会师。这次反摩擦空前巨大胜利,创造了二十年来之奇迹。从此我军威震华中,顽军胆落。

(2)华中摩擦日趋严重。于是八路军第二纵队主力(黄克诚同志率领)及八路军一一五师苏鲁豫支队全部于一九四零年四月前后,由晋东南及山东等地出发,南下增援新四军,于九月间到达皖东北及淮海地区后,即与张爱萍(新四军六支队四总队)、韦国清(八路军南进支队)等部合编,正式成立八路军第五纵队,以苏鲁豫支队改为一支队,以二纵队主力编为二支队,以张爱萍、韦国清两部编为三支队,南下增援。

是时,八路军——五师教导第五旅亦南下至淮海地区。

(五)一九四零年六月,江南指挥部率二团、新六团、江抗二团渡江增援郭村开展苏北以后,在江南乃另成立江南指挥部,在罗忠毅、廖海涛同志领导下,指挥剩余部队,坚持原来阵地。黄桥决战,我四团三营复渡江北增援。斯时,在江南仅剩下四团、新三团及同情我军之独二团。经过一个时期的发展,培养了一部分地方武装——独立支队(约三百人),社头游击队(约一百人),长滆游击队(约七十人),长滆太游击队(二百人)。皖变后改为二支队。

在东路,苏、常、太等地区,在江抗西撤以后,没有留下武装,仅剩下在阳澄湖养病之伤员三十余人,和一个常备队二十余人。一九三九年八月,奉陈司令命令重组江南东路司令部,于是在苏常地区,以夏光、杨浩庐为首,成立了东路司令部,组织一个特务连,并争取何家师(何教师)地方武装组第二连。另在常熟地方领袖任天石同志领导下,恢复了民抗司令部,组成三个连。江南指挥部党委会决定派何克希、吴仲超回东路。经过半年发展,部队扩大三百余,于是成立一支队(由常熟何部改编)、二支队(我们二个排的基础)。谭震林同志到东路后,成立江南人民抗日救国军东路指挥部,将江抗改为二支队,由何指挥,仍称东路;民抗改称一支队,称南路,由吴指挥。部队继续发展,培养常备队。另以昆山、嘉定两地地方党领导之一部分武装,转入苏常地区,改称第三支队。后,二支队开辟澄、锡、虞地区,解决马××一个支队,民抗复充实一个营,改为五支队。江抗二团东路与敌寇苦战十三次,进入无锡地区与当地地方党所领导之一部武装会合,称江抗独立支队,以后改称四支队。二支队进入澄西协助梅光迪部,迅速发展,改称七支队,同时争取无锡地方领袖张学增部组第六支队。

在党的领导下,这支新军迅速成长起来。

第二阶段——一九四一年一月至一九四二年

甲、皖变后的新阶段:

皖南军部为顾全大局,团结抗战,委曲求全,遵命北移,叶军长与顾祝同面规路线,取道皖南渡江。一九四一年一月四日开拔。一月七日行经茂林地区,反共派顾祝同指挥七万大军将我重重包围。穷山大壑,血战八昼夜,弹尽粮绝,不能突出,造成皖南奇败;叶挺军长被俘,项、袁、周等下落不明。

反共派造此滔天大罪,破坏抗战,密布陷阱,诱我入圈,司马昭之心,路人皆见。

皖变后,重庆当局,复变本加厉,命令汤恩伯三十万大军向我华中各部全面进攻。反共气焰,甚嚣尘上。日寇亦不断向本军各地加紧"扫荡",以配合反共。在敌顽四面夹击下,造成我在皖变后的空前危难处境。但是全军在我党中央坚强领导下,坚持党的政策,坚持自卫原则,抗抵反共进攻,获得全国人民的同情与援助,胜利地突破危境,渡过难关,击退反共高潮,使本军发展走向新的阶段。

(一)新四军番号虽被取消,宣布为非法部队,但由于我们四年来光荣伟大的战绩,全国及全世界一致公认本军为抗战坚强有力的支柱。这种坚持华中抗战的光荣事业,获得了广大民众的拥护与爱戴。在民众中所树立的不能磨灭的合法之公认,比任何"法令"皆在巩固与坚强。重庆当局如此措施,其结果是得到全国人民愤怒的抗议,与对本军给予无限的同情,日益疏彼而亲我。民众就是最高国法。

(二)新军部奉中共中央军委命令和在华中十余万指战员以及千百万民众热烈拥护下,于一月二十五日在盐城成立。从它成立时起,就担负了比任何时期更加艰难的任务;并在陈代军长、刘政治委员领导下,迅速建立了统一指挥机关。

(三)全军改编为七个师。从此由游击兵团进行到正规兵团,活跃在江淮河汉广大地区,纵横数千里。

(1)苏北指挥部第一纵队编为第一师第一旅,以挺纵一团(原六团)编为一团,挺总四团(原管文蔚部)编为第二团,三团是黄桥决战后新发展的以田铁夫、陈宗保两部编成。

第二纵队编为第二旅,以二纵队二团(原一支队二团)为二旅四团,二纵六团(丹阳新六团)为二旅五团,二纵九团(原江抗二团)改为六团。

第三纵队编为第三旅,以三纵三团(原苏皖支队)改为七团,八团系王澄同志由李长江部暴动出来的(初编一纵五团),九团是原四团三营渡江增援后与四分区地方武装一部合编而成。

(2)江北部队改编为第二师,辖四、五、六三个旅。

　　四旅辖十、十一、十二三个团。十团系老七团改编,十一团系老九团改编,十二团系新十四团改编(原老十四团一个营与路西地武合编的)。

　　五旅辖十三、十四、十五三个团。十三团系老八团改编,十四团系十团改编(由八团抽出一个营与地武合编而成),十五团番号仍旧(原系由路西游击队编成,至路东后,于一九四零年五月编为独一、独二团,四一年春复并为十五团)。

　　六旅下辖十六、十七、十八三个团。十六团系老十四团改编,十七团系以江南四团的一个营及游击纵队的二大队合编而成(二大队后至无为活动,编为七师部队),十八团系地方游击队编成。

　　(3)八路军第五纵队编为第三师,下辖七、八、九三个旅(一九四一年十月,九旅与十旅对换建制)。

　　七旅系五纵队一支队改编的(该旅在内战时期是中央红军的一部,经过长征到达陕北;抗战开始时,是一一五师三四三旅六八五团之一部,随一一五师东征山东,即成苏鲁豫支队;一九四零年南下,编为第五纵队一支队),下辖十九、二十、二十一三个团。

　　十九团原脉是南昌暴动时朱德同志所拖出来的国民革命军教导团。到中央苏区后,改为红四军十师二十九团;后又编为红一军团二师四团,经过长征到陕甘宁边区后编为第四大队;陕北直罗镇战役后改为第四团;抗战后改为一一五师三四三旅六八五团第一营;一九三八(年),一一五师令该团东进山东后编为苏鲁豫支队第一大队;一九四零年,到达皖东北后正式编为三个营,到五纵队编为一支队第一团,现为十九团。

　　二十团原脉是红三军九师的一部分和红一军团二师六团之一部合编成为红二师六团;后又改为第二师第二团;到陕甘宁后仍是第二团;抗战后改三四三旅六八五团第三营;由山西东进山东后,改为苏鲁豫支队第二大队;后南下入江苏地境,改为苏鲁豫支队三大队;到一九四零年改为五纵一支队二团。

　　二十一团是一九四零年主力在苏鲁豫边活动时,以地方武装合编为湖西大队(三个营);南下后即改为苏鲁豫支队第二大队;后改为五纵队一支队三团。

　　八旅原为冀鲁豫支队;到一九四零年又改为十八集团军第二纵队;东进时又改为十八集团军第二纵队新编第二旅;后率五、六两团南下到皖东北后,改为八路军五纵队二支队;现为八旅,下辖二二、二三、二四三个团。

　　二十二团前身是鄂、豫、皖徐海东同志所领导的十五军团(二十五军)七十五师二百三十团,一九三六年春东征山西返陕时改为七十三师(小师);开到陕西三原后,改为一一五师三四四旅之六八七团;到一九四零年随五纵队南下,改为五纵队二支队(但团的番号未改);到皖变后,改为二十二团(该部队虽基础很老,因历经了很多残酷战斗,以及整营整连调出充实其他新部队,所以老的基础也很薄弱了)。

　　二十三团原系冀鲁豫支队第二大队;到一九三八年由常玉清同志率领东进山东曹县一带发展;一九三九年二纵队司令部由山西东进到冀鲁豫边区;一九四零年即改为十八集团军第二纵队新编第二旅第五团;后随二纵南下,到皖东北后,改为八路军第五纵队二支队五团。

　　二十四团原是华北党组织起来的;一九三九年编为冀鲁豫支队第三大队;二纵司令部由山西到冀鲁豫边区后,即编为十八集团军二纵队新编第二旅第六团;南下后,改为五纵二支(队)六团(该团至盐阜后,一、三营抽出与地方武装合编为地方兵团,仅二营和团直与阜宁大队合编为现今之二十四团)。

　　十旅前身是鄂豫皖徐海东同志所领导红二十五军及陕北刘志丹一部;到一九三六年西安事变后,改为十五军团,下属三个师(七三、七五、七八师);到一九三七年,红军改为八路军后,十五军团即改为一一五师三四四旅,以七十三师编为六八七团,以七十五师编为六八八团,七十八师给六八七团、六八八团各分一部;到平型关战斗后,即以七十八师为基础成立六八九团;到一九三九年,因部队日益壮大,三四四旅扩编为第二纵队,共辖三个旅;一九四零年,六八八团抽出,纵队司令部率六八七团,六八九团由山西到冀鲁豫边区,与冀鲁豫支队会合(即二旅);后复从六八七团、六八九团各抽一部编成六八八团,南下到苏皖边活动;后六八七团南下到盐阜区归八旅建制,六八八团、六八九团仍留苏皖边活动;皖变后即编为四师十旅;该部因在苏皖边反顽斗争中损失甚大,乃于一九四一年十一月间与三师九旅对换建制,即移师淮海地区,归三师建制,因编额不足,即以二十八团与军区地方武装合编,现仅编成一个主力团(二十九团),即原六八九团。

(4)将八路军四纵队改为本军第四师,原四旅改为十旅,五旅改为十一旅(辖三十一团、三十二团、三十三团),六旅改为十二旅(三十四团,三十五团、亳北独立营),另有萧县独立旅(萧县独立团、雨亭总队)。

自一九四一年一月中旬,顽敌向我进攻,四师便处在频繁残酷的敌顽夹击中。在三个月中共损失轻机枪四十九挺,步马枪一千零八十二枝,战斗伤亡失踪者一千八百人,处此恶劣环境中,部队逃亡疾病现象极严重。故将萧县独立旅补充到十二旅,将十一旅特务营补充三十二团(因大小营集战斗损失过大)。

一九四一年四月,师主力进抵皖东北,将十旅旅部撤销。其三十五团编入三十二团;三十三团除以一个连归三十一团外,其余编归十旅;并集中骑兵成立骑兵团;三十四团直属师部指挥。这时部队仅有九四二四人,步马枪四七九四支。

十旅东进淮海区,九旅编归四师建制。八月间,以师属特务团第一连,师政治部警卫连,东进宿东地区,与原留宿东活动之三十二团第四连,配合宿东独立团、独立大队,组成游击支队(以姚运良为支队长,周启邦为政委),开展宿东游击战争,控制顽军东进咽喉。

九月间,十旅东进淮海区归三师建制,以九旅编归四师建制。十月间,成立淮北苏皖边军区司令部,三十四团全部编为地方武装。

四师现除直属队、特务营、抗大四分校外,有九旅之二十五团、二十六团、二十七团及独立大队;十一旅三十一团、三十二团、骑兵团、游击支队及睢杞独立团,共一万三千余人。

(5)鄂豫挺进纵队编为第五师,下辖十三、十四、十五三个旅。

十三旅:由原三团改编为三十七团,原二团改编为三十八团,原五团改编为三十九团。

十四旅:以原一团改编为四十团,原七团改编为四十一团,原九团改编为四十二团。

十五旅:以伪军反正的部队改编为四十三团、四十四团(该团后又编入四十五团),以原八团改编为四十五团。

特务旅:以十四旅之四十团改编为特务第一团(另以抓黄广独立团改编为四十团),另辖第二团(似系师属特务团)。

随营学校改为抗大十分校,以原四团及×纵队三支队合编为抗大警卫团。

(6)江南部队编为第六师,以二支队改为六师十六旅,"江抗"、"民抗"改为十八旅。

十六旅下辖四十六、四十七、四十八团。四十六团原为老二支队四团;一九三九年抽调该团二营五、六两个连至皖南,编入老三团,另以当涂与独游区之两个连补充二营;一九三九年十一月张道庸同志率第一营北上渡江增援路东摩擦改编为苏皖支队,另以地方武装三个连改编为四团一营;一九四零年十月,第三营又渡江增援黄桥,后改为三旅九团,另复以二游击区地武改编为四团三营。该团战斗力为六师第一位,虽均由地武改编,但老的作风还保持着。

四十七团前身是四团派出的干部到句容与教育界有名的巫恒通所组织的镇、句、江、丹人民自卫团(约二百人);一九四零年初,部队开溧阳整训,改编为新三团(约五百人);皖变后,在二、三游击区遭敌长期性的反复扫荡,部队损失甚大,仅三百人左右;后与地武一部合编为四十七团。部队战斗力薄弱。

四十八团前身是二团二营与地方武装、党所领导的太湖支队合编,五百余人(六个连),被顽方特务拖去一个连,后又经太湖敌"扫荡"与塘马被袭战斗,损失甚大,现仅二百余人。

独二团原是宜兴和桥汉奸儿子程维新组织的两面派游击队,在宜兴和桥一带活动;四零年三月要求我军领导,改番号为武宜锡边区抗日人民自卫团;我主力过江后,改编为新二团,后又改为独二团。六个连,员额不足。

十八旅原是皖变后"江抗"部队改编的新四军三支队;将原"江抗"一支队、五支队合编为一纵队,二支队、六支队合编为二纵队,三支队、四支队改编为三纵队,成立江南保安司令部,十四个常务队改编为二个警卫营,一九四一年三月改编为十八旅。以三个支队司令部改编为旅部,二纵队编为五十二团,一纵队改编为五十三团,三纵队改编为五十四团,警卫营改编为五十四团三营,西路七支队(改编为五十二团三营)改编为五十一团。警卫一团、二团和警卫营均属保安司令部指挥,后因忠救军北上,为统一指挥起见,将五十四团在苏常太活动之二、三营(四个连)与警卫二团合编为东路支队。该部自七月一日敌伪"清乡"后,部队全部损失。另五十四团之二个连改为二营,后又补充五十四一营,五十二团二营("江抗"六支队)进入路南太湖区,与太湖支队合编为四十八团,归十六旅指挥。此时十八旅仅有五十二团一营,五十三团一、二营,五十四团一营,警卫团六个连(警一营补充警一团),五十一团三个连,合计七个营。一九四一年八月底,师部率五十二、五十三、五十四团各一营渡江北上。九月中旬,警卫团缩编为三个连。九月底敌"清乡"沙洲,保安司令部率一个连突围北上渡江,取消保安司令部,警卫团归师部指挥。五十三团番号亦取消,其第一营改为五十二团三营,第二营改为五十四团三营。十月初,师部与旅部在靖西分开办公,部队进入江高地区。现在十八旅部队讲有旅部、五十一团(四个连)四百人,五十二团(二个营六个连)六百五十人,五十四团(二个营六个连)六百人,警卫团(二个连)二百人。战斗力最强是五十二团,五十四团次之。

(7)以无为部队及皖南突围部队编为第七师,其组成部分如下:

原无为游击纵队(前身系江北游纵,自我军退出无巢地区后,江北游纵即改编为四支队一部分,即现在六旅;嗣后为保持与皖南交通,又派孙仲德率江北游纵之二、四两连恢复无为地区工作,番号为无为游击纵队,部队发展由二百人至八百余人)。

皖南三支队五团一营及皖南突围部队(皖南部队均系南方湘、鄂、赣、闽红色游击队;后改编为一支队一团、三支队三团、三支队五团,发展了特务团及新一团、新三团;军部北上时,以新、老一团改为一支队,新、老三团改为二支队,军特务团与五团暂改为三支队;军部被歼后,突围渡江共二百九十余人)。

长江两岸地方武装(由地方党领导的约四百余人)。于一九四一年三月在无为成立师部(与十九旅合并办公)。以前述各部合编为五十五团、五十六团、五十七团及挺进团(即五十八团)、独立一营、独立三营、特务营。

各团略历:

五十五团是皖南新、老三团合计一个营,与无为游击纵队二个连合编,计共五百余人(五个连);后又另调一地方独立营补充。共约六百五十余人。活动于无为西乡及青、繁地区;后挺进桐东,接替挺进团活动区;三官山桂顽进攻后,又退出三官山,转移无为西乡活动。

五十六团是皖南军特务团一个营及一团一部,与无为游击纵队四个连合并,后又补充了无为二个地方游击队,合计一千一百余人;至九月抽出第一营,另拨入独立营编为第一营,原三营欠八连,将挺进团一个连改编为八连。活动于巢南、无北。

五十七团是以五十六团第一营为基础,与皖南独立大队及数个地方游击队合编而成的(约五个连,主要担任恢复皖南敌后工作)。现以梁金华率二个连配合地方游击队在皖南活动,以陈仁洪率两个连配合地方游击队在含、和活动。

挺进团是皖南五团一个营,由林维先率领过江,与桐西、桐南、桐东地方武装合编(六个连),向大别山挺进,开展大别山工作;于一九四一年四月二十四日在桐西与五师鄂豫挺进纵队独立团张体学部会合,曾一度与独立团合编为二十一旅,又名为鄂皖挺进支队;至七月,独立团回鄂东、挺进团坚持宿、望间之湖区,配合赣北地方党领导的独立团行动,发展了桐西独立团与数个游击队;自一九四二年权被顽围攻后,部队分散突围,遭受一部损失,现已有一部到达无为,另一部在太、岳地区活动,桐西独立团亦回无为。

独立营即白湖独立营改编的。原系白湖地方游击队。独立三营即巢湖独立三营,特许巢南地方游击队改编的。

另长江游击大队(皖南特委领导的地方武装)及含和独立大队,均是最近发展的。

(8)以八路军团一一五师教导第五旅改为本军独立旅。

独立旅的前身:一九三七年,一一五师平型关战斗后,三四三旅六八五团成立之第二营,经过半年整训后,随六八五团东进至苏鲁豫边活动,部队迅速发展,当时有三个大队,老二营即为二大队,后一、三大队南下执行新任务,二大队仍留原地区活动。在一个较短时间内,即扩大至七千人;经"肃托"后,部队数量大减;至一九三九年底,即改为东进支队(当时只有二千),后即到郯马地区活动;到一九四零年十月底,才正式改为一一五师教导五旅,下属两个团,即十三、十四两团;到一九四零年底,南下至淮海区;皖变后归新四军建制,改为独立旅,现共辖三个团。

一团:是一一五师三四三旅六八五团在平型关战斗后所成立之第二营;到苏、鲁、豫活动时改为二大队;到郯马地区后改为教导五旅十三团,现为一团。

二团:是在郯马地区所发展的地方武装及由十三团抽出两个连所组成,当时即改为教导五旅十四团,现为二团。

三团:是一九四零年淮海地区地方党所组织起来的一部武装——淮河大队,到一九四一年归独立旅建制后,即改为独立旅第三团。

乙、游击区的扩大与抗日政权的建立:

本军抗战五年,由分散零落的游击队发展成为今天庞大而有力的正规军,成为抗日的坚强支柱,而为全国人民及全世界进步人士所拥护和同情。这种伟大的功绩,完全由于党的正确英明的领导,同时也是成千成万英勇的同志们用血肉换来的。

在岩寺集中时,国民党给我们的地方,云岭让我们暂住,以后划以天王庙为中心的周围一些地方给我们活动,地图也只有几份,以后挺进到南京、上海地区,这一块广大平原遂完全为我们控制。在江北,四、五支队由无、庐狭小地区,挺进到津浦线两侧,打开这一广大区域。六支队在皖北、挺进纵队在鄂东于武汉失守后,也都开辟了广大地区。摩擦以后,我们首先在皖东建立抗日政权,接着又在苏北建立广大地区政权,许多零散的游击区变成了抗日民主根据地,慢慢连接起来,变成了敌后广大根据地。

今天,从陇海路以南到皖南青弋江以北,京沪铁路两侧,西至湖北之汉水,东滨浩瀚之大海,包括湖北、河南(一部)、安徽、江苏四省,计辖盐城、东台、泰州、泰兴、如皋、南通、启东、海门、江都、仪征、六合、天长、来安、嘉山、盱眙、高邮、淮安、淮阴、涟水、阜宁、东海等一百七十余县。我军散布其间,已经建立政权的达九十余县。在我军影响下之民众三千余万,在抗日政权下的人民计达二千五百余万。

★ 附录五

主要参考书目及文献资料

01.《战地旌旗红——新四军黄花塘军部研究》,中共江苏省委党史工作办公室、中共淮安市委党史工作办公室编,群言出版社,2003 年 4 月第 1 版。

02.《新四军研究资料索引》,魏蒲、陈广相编,江苏人民出版社,1990 年8 月第 1 版。

03.《华中抗日根据地文化工作大事记 1937.7—1945.8》,上海市文化局党史办公室、江苏省文化厅史志办公室、安徽省文化厅史志办公室、浙江省文化厅史料征集办公室编,内部资料,1996 年 12 月第 1 版。

04.《回顾新四军军部》,北京新四军暨华中抗日根据地研究会军部分会编,丁兆甲等著,2012 年 8 月第 1 版。

05.《新四军的组建与发展》,徐君华等著,中国新四军和华中抗日根据地研究会编,军事科学出版社,2011 年 3 月第 1 版。

06.《云岭漫笔》,甘俊发著,安徽大学出版社,1995 年 8 月第 1 版。

07.《新四军和华中抗日根据地文化建设史》(内部资料),中共江苏省委党史工作办公室编,黄玉生主编,2000 年版。

08.《走过百年》,陈锐霆著,中共党史出版社,2007 年 11 月第 1 版。

09.《新四军卫生工作史话》(内部资料),江苏新四军和华中抗日根据地研究会卫生分会编,2005 年 10 月版。

10.《中国的大时代——罗生特在华手记》,罗生特著,(奥)格·卡明斯基主编,杜文棠等校译,中国社会科学出版社,2003 年 4 月第 1 版。

11.《一代名将彭雪枫传奇故事》,苏克勤、郑德强、王立才著,河南人民出版社,2007 年 8 月第 1 版。

12.《我们是铁的新四军》,南昌新四军军部旧址陈列馆编,中共党史出版社,熊河水主编,2009 年 8 月第 1 版。

13.《淮上拂晓——新四军第四师画册》(内部资料),中国人民解放军兰州军区编印,1992 年 5 月版。

14.《铁路轻骑兵——新四军战地服务团》,江苏省文学艺术界联合会、上海市新四军历史研究会编,南京大学出版社,1991 年 7 月第 1 版。

15.《新四军军部的十个旧址》,李友唐撰,引自《党史博览》2008 年第 8 期。

16.《卫国干城——新四军将领在阜宁》,中共江苏省委党史工作办公室、中共阜宁县委党史工作办公室、阜宁新四军历史研究会编,长征出版社,2007 年 10 月第 1 版。

17.《跃马挥戈——抗战时期的黄克诚》,中共江苏省委党史工作办公室、中共盐城市委党史工作办公室编,长征出版社,2002 年 8 月第 1 版。

18.《新四军抗战实录》,姜遵五编著,厦门大学出版社,1995 年 7 月第 1 版。

19.《新四军在茂林》(内部资料),泾县新四军历史研究会、泾县茂林镇党委政府编,2007 年 9 月版。

20.《新四军人物志》,马洪才编著,江苏人民出版社,2004 年 9 月第 2 版。

21.《新四军在南昌》,熊河水、李秋华主编,华夏出版社,2002 年 5 月第 1 版。

22.《新四军事件人物录》,王辅一主编,上海人民出版社,1988 年 8 月第 1 版。

23.《江淮出师——新四军初创与征战》,常敬竹、董保存著,解放军文艺出版社,1995 年 6 月第 1 版。

24.《新四军在华中》,中国新四军和华中抗日根据地研究会编,军事科学出版社,2012 年 5 月第 1 版。

25.《云岭交响曲》,邵凯生著,解放军文艺出版社,1997 年 9 月第 1 版。

26.《赖传珠日记》,解放军文艺出版社,2000 年 3 月第 1 版。

27.《新四军征途纪事》,马洪武、王德宝、朱大礼、张延栖编,江苏人民出版社,1988 年 12 月第 1 版。

28.《中国共产党历史》(上卷),中共中央党史研究室著,人民出版社,1991 年 7 月第 1 版。

29.《中国人民解放军战史简编》,军事科学院军事历史研究部世界军事历史研究室编,解放军出版社,1990 年 5 月第 1 版。

30.《奔向苏北敌后——新四军教导总队撤离皖南纪实》,薛暮桥主编,江苏人民出版社,1988 年 7 月第 1 版。

31.《永恒的记忆——新四军发展史》,中国新四军研究会编,山西人民出版社,2005 年 3 月第 2 版。

32.《新四军军部在盐城》,中共盐城市委党史工作办公室编,江苏人民出版社,1988 年 12 月第 1 版。

33.《华东烽火》,缪国亮主编,南京军区政治部编研室编,海风出版社,1994 年 10 月第 1 版。

34.《新四军与抗日战争》,马洪武主编,中国新四军和华中抗日根据地研究会编,南京大学出版社,1995 年 8 月第 1 版。

35.《新四军重建军部以后》,盐城市《新四军重建军部以后》选编组,江苏人民出版社,1983 年 12 月第 1 版。

36.《苏北抗日斗争史稿》,中共江苏省委党工作委员会、《苏北抗日斗争史稿》编写领导小组编,江苏人民出版社,1994 年 5 月第 1 版。

37.《豫皖苏边抗日根据地史略》,李占才编著,河南大学出版社,1988 年 3 月第 1 版。

38.《新四军·综述、大事记、表册》,中国人民解放军历史资料丛书编审委员会编,解放军出版社,1993 年 11 月第 1 版。

39.《新四军·图片》,中国人民解放军历史资料丛书编审委员会编,解放军出版社,1994 年 12 月第 1 版。

40.《新四军·参考资料》(1),中国人民解放军历史资料丛书编审委员会编,解放军出版社,1992 年 6 月第 1 版。

41.《新四军·参考资料》(2),中国人民解放军历史资料丛书编审委员会编,解放军出版社,1991 年 11 月第 1 版。

42.《新四军·参考资料》(3),中国人民解放军历史资料丛书编审委员会编,解放军出版社,1992年10月第1版。

43.《新四军·回忆史料》(1),中国人民解放军历史资料丛书编审委员会编,解放军出版社,1990年1月第1版。

44.《新四军·回忆史料》(2),中国人民解放军历史资料丛书编审委员会编,解放军出版社,1990年11月第1版。

45.《新四军·文献》(1),中国人民解放军历史资料丛书编审委员会编,解放军出版社,1994年3月第1版。

46.《新四军·文献》(2),中国人民解放军历史资料丛书编审委员会编,解放军出版社,1994年9月第1版。

47.《新四军·文献》(3),中国人民解放军历史资料丛书编审委员会编,解放军出版社,1994年11月第1版。

48.《新四军·文献》(4),中国人民解放军历史资料丛书编审委员会编,解放军出版社,1995年3月第1版。

49.《新四军·文献》(5),中国人民解放军历史资料丛书编审委员会编,解放军出版社,1995年3月第1版。

50.《从硝烟中走来》,江苏省文学艺术界联合会、上海市新四军历史研究会编,南京大学出版社,1990年12月第1版。

51.《陈毅年谱》,刘树发主编,人民出版社,1995年12月第1版。

52.《新四军重建军部以后》,盐城市《新四军重建军部以后》编选组编,江苏人民出版社,1983年12月第1版。

53.《第三野战军征战日志》,《第三野战军战史》编辑室编,江苏人民出版社,1995年9月第1版。

54.《陈毅年谱》,刘树发主编,人民出版社,1995年12月第1版。

55.《新四军:1943—1945》,胡兆才著,陕西人民出版社,2013年12月第1版。

56.《我所知道的新四军》,陈加胜编著,安徽电子出版社,2007年11月第1版。

57.《新四军军部在南昌》,胡兆才著,江西美术出版社,2007年9月第

1 版。

　　58.《关于新四军》,童志强著,上海科学技术文献出版社,2005 年 7 月第
1 版。

历时几近 2 年,《铁军纵横战江淮——新四军军部大本营征战纪实》初稿终于在今年 3 月告竣。回首本书撰写过程,心中感慨不少。

我的家乡南阳,也是彭雪枫将军的故乡。很小的时候,因为没有什么书可读,只有听村中老辈人在大树底下说古经、讲故事来消磨时光,特别是长辈们讲述的彭将军的故事。文武双全的彭将军,他那高大的形象、宽广的胸襟以及光风霁月般的高风亮节,那时就在我的心中深深地扎下了根,从小我就立志向彭将军学习,并激励自己像彭将军那样做人做事,为大多数人谋福利。入伍后,我就开始收集彭雪枫将军的相关材料,并系统地对彭将军的生平及其贡献进行研究,撰写并出版了《一代名将彭雪枫传奇故事》和《彭雪枫全传》两部专著及关于新四军方面的一些论文。

撰写彭雪枫将军时,我收集并掌握了大量的新四军史料。特别是 2012 年夏天,我应盱眙黄花塘新四军军部纪念馆馆长卞龙先生之邀,数次到黄花塘新四军军部旧址,并在那里小住一周,为纪念馆收集并撰写材料。通过多方的了解和实地采访,一个念头油然而生,很自然地也就萌生了撰写《铁军纵横战江淮——新四军军部大本营征战纪实》的念头。

为了将本书写得更具说服力,寻找更加真实而又可靠的第一手材料,我在阅读了大量相关书目及文献史料的基础上,除了向一些研究专家学者教请外,还多次自费到新四军军部及新四军战斗过的地方,采访老红军、新四军老战士和当地老人,仅新四军军部淮南黄花塘和新四军重建军部盐城,每个地方我都去了 8 次之多,其中的辛苦也只有自己知道。

　　其实,撰写这本书并非易事。不仅要跑很多地方,且要查阅大量的史料。更重要的是,在大量的史料和文章中,许多错讹之处尚需认真的辨析,许多误区也需要仔细地甄别。譬如就本书而言,网上类似于"新四军军部十个旧址"标题的文章就很多;新四军军部在皖南期间迁徙的时间各有出入;从淮南进驻淮阴、再从淮阴迁至临沂的时间也众说不一……有一个对新四军历史颇有研究的文友,听说我要撰写这本书,就与我相商并拟合作撰写,但事后他觉得这本书牵扯的内容太多,头绪又太过繁杂,需要跑的路也太多,故还未动笔就又声明退出,所以我只好独自一人承担继续下来。

　　今年,是世界反法西斯战争胜利和中国人民抗日战争胜利70周年。早在2013年初,我就意识到世界范围内届时将举行大规模的纪念活动。所以,在撰写本书期间,我一直是勇往直前而不敢稍存懈怠。此前,我曾多次到一些新四军军部旧址参观,因那时尚未形成体系性的东西,故觉得仍需要多跑多看多听多读。一年多来,我独自一人带着选题和目的上路,踏着60余年前新四军军部大本营的"铁流"征程,从汉口到临沂又重跑了一遍。完整的一趟跑下之后,心中的许多疑问自然也都豁然开朗。

　　1937年7月7日,侵华日军制造了震惊中外的"卢沟桥事变",发动了灭亡中国的侵华战争,南方8省14区的红军游击健儿,在国家与民族的危亡之际,积极响应中共中央关于抗日救国的民族统一战线政策,愤然而起,英勇抗击,汇成一道抗日的铁流,与日寇展开了浴血奋战,他们前赴后继,英勇战斗,经过长达八年的奋勇抗战,终于打败了日本侵略者,与八路军成为中国共产党领导下的两支主力,也是一支闻名世界的反法西斯的英雄劲旅。在纪念世界反法西斯战争胜利和中国人民抗日战争胜利70周年之际,以新四军军部大本营的征战历程这一主题,来反映和概括中国人民反抗侵略的英雄斗志和不屈精神,这既是对前辈英雄的虔诚纪念,又是对现在人和后来者的一种励志。作为一个曾经的共和国战士,如今的一个作家,我在采访和写作过程中,首先是受益匪浅,得益良多,所受的教育也自在心中,并愿读者在阅读后也能像我一样有所收获,有所贡献!

　　说到撰写本书,郑州大学出版社的骆玉安先生对我鼓励尤多。作为出版社的领导和文化人,他前瞻性地意识到了撰写本书的意义,并多次"催促"

我,这不仅体现了他理解一个作家的写作,也体现了他对作家的关爱,更体现了他对政治思想以及文化教育的一份责任!

在采访和写作过程中,汉口、南昌、岩寺、云岭、盐城、黄花塘、临沂等新四军军部旧址纪念馆领导及工作人员曾给予了许多的帮助,对我的写作是很大的支持,从而使这本书能得以早日出版,我原部队的老首长李剑峰政委等,也曾给予过一定的支持,我在此谨向他们表示真诚的谢意!

　　　　　　　　　　　　　　　　苏克勤　　2015 年 6 月